T&P BOOKS

NOORS
WOORDENSCHAT

THEMATISCHE WOORDENLIJST

NEDERLANDS
NOORS

De meest bruikbare woorden
Om uw woordenschat uit te breiden en
uw taalvaardigheid aan te scherpen

7000 woorden

Thematische woordenschat Nederlands-Noors - 7000 woorden

Door Andrey Taranov

Woordenlijsten van T&P Books zijn bedoeld om u woorden van een vreemde taal te helpen leren, onthouden, en bestudering. Dit woordenboek is ingedeeld in thema's en behandelt alle belangrijk terreinen van het dagelijkse leven, bedrijven, wetenschap, cultuur, etc.

Het proces van het leren van woorden met behulp van de op thema's gebaseerde aanpak van T&P Books biedt u de volgende voordelen:

- Correct gegroepeerde informatie is bepalend voor succes bij opeenvolgende stadia van het leren van woorden
- De beschikbaarheid van woorden die van dezelfde stam zijn maakt het mogelijk om woordgroepen te onthouden (in plaats van losse woorden)
- Kleine groepen van woorden faciliteren het proces van het aanmaken van associatieve verbindingen, die nodig zijn bij het consolideren van de woordenschat
- Het niveau van talenkennis kan worden ingeschat door het aantal geleerde woorden

T&P Books Publishing
www.tpbooks.com

ISBN: 978-1-78492-316-7

Dit boek is ook beschikbaar in e-boek formaat.
Gelieve www.tpbooks.com te bezoeken of de belangrijkste online boekwinkels.

NOORSE WOORDENSCHAT
nieuwe woorden leren

T&P Books woordenlijsten zijn bedoeld om u te helpen vreemde woorden te leren, te onthouden, en te bestuderen. De woordenschat bevat meer dan 7000 veel gebruikte woorden die thematisch geordend zijn.

- De woordenlijst bevat de meest gebruikte woorden
- Aanbevolen als aanvulling bij welke taalcursus dan ook
- Voldoet aan de behoeften van de beginnende en gevorderde student in vreemde talen
- Geschikt voor dagelijks gebruik, bestudering en zelftestactiviteiten
- Maakt het mogelijk om uw woordenschat te evalueren

Bijzondere kenmerken van de woordenschat

- De woorden zijn gerangschikt naar hun betekenis, niet volgens alfabet
- De woorden worden weergegeven in drie kolommen om bestudering en zelftesten te vergemakkelijken
- Woorden in groepen worden verdeeld in kleine blokken om het leerproces te vergemakkelijken
- De woordenschat biedt een handige en eenvoudige beschrijving van elk buitenlands woord

De woordenschat bevat 198 onderwerpen zoals:

Basisconcepten, getallen, kleuren, maanden, seizoenen, meeteenheden, kleding en accessoires, eten & voeding, restaurant, familieleden, verwanten, karakter, gevoelens, emoties, ziekten, stad, dorp, bezienswaardigheden, winkelen, geld, huis, thuis, kantoor, werken op kantoor, import & export, marketing, werk zoeken, sport, onderwijs, computer, internet, gereedschap, natuur, landen, nationaliteiten en meer ...

INHOUDSOPGAVE

UITSPRAAKGIDS

Letter	Noors voorbeeld	T&P fonetisch alfabet	Nederlands voorbeeld
Aa	plass	[ɑ], [ɑ:]	acht
Bb	bøtte, albue	[b]	hebben
Cc [1]	centimeter	[s]	spreken, kosten
Cc [2]	Canada	[k]	kennen, kleur
Dd	radius	[d]	Dank u, honderd
Ee	rett	[e:]	twee, ongeveer
Ee [3]	begå	[ɛ]	elf, zwembad
Ff	fattig	[f]	feestdag, informeren
Gg [4]	golf	[g]	goal, tango
Gg [5]	gyllen	[j]	New York, januari
Gg [6]	regnbue	[ŋ]	optelling, jongeman
Hh	hektar	[ɦ]	hitte, hypnose
Ii	kilometer	[ɪ], [i]	iemand, bidden
Kk	konge	[k]	kennen, kleur
Kk [7]	kirke	[ɦ]	hitte, hypnose
Jj	fjerde	[j]	New York, januari
kj	bikkje	[ɦ]	hitte, hypnose
Ll	halvår	[l]	delen, luchter
Mm	middag	[m]	morgen, etmaal
Nn	november	[n]	nemen, zonder
ng	id_langt	[ŋ]	optelling, jongeman
Oo [8]	honning	[ɔ]	aankomst, bot
Oo [9]	fot, krone	[u]	hoed, doe
Pp	plomme	[p]	parallel, koper
Qq	sequoia	[k]	kennen, kleur
Rr	sverge	[r]	roepen, breken
Ss	appelsin	[s]	spreken, kosten
sk [10]	skikk, skyte	[ʃ]	shampoo, machine
Tt	stør, torsk	[t]	tomaat, taart
Uu	brudd	[y]	fuut, uur
Vv	kraftverk	[v]	beloven, schrijven
Ww	webside	[v]	beloven, schrijven
Xx	mexicaner	[ks]	links, maximaal
Yy	nytte	[ɪ], [i]	iemand, bidden
Zz [11]	New Zealand	[s]	souperen, rechts
Ææ	vær, stær	[æ]	Nederlands Nedersaksisch - dät, Engels - cat
Øø	ørn, gjø	[ø]	neus, beu
Åå	gås, værhår	[o:]	rood, knoop

Opmerkingen

[1] voor **e, i**
[2] elders
[3] onbeklemtoond
[4] voor **a, o, u, å**
[5] voor **i** en **y**
[6] in combinatie **gn**
[7] voor **i** en **y**
[8] voor twee medeklinkers
[9] voor een medeklinker
[10] voor **i** en **y**
[11] alleen in leenwoorden

AFKORTINGEN
gebruikt in de woordenschat

Nederlandse afkortingen

abn	-	als bijvoeglijk naamwoord
bijv.	-	bijvoorbeeld
bn	-	bijvoeglijk naamwoord
bw	-	bijwoord
enk.	-	enkelvoud
enz.	-	enzovoort
form.	-	formele taal
inform.	-	informele taal
mann.	-	mannelijk
mil.	-	militair
mv.	-	meervoud
on.ww.	-	onovergankelijk werkwoord
ontelb.	-	ontelbaar
ov.	-	over
ov.ww.	-	overgankelijk werkwoord
telb.	-	telbaar
vn	-	voornaamwoord
vrouw.	-	vrouwelijk
vw	-	voegwoord
vz	-	voorzetsel
wisk.	-	wiskunde
ww	-	werkwoord

Nederlandse artikelen

de	-	gemeenschappelijk geslacht
de/het	-	gemeenschappelijk geslacht, onzijdig
het	-	onzijdig

Noorse afkortingen

f	-	vrouwelijk zelfstandig naamwoord
f pl	-	vrouwelijk meervoud
m	-	mannelijk zelfstandig naamwoord
m pl	-	mannelijk meervoud
m/f	-	mannelijk, onzijdig

m/f pl	-	mannelijk/vrouwelijk meervoud
m/f/n	-	mannelijk/vrouwelijk/onzijdig
m/n	-	mannelijk, vrouwelijk
n	-	onzijdig
n pl	-	onzijdig meervoud
pl	-	meervoud

BASISBEGRIPPEN

Basisbegrippen Deel 1

1. Voornaamwoorden

ik	**jeg**	['jæj]
jij, je	**du**	[dʉ]
hij	**han**	['han]
zij, ze	**hun**	['hʉn]
het	**det, den**	['de], ['den]
wij, we	**vi**	['vi]
jullie	**dere**	['derə]
zij, ze	**de**	['de]

2. Begroetingen. Begroetingen. Afscheid

Hallo! Dag!	**Hei!**	['hæj]
Hallo!	**Hallo! God dag!**	[ha'lʉ], [gʉ 'da]
Goedemorgen!	**God morn!**	[gʉ 'mɔːŋ]
Goedemiddag!	**God dag!**	[gʉ'da]
Goedenavond!	**God kveld!**	[gʉ 'kvɛl]
gedag zeggen (groeten)	**å hilse**	[ɔ 'hilsə]
Hoi!	**Hei!**	['hæj]
groeten (het)	**hilsen** (m)	['hilsən]
verwelkomen (ww)	**å hilse**	[ɔ 'hilsə]
Hoe gaat het met u?	**Hvordan står det til?**	['vʉːɖan stoːr de til]
Hoe is het?	**Hvordan går det?**	['vʉːɖan gor de]
Is er nog nieuws?	**Hva nytt?**	[va 'nʏt]
Tot ziens! (form.)	**Ha det bra!**	[ha de 'bra]
Doei!	**Ha det!**	[ha 'de]
Tot snel! Tot ziens!	**Vi ses!**	[vi sɛs]
Vaarwel!	**Farvel!**	[far'vɛl]
afscheid nemen (ww)	**å si farvel**	[ɔ 'si far'vɛl]
Tot kijk!	**Ha det!**	[ha 'de]
Dank u!	**Takk!**	['tak]
Dank u wel!	**Tusen takk!**	['tʉsən tak]
Graag gedaan	**Bare hyggelig**	['barə 'hʏgeli]
Geen dank!	**Ikke noe å takke for!**	['ikə 'nʉe ɔ 'takə fɔr]
Geen moeite.	**Ingen årsak!**	['iŋən 'oːʂak]
Excuseer me, ... (inform.)	**Unnskyld, ...**	['ʉnˌʂyl ...]
Excuseer me, ... (form.)	**Unnskyld meg, ...**	['ʉnˌʂyl me ...]

excuseren (verontschuldigen)	å unnskylde	[ɔ 'ʉnˌsylə]
zich verontschuldigen	å unnskylde seg	[ɔ 'ʉnˌsylə sæj]
Mijn excuses.	Jeg ber om unnskyldning	[jæj ber ɔm 'ʉnˌsyldniŋ]
Het spijt me!	Unnskyld!	['ʉnˌsyl]
vergeven (ww)	å tilgi	[ɔ 'tilˌji]
Maakt niet uit!	Ikke noe problem	['ikə 'nʉe prʊ'blem]
alsjeblieft	vær så snill	['vær ʂɔ 'snil]
Vergeet het niet!	Ikke glem!	['ikə 'glem]
Natuurlijk!	Selvfølgelig!	[sɛl'følgəli]
Natuurlijk niet!	Selvfølgelig ikke!	[sɛl'følgəli 'ikə]
Akkoord!	OK! Enig!	[ɔ'kɛj], ['ɛni]
Zo is het genoeg!	Det er nok!	[de ær 'nɔk]

3. Kardinale getallen. Deel 1

nul	null	['nʉl]
een	en	['en]
twee	to	['tʊ]
drie	tre	['tre]
vier	fire	['fire]
vijf	fem	['fɛm]
zes	seks	['sɛks]
zeven	sju	['ʂʉ]
acht	åtte	['ɔtə]
negen	ni	['ni]
tien	ti	['ti]
elf	elleve	['ɛlvə]
twaalf	tolv	['tɔl]
dertien	tretten	['trɛtən]
veertien	fjorten	['fjɔːtən]
vijftien	femten	['fɛmtən]
zestien	seksten	['sæjstən]
zeventien	sytten	['sʏtən]
achttien	atten	['atən]
negentien	nitten	['nitən]
twintig	tjue	['çʉe]
eenentwintig	tjueen	['çʉe en]
tweeëntwintig	tjueto	['çʉe tʊ]
drieëntwintig	tjuetre	['çʉe tre]
dertig	tretti	['trɛti]
eenendertig	trettien	['trɛti en]
tweeëndertig	trettito	['trɛti tʊ]
drieëndertig	trettitre	['trɛti tre]
veertig	førti	['fœːʈi]
eenenveertig	førtien	['fœːʈi en]
tweeënveertig	førtito	['fœːʈi tʊ]
drieënveertig	førtitre	['fœːʈi tre]

vijftig	femti	['fɛmti]
eenenvijftig	femtien	['fɛmti en]
tweeënvijftig	femtito	['fɛmti tʊ]
drieënvijftig	femtitre	['fɛmti tre]

zestig	seksti	['sɛksti]
eenenzestig	sekstien	['sɛksti en]
tweeënzestig	sekstito	['sɛksti tʊ]
drieënzestig	sekstitre	['sɛksti tre]

zeventig	sytti	['sʏti]
eenenzeventig	syttien	['sʏti en]
tweeënzeventig	syttito	['sʏti tʊ]
drieënzeventig	syttitre	['sʏti tre]

tachtig	åtti	['ɔti]
eenentachtig	åttien	['ɔti en]
tweeëntachtig	åttito	['ɔti tʊ]
drieëntachtig	åttitre	['ɔti tre]

negentig	nitti	['niti]
eenennegentig	nittien	['niti en]
tweeënnegentig	nittito	['niti tʊ]
drieënnegentig	nittitre	['niti tre]

4. Kardinale getallen. Deel 2

honderd	hundre	['hʊndrə]
tweehonderd	to hundre	['tʊ ˌhʊndrə]
driehonderd	tre hundre	['tre ˌhʊndrə]
vierhonderd	fire hundre	['fire ˌhʊndrə]
vijfhonderd	fem hundre	['fɛm ˌhʊndrə]

zeshonderd	seks hundre	['sɛks ˌhʊndrə]
zevenhonderd	syv hundre	['syv ˌhʊndrə]
achthonderd	åtte hundre	['ɔtə ˌhʊndrə]
negenhonderd	ni hundre	['ni ˌhʊndrə]

duizend	tusen	['tʉsən]
tweeduizend	to tusen	['tʊ ˌtʉsən]
drieduizend	tre tusen	['tre ˌtʉsən]
tienduizend	ti tusen	['ti ˌtʉsən]
honderdduizend	hundre tusen	['hʊndrə ˌtʉsən]
miljoen (het)	million (m)	[mi'ljun]
miljard (het)	milliard (m)	[mi'lja:d]

5. Getallen. Breuken

breukgetal (het)	brøk (m)	['brøk]
half	en halv	[en 'hɑl]
een derde	en tredjedel	[en 'trɛdjəˌdel]
kwart	en fjerdedel	[en 'fjærəˌdel]

een achtste	en åttendedel	[ən 'ɔtenə‚del]
een tiende	en tiendedel	[ən 'tienə‚del]
twee derde	to tredjedeler	['tʊ 'trɛdjə‚delər]
driekwart	tre fjerdedeler	['tre 'fjær‚delər]

6. Getallen. Eenvoudige berekeningen

aftrekking (de)	subtraksjon (m)	[sʉbtrak'ʂʊn]
aftrekken (ww)	å subtrahere	[ɔ 'sʉbtra‚here]
deling (de)	divisjon (m)	[divi'ʂʊn]
delen (ww)	å dividere	[ɔ divi'derə]

optelling (de)	addisjon (m)	[adi'ʂʊn]
erbij optellen	å addere	[ɔ a'derə]
(bij elkaar voegen)		
optellen (ww)	å addere	[ɔ a'derə]
vermenigvuldiging (de)	multiplikasjon (m)	[mʉltiplika'ʂʊn]
vermenigvuldigen (ww)	å multiplisere	[ɔ mʉltipli'serə]

7. Getallen. Diversen

cijfer (het)	siffer (n)	['sifər]
nummer (het)	tall (n)	['tal]
telwoord (het)	tallord (n)	['tal‚u:r]
minteken (het)	minus (n)	['minʉs]
plusteken (het)	pluss (n)	['plʉs]
formule (de)	formel (m)	['forməl]

berekening (de)	beregning (m/f)	[be'rɛjniŋ]
tellen (ww)	å telle	[ɔ 'tɛlə]
bijrekenen (ww)	å telle opp	[ɔ 'tɛlə ɔp]
vergelijken (ww)	å sammenlikne	[ɔ 'samən‚liknə]

Hoeveel? (ontelb.)	Hvor mye?	[vʊr 'mye]
Hoeveel? (telb.)	Hvor mange?	[vʊr 'maŋə]
som (de), totaal (het)	sum (m)	['sʉm]

| uitkomst (de) | resultat (n) | [resʉl'tat] |
| rest (de) | rest (m) | ['rɛst] |

enkele (bijv. ~ minuten)	noen	['nʊən]
weinig (telb.)	få, ikke mange	['fɔ], ['ikə ‚maŋə]
een beetje (ontelb.)	lite	['litə]
restant (het)	rest (m)	['rɛst]

| anderhalf | halvannen | [hal'anən] |
| dozijn (het) | dusin (n) | [dʉ'sin] |

middendoor (bw)	i 2 halvdeler	[i tʊ hal'delər]
even (bw)	jevnt	['jɛvnt]
helft (de)	halvdel (m)	['haldel]
keer (de)	gang (m)	['gaŋ]

8. De belangrijkste werkwoorden. Deel 1

aanbevelen (ww)	å anbefale	[ɔ 'ɑnbeˌfɑlə]
aandringen (ww)	å insistere	[ɔ insi'sterə]
aankomen (per auto, enz.)	å ankomme	[ɔ 'ɑnˌkɔmə]
aanraken (ww)	å røre	[ɔ 'rørə]
adviseren (ww)	å råde	[ɔ 'roːdə]
afdalen (on.ww.)	å gå ned	[ɔ 'gɔ ne]
afslaan (naar rechts ~)	å svinge	[ɔ 'sviŋə]
antwoorden (ww)	å svare	[ɔ 'svɑrə]
bang zijn (ww)	å frykte	[ɔ 'frʏktə]
bedreigen (bijv. met een pistool)	å true	[ɔ 'trʉə]
bedriegen (ww)	å fuske	[ɔ 'fʉskə]
beëindigen (ww)	å slutte	[ɔ 'ʂlʉtə]
beginnen (ww)	å begynne	[ɔ be'jinə]
begrijpen (ww)	å forstå	[ɔ fɔ'ʂtɔ]
beheren (managen)	å styre, å lede	[ɔ 'styrə], [ɔ 'ledə]
beledigen (met scheldwoorden)	å fornærme	[ɔ fɔːˈŋærmə]
beloven (ww)	å love	[ɔ 'lɔvə]
bereiden (koken)	å lage	[ɔ 'lɑgə]
bespreken (spreken over)	å diskutere	[ɔ diskʉ'terə]
bestellen (eten ~)	å bestille	[ɔ be'stilə]
bestraffen (een stout kind ~)	å straffe	[ɔ 'strɑfə]
betalen (ww)	å betale	[ɔ be'tɑlə]
betekenen (beduiden)	å bety	[ɔ 'bety]
betreuren (ww)	å beklage	[ɔ be'klɑgə]
bevallen (prettig vinden)	å like	[ɔ 'likə]
bevelen (mil.)	å beordre	[ɔ be'ɔrdrə]
bevrijden (stad, enz.)	å befri	[ɔ be'fri]
bewaren (ww)	å beholde	[ɔ be'hɔlə]
bezitten (ww)	å besidde, å eie	[ɔ bɛ'sidə], [ɔ 'æje]
bidden (praten met God)	å be	[ɔ 'be]
binnengaan (een kamer ~)	å komme inn	[ɔ 'kɔmə in]
breken (ww)	å bryte	[ɔ 'brytə]
controleren (ww)	å kontrollere	[ɔ kʉntrɔ'lerə]
creëren (ww)	å opprette	[ɔ 'ɔpˌrɛtə]
deelnemen (ww)	å delta	[ɔ 'dɛltɑ]
denken (ww)	å tenke	[ɔ 'tɛnkə]
doden (ww)	å døde, å myrde	[ɔ 'dødə], [ɔ 'mʏːdə]
doen (ww)	å gjøre	[ɔ 'jørə]
dorst hebben (ww)	å være tørst	[ɔ 'værə 'tœʂt]

9. De belangrijkste werkwoorden. Deel 2

een hint geven	å gi et vink	[ɔ 'ji et 'vink]
eisen (met klem vragen)	å kreve	[ɔ 'krevə]

excuseren (vergeven)	å unnskylde	[ɔ 'ʉnˌsylə]
existeren (bestaan)	å eksistere	[ɔ ɛksi'sterə]
gaan (te voet)	å gå	[ɔ 'gɔ]

gaan zitten (ww)	å sette seg	[ɔ 'sɛtə sæj]
gaan zwemmen	å bade	[ɔ 'badə]
geven (ww)	å gi	[ɔ 'ji]
glimlachen (ww)	å smile	[ɔ 'smilə]
goed raden (ww)	å gjette	[ɔ 'jɛtə]

grappen maken (ww)	å spøke	[ɔ 'spøkə]
graven (ww)	å grave	[ɔ 'gravə]

hebben (ww)	å ha	[ɔ 'ha]
helpen (ww)	å hjelpe	[ɔ 'jɛlpə]
herhalen (opnieuw zeggen)	å gjenta	[ɔ 'jɛnta]
honger hebben (ww)	å være sulten	[ɔ 'værə 'sʉltən]

hopen (ww)	å håpe	[ɔ 'hoːpə]
horen	å høre	[ɔ 'hørə]
(waarnemen met het oor)		
huilen (wenen)	å gråte	[ɔ 'groːtə]
huren (huis, kamer)	å leie	[ɔ 'læjə]
informeren (informatie geven)	å informere	[ɔ infɔr'merə]

instemmen (akkoord gaan)	å samtykke	[ɔ 'samˌtʏkə]
jagen (ww)	å jage	[ɔ 'jagə]
kennen (kennis hebben	å kjenne	[ɔ 'çɛnə]
van iemand)		
kiezen (ww)	å velge	[ɔ 'vɛlgə]
klagen (ww)	å klage	[ɔ 'klagə]

kosten (ww)	å koste	[ɔ 'kɔstə]
kunnen (ww)	å kunne	[ɔ 'kʉnə]
lachen (ww)	å le, å skratte	[ɔ 'le], [ɔ 'skratə]
laten vallen (ww)	å tappe	[ɔ 'tapə]
lezen (ww)	å lese	[ɔ 'lesə]

liefhebben (ww)	å elske	[ɔ 'ɛlskə]
lunchen (ww)	å spise lunsj	[ɔ 'spisə ˌlʉnʂ]
nemen (ww)	å ta	[ɔ 'ta]
nodig zijn (ww)	å være behøv	[ɔ 'værə bə'høv]

10. De belangrijkste werkwoorden. Deel 3

onderschatten (ww)	å undervurdere	[ɔ 'ʉnərvʉːˌderə]
ondertekenen (ww)	å underskrive	[ɔ 'ʉnəˌskrivə]
ontbijten (ww)	å spise frokost	[ɔ 'spisə ˌfrʉkɔst]
openen (ww)	å åpne	[ɔ 'ɔpnə]
ophouden (ww)	å slutte	[ɔ 'ʂlʉtə]
opmerken (zien)	å bemerke	[ɔ be'mærkə]

opscheppen (ww)	å prale	[ɔ 'pralə]
opschrijven (ww)	å skrive ned	[ɔ 'skrivə ne]

plannen (ww)	å planlegge	[ɔ 'plan‚legə]
prefereren (verkiezen)	å foretrekke	[ɔ 'forə‚trɛkə]
proberen (trachten)	å prøve	[ɔ 'prøvə]
redden (ww)	å redde	[ɔ 'rɛdə]

rekenen op ...	å regne med ...	[ɔ 'rɛjnə me ...]
rennen (ww)	å løpe	[ɔ 'løpə]
reserveren	å reservere	[ɔ resɛr'verə]
(een hotelkamer ~)		
roepen (om hulp)	å tilkalle	[ɔ 'til‚kalə]
schieten (ww)	å skyte	[ɔ 'şytə]
schreeuwen (ww)	å skrike	[ɔ 'skrikə]

schrijven (ww)	å skrive	[ɔ 'skrivə]
souperen (ww)	å spise middag	[ɔ 'spisə 'mi‚da]
spelen (kinderen)	å leke	[ɔ 'lekə]
spreken (ww)	å tale	[ɔ 'talə]
stelen (ww)	å stjele	[ɔ 'stjelə]
stoppen (pauzeren)	å stoppe	[ɔ 'stɔpə]

studeren (Nederlands ~)	å studere	[ɔ stʉ'derə]
sturen (zenden)	å sende	[ɔ 'sɛnə]
tellen (optellen)	å telle	[ɔ 'tɛlə]
toebehoren ...	å tilhøre ...	[ɔ 'til‚hørə ...]
toestaan (ww)	å tillate	[ɔ 'ti‚latə]
tonen (ww)	å vise	[ɔ 'visə]

twijfelen (onzeker zijn)	å tvile	[ɔ 'tvilə]
uitgaan (ww)	å gå ut	[ɔ 'gɔ ʉt]
uitnodigen (ww)	å innby, å invitere	[ɔ 'inby], [ɔ invi'terə]
uitspreken (ww)	å uttale	[ɔ 'ʉt‚talə]
uitvaren tegen (ww)	å skjelle	[ɔ 'şɛ:lə]

11. De belangrijkste werkwoorden. Deel 4

vallen (ww)	å falle	[ɔ 'falə]
vangen (ww)	å fange	[ɔ 'faŋə]
veranderen (anders maken)	å endre	[ɔ 'ɛndrə]
verbaasd zijn (ww)	å bli forundret	[ɔ 'bli fɔ'rʉndrət]
verbergen (ww)	å gjemme	[ɔ 'jɛmə]

verdedigen (je land ~)	å forsvare	[ɔ fɔ'şvarə]
verenigen (ww)	å forene	[ɔ fɔ'renə]
vergelijken (ww)	å sammenlikne	[ɔ 'samən‚liknə]
vergeten (ww)	å glemme	[ɔ 'glemə]
vergeven (ww)	å tilgi	[ɔ 'til‚ji]

verklaren (uitleggen)	å forklare	[ɔ fɔr'klarə]
verkopen (per stuk ~)	å selge	[ɔ 'sɛlə]
vermelden (praten over)	å omtale, å nevne	[ɔ 'ɔm‚talə], [ɔ 'nɛvnə]
versieren (decoreren)	å pryde	[ɔ 'prydə]
vertalen (ww)	å oversette	[ɔ 'ovə‚şɛtə]
vertrouwen (ww)	å stole på	[ɔ 'stʉlə pɔ]
vervolgen (ww)	å fortsette	[ɔ 'fort‚şɛtə]

verwarren (met elkaar ~)	å forveksle	[ɔ for'vɛkʂlə]
verzoeken (ww)	å be	[ɔ 'be]
verzuimen (school, enz.)	å skulke	[ɔ 'skʉlkə]

vinden (ww)	å finne	[ɔ 'finə]
vliegen (ww)	å fly	[ɔ 'fly]
volgen (ww)	å følge etter ...	[ɔ 'følə 'ɛtər ...]
voorstellen (ww)	å foreslå	[ɔ 'forə‚ʂlɔ]
voorzien (verwachten)	å forutse	[ɔ 'forʉt‚se]
vragen (ww)	å spørre	[ɔ 'spørə]

waarnemen (ww)	å observere	[ɔ ɔbsɛr'verə]
waarschuwen (ww)	å varsle	[ɔ 'vɑʂlə]
wachten (ww)	å vente	[ɔ 'vɛntə]
weerspreken (ww)	å innvende	[ɔ 'in‚vɛnə]
weigeren (ww)	å vegre seg	[ɔ 'vɛgrə sæj]

werken (ww)	å arbeide	[ɔ 'ar‚bæjdə]
weten (ww)	å vite	[ɔ 'vitə]
willen (verlangen)	å ville	[ɔ 'vilə]
zeggen (ww)	å si	[ɔ 'si]
zich haasten (ww)	å skynde seg	[ɔ 'ʂynə sæj]

zich interesseren voor ...	å interessere seg	[ɔ intəre'serə sæj]
zich vergissen (ww)	å gjøre feil	[ɔ 'jørə ‚fæjl]
zich verontschuldigen	å unnskylde seg	[ɔ 'ʉn‚ʂylə sæj]
zien (ww)	å se	[ɔ 'se]

zijn (ww)	å være	[ɔ 'værə]
zoeken (ww)	å søke ...	[ɔ 'søkə ...]
zwemmen (ww)	å svømme	[ɔ 'svœmə]
zwijgen (ww)	å tie	[ɔ 'tie]

12. Kleuren

kleur (de)	farge (m)	['fɑrgə]
tint (de)	nyanse (m)	[ny'ɑnse]
kleurnuance (de)	fargetone (m)	['fɑrgə‚tʉnə]
regenboog (de)	regnbue (m)	['ræjn‚bʉːə]

wit (bn)	hvit	['vit]
zwart (bn)	svart	['svɑːt]
grijs (bn)	grå	['grɔ]

groen (bn)	grønn	['grœn]
geel (bn)	gul	['gʉl]
rood (bn)	rød	['rø]

blauw (bn)	blå	['blɔ]
lichtblauw (bn)	lyseblå	['lysə‚blɔ]
roze (bn)	rosa	['rɔsɑ]
oranje (bn)	oransje	[ɔ'rɑnʂɛ]
violet (bn)	fiolett	[fiʊ'lət]
bruin (bn)	brun	['brʉn]

goud (bn)	gullgul	['gʉl]
zilverkleurig (bn)	sølv-	['søl-]

beige (bn)	beige	['bɛːʂ]
roomkleurig (bn)	kremfarget	['krɛmˌfargət]
turkoois (bn)	turkis	[tʉr'kis]
kersrood (bn)	kirsebærrød	['çiʂəbærˌrød]
lila (bn)	lilla	['lila]
karmijnrood (bn)	karminrød	['karmʉ'sinˌrød]

licht (bn)	lys	['lys]
donker (bn)	mørk	['mœrk]
fel (bn)	klar	['klar]

kleur-, kleurig (bn)	farge-	['fargə-]
kleuren- (abn)	farge-	['fargə-]
zwart-wit (bn)	svart-hvit	['svɑːʈ vit]
eenkleurig (bn)	ensfarget	['ɛnsˌfargət]
veelkleurig (bn)	mangefarget	['maŋəˌfargət]

13. Vragen

Wie?	Hvem?	['vɛm]
Wat?	Hva?	['va]
Waar?	Hvor?	['vʉr]
Waarheen?	Hvorhen?	['vʉrhen]
Waar ... vandaan?	Hvorfra?	['vʉrfra]
Wanneer?	Når?	[nɔr]
Waarom?	Hvorfor?	['vʉrfʉr]
Waarom?	Hvorfor?	['vʉrfʉr]

Waarvoor dan ook?	Hvorfor?	['vʉrfʉr]
Hoe?	Hvordan?	['vʉːdɑn]
Wat voor ...?	Hvilken?	['vilkən]
Welk?	Hvilken?	['vilkən]

Aan wie?	Til hvem?	[til 'vɛm]
Over wie?	Om hvem?	[ɔm 'vɛm]
Waarover?	Om hva?	[ɔm 'va]
Met wie?	Med hvem?	[me 'vɛm]

Hoeveel? (telb.)	Hvor mange?	[vʉr 'maŋə]
Hoeveel? (ontelb.)	Hvor mye?	[vʉr 'mye]
Van wie? (mann.)	Hvis?	['vis]

14. Functiewoorden. Bijwoorden. Deel 1

Waar?	Hvor?	['vʉr]
hier (bw)	her	['hɛr]
daar (bw)	der	['dɛr]
ergens (bw)	et sted	[et 'sted]
nergens (bw)	ingensteds	['iŋənˌstɛts]

bij ... (in de buurt)	ved	['ve]
bij het raam	ved vinduet	[ve 'vindʉə]

Waarheen?	Hvorhen?	['vʊrhen]
hierheen (bw)	hit	['hit]
daarheen (bw)	dit	['dit]
hiervandaan (bw)	herfra	['hɛr̩fra]
daarvandaan (bw)	derfra	['dɛr̩fra]

dichtbij (bw)	nær	['nær]
ver (bw)	langt	['laŋt]

in de buurt (van ...)	nær	['nær]
vlakbij (bw)	i nærheten	[i 'nær̩hetən]
niet ver (bw)	ikke langt	['ikə 'laŋt]

linker (bn)	venstre	['vɛnstrə]
links (bw)	til venstre	[til 'vɛnstrə]
linksaf, naar links (bw)	til venstre	[til 'vɛnstrə]

rechter (bn)	høyre	['højrə]
rechts (bw)	til høyre	[til 'højrə]
rechtsaf, naar rechts (bw)	til høyre	[til 'højrə]

vooraan (bw)	foran	['fɔran]
voorste (bn)	fremre	['frɛmrə]
vooruit (bw)	fram	['fram]

achter (bw)	bakom	['bakɔm]
van achteren (bw)	bakfra	['bak̩fra]
achteruit (naar achteren)	tilbake	[til'bakə]

midden (het)	midt (m)	['mit]
in het midden (bw)	i midten	[i 'mitən]

opzij (bw)	fra siden	[fra 'sidən]
overal (bw)	overalt	[ɔvər'alt]
omheen (bw)	rundt omkring	['rʉnt ɔm'kriŋ]

binnenuit (bw)	innefra	['inə̩fra]
naar ergens (bw)	et sted	[et 'sted]
rechtdoor (bw)	rett, direkte	['rɛt], ['di'rɛktə]
terug (bijv. ~ komen)	tilbake	[til'bakə]

ergens vandaan (bw)	et eller annet steds fra	[et 'elər ˌa:nt 'stɛts fra]
ergens vandaan (en dit geld moet ~ komen)	et eller annet steds fra	[et 'elər ˌa:nt 'stɛts fra]

ten eerste (bw)	for det første	[for de 'fœ̧stə]
ten tweede (bw)	for det annet	[for de 'a:nt]
ten derde (bw)	for det tredje	[for de 'trɛdje]

plotseling (bw)	plutselig	['plʉtseli]
in het begin (bw)	i begynnelsen	[i be'jinəlsən]
voor de eerste keer (bw)	for første gang	[for 'fœ̧stə ˌgaŋ]
lang voor ... (bw)	lenge før ...	['leŋə 'før ...]

| opnieuw (bw) | på nytt | [pɔ 'nʏt] |
| voor eeuwig (bw) | for godt | [fɔr 'gɔt] |

nooit (bw)	aldri	['aldri]
weer (bw)	igjen	[i'jɛn]
nu (bw)	nå	['nɔ]
vaak (bw)	ofte	['ɔftə]
toen (bw)	da	['dɑ]
urgent (bw)	omgående	['ɔmˌgɔːnə]
meestal (bw)	vanligvis	['vɑnliˌvis]

trouwens, ... (tussen haakjes)	forresten, ...	[fɔ'rɛstən ...]
mogelijk (bw)	mulig, kanskje	['mʉli], ['kanʂə]
waarschijnlijk (bw)	sannsynligvis	[san'sʏnliˌvis]
misschien (bw)	kanskje	['kanʂə]
trouwens (bw)	dessuten, ...	[des'ʉtən ...]
daarom ...	derfor ...	['dɛrfor ...]
in weerwil van ...	på tross av ...	['pɔ 'trɔs ɑː ...]
dankzij ...	takket være ...	['takət ˌværə ...]

wat (vn)	hva	['vɑ]
dat (vw)	at	[ɑt]
iets (vn)	noe	['nʊe]
iets	noe	['nʊe]
niets (vn)	ingenting	['iŋəntiŋ]

wie (~ is daar?)	hvem	['vɛm]
iemand (een onbekende)	noen	['nʊən]
iemand (een bepaald persoon)	noen	['nʊən]

niemand (vn)	ingen	['iŋən]
nergens (bw)	ingensteds	['iŋənˌstɛts]
niemands (bn)	ingens	['iŋəns]
iemands (bn)	noens	['nʊəns]

zo (Ik ben ~ blij)	så	['sɔː]
ook (evenals)	også	['ɔsɔ]
alsook (eveneens)	også	['ɔsɔ]

15. Functiewoorden. Bijwoorden. Deel 2

Waarom?	Hvorfor?	['vʊrfʊr]
om een bepaalde reden	av en eller annen grunn	[ɑː en elər 'ɑnən ˌgrʉn]
omdat ...	fordi ...	[fɔ'di ...]
voor een bepaald doel	av en eller annen grunn	[ɑː en elər 'ɑnən ˌgrʉn]

en (vw)	og	['ɔ]
of (vw)	eller	['elər]
maar (vw)	men	['men]
voor (vz)	for, til	[fɔr], [til]
te (~ veel mensen)	for, altfor	['fɔr], ['altfor]
alleen (bw)	bare	['barə]

| precies (bw) | presis, eksakt | [prɛ'sis], [ɛk'sɑkt] |
| ongeveer (~ 10 kg) | cirka | ['sirkɑ] |

omstreeks (bw)	omtrent	[ɔm'trɛnt]
bij benadering (bn)	omtrentlig	[ɔm'trɛntli]
bijna (bw)	nesten	['nɛstən]
rest (de)	rest (m)	['rɛst]

de andere (tweede)	den annen	[den 'ɑnən]
ander (bn)	andre	['ɑndrə]
elk (bn)	hver	['vɛr]
om het even welk	hvilken som helst	['vilkən sɔm 'hɛlst]
veel (grote hoeveelheid)	mye	['mye]
veel mensen	mange	['mɑŋə]
iedereen (alle personen)	alle	['ɑlə]

in ruil voor ...	til gjengjeld for ...	[til 'jɛnjɛl fɔr ...]
in ruil (bw)	istedenfor	[i'steden͵fɔr]
met de hand (bw)	for hånd	[fɔr 'hɔn]
onwaarschijnlijk (bw)	neppe	['nepə]

waarschijnlijk (bw)	sannsynligvis	[sɑn'synli͵vis]
met opzet (bw)	med vilje	[me 'viljə]
toevallig (bw)	tilfeldigvis	[til'fɛldivis]

zeer (bw)	meget	['megət]
bijvoorbeeld (bw)	for eksempel	[fɔr ɛk'sɛmpəl]
tussen (~ twee steden)	mellom	['mɛlɔm]
tussen (te midden van)	blant	['blɑnt]
zoveel (bw)	så mye	['sɔ: mye]
vooral (bw)	særlig	['sæ:li]

Basisbegrippen Deel 2

16. Dagen van de week

maandag (de)	**mandag** (m)	['man‚da]
dinsdag (de)	**tirsdag** (m)	['tiş‚da]
woensdag (de)	**onsdag** (m)	['uns‚da]
donderdag (de)	**torsdag** (m)	['toş‚da]
vrijdag (de)	**fredag** (m)	['frɛ‚da]
zaterdag (de)	**lørdag** (m)	['lør‚da]
zondag (de)	**søndag** (m)	['søn‚da]
vandaag (bw)	**i dag**	[i 'da]
morgen (bw)	**i morgen**	[i 'mɔ:ən]
overmorgen (bw)	**i overmorgen**	[i 'ɔvər‚mɔ:ən]
gisteren (bw)	**i går**	[i 'gɔr]
eergisteren (bw)	**i forgårs**	[i 'for‚gɔş]
dag (de)	**dag** (m)	['da]
werkdag (de)	**arbeidsdag** (m)	['arbæjds‚da]
feestdag (de)	**festdag** (m)	['fɛst‚da]
verlofdag (de)	**fridag** (m)	['fri‚da]
weekend (het)	**ukeslutt** (m), **helg** (f)	['ʉkə‚şlʉt], ['hɛlg]
de hele dag (bw)	**hele dagen**	['helə 'dagən]
de volgende dag (bw)	**neste dag**	['nɛstə ‚da]
twee dagen geleden	**for to dager siden**	[for tu 'dagər ‚sidən]
aan de vooravond (bw)	**dagen før**	['dagən 'før]
dag-, dagelijks (bn)	**daglig**	['dagli]
elke dag (bw)	**hver dag**	['vɛr da]
week (de)	**uke** (m/f)	['ʉkə]
vorige week (bw)	**siste uke**	['sistə 'ʉkə]
volgende week (bw)	**i neste uke**	[i 'nɛstə 'ʉkə]
wekelijks (bn)	**ukentlig**	['ʉkəntli]
elke week (bw)	**hver uke**	['vɛr 'ʉkə]
twee keer per week	**to ganger per uke**	['tu 'gaŋər per 'ʉkə]
elke dinsdag	**hver tirsdag**	['vɛr 'tişda]

17. Uren. Dag en nacht

morgen (de)	**morgen** (m)	['mɔ:ən]
's morgens (bw)	**om morgenen**	[ɔm 'mɔ:enən]
middag (de)	**middag** (m)	['mi‚da]
's middags (bw)	**om ettermiddagen**	[ɔm 'ɛtər‚midagən]
avond (de)	**kveld** (m)	['kvɛl]
's avonds (bw)	**om kvelden**	[ɔm 'kvɛlən]

nacht (de)	natt (m/f)	['nat]
's nachts (bw)	om natta	[ɔm 'nata]
middernacht (de)	midnatt (m/f)	['mid,nat]

seconde (de)	sekund (m/n)	[se'kʉn]
minuut (de)	minutt (n)	[mi'nʉt]
uur (het)	time (m)	['timə]
halfuur (het)	halvtime (m)	['hal,timə]
kwartier (het)	kvarter (n)	[kvɑːʈer]
vijftien minuten	femten minutter	['fɛmtən mi'nʉtər]
etmaal (het)	døgn (n)	['døjn]

zonsopgang (de)	soloppgang (m)	['sʉlɔp,gaŋ]
dageraad (de)	daggry (n)	['dag,gry]
vroege morgen (de)	tidlig morgen (m)	['tili 'mɔːən]
zonsondergang (de)	solnedgang (m)	['sʉlned,gaŋ]

's morgens vroeg (bw)	tidlig om morgenen	['tili ɔm 'mɔːenən]
vanmorgen (bw)	i morges	[i 'mɔrəs]
morgenochtend (bw)	i morgen tidlig	[i 'mɔːən 'tili]
vanmiddag (bw)	i formiddag	[i 'fɔrmi,da]
's middags (bw)	om ettermiddagen	[ɔm 'ɛtər,midagən]
morgenmiddag (bw)	i morgen ettermiddag	[i 'mɔːən 'ɛtər,mida]
vanavond (bw)	i kveld	[i 'kvɛl]
morgenavond (bw)	i morgen kveld	[i 'mɔːən ,kvɛl]

klokslag drie uur	presis klokka tre	[prɛ'sis 'klɔka tre]
ongeveer vier uur	ved fire-tiden	[ve 'fire ,tidən]
tegen twaalf uur	innen klokken tolv	['inən 'klɔkən tɔl]

over twintig minuten	om tjue minutter	[ɔm 'çʉə mi'nʉtər]
over een uur	om en time	[ɔm en 'timə]
op tijd (bw)	i tide	[i 'tidə]

kwart voor ...	kvart på ...	['kvɑːʈ pɔ ...]
binnen een uur	innen en time	['inən en 'timə]
elk kwartier	hvert kvarter	['vɛːʈ kvɑː'ʈer]
de klok rond	døgnet rundt	['døjne ,rʉnt]

18. Maanden. Seizoenen

januari (de)	januar (m)	['janʉ,ar]
februari (de)	februar (m)	['febrʉ,ar]
maart (de)	mars (m)	['maʂ]
april (de)	april (m)	[a'pril]
mei (de)	mai (m)	['maj]
juni (de)	juni (m)	['jʉni]

juli (de)	juli (m)	['jʉli]
augustus (de)	august (m)	[aʉ'gʉst]
september (de)	september (m)	[sep'tɛmbər]
oktober (de)	oktober (m)	[ɔk'tʉbər]
november (de)	november (m)	[nʉ'vɛmbər]
december (de)	desember (m)	[de'sɛmbər]

lente (de)	vår (m)	['vɔːr]
in de lente (bw)	om våren	[ɔm 'voːrən]
lente- (abn)	vår-, vårlig	['vɔːr-], ['vɔːli]

zomer (de)	sommer (m)	['sɔmər]
in de zomer (bw)	om sommeren	[ɔm 'sɔmerən]
zomer-, zomers (bn)	sommer-	['sɔmər-]

herfst (de)	høst (m)	['høst]
in de herfst (bw)	om høsten	[ɔm 'høstən]
herfst- (abn)	høst-, høstlig	['høst-], ['høstli]

winter (de)	vinter (m)	['vintər]
in de winter (bw)	om vinteren	[ɔm 'vinterən]
winter- (abn)	vinter-	['vintər-]

maand (de)	måned (m)	['moːnət]
deze maand (bw)	denne måneden	['dɛnə 'moːnedən]
volgende maand (bw)	neste måned	['nɛstə 'moːnət]
vorige maand (bw)	forrige måned	['fɔriə ˌmoːnət]

een maand geleden (bw)	for en måned siden	[fɔr en 'moːnət ˌsidən]
over een maand (bw)	om en måned	[ɔm en 'moːnət]
over twee maanden (bw)	om to måneder	[ɔm 'tʊ 'moːnedər]
de hele maand (bw)	en hel måned	[en 'hel 'moːnət]
een volle maand (bw)	hele måned	['helə 'moːnət]

maand-, maandelijks (bn)	månedlig	['moːnədli]
maandelijks (bw)	månedligt	['moːnedlət]
elke maand (bw)	hver måned	[ˌvɛr 'moːnət]
twee keer per maand	to ganger per måned	['tʊ 'gaŋər per 'moːnət]

jaar (het)	år (n)	['ɔr]
dit jaar (bw)	i år	[i 'oːr]
volgend jaar (bw)	neste år	['nɛstə ˌoːr]
vorig jaar (bw)	i fjor	[i 'fjɔr]

een jaar geleden (bw)	for et år siden	[fɔr et 'oːr ˌsidən]
over een jaar	om et år	[ɔm et 'oːr]
over twee jaar	om to år	[ɔm 'tʊ 'oːr]
het hele jaar	hele året	['helə 'oːre]
een vol jaar	hele året	['helə 'oːre]

elk jaar	hvert år	['vɛːʈ 'oːr]
jaar-, jaarlijks (bn)	årlig	['oːli]
jaarlijks (bw)	årlig, hvert år	['oːli], ['vɛːʈ 'ɔr]
4 keer per jaar	fire ganger per år	['fire 'gaŋər per 'oːr]

datum (de)	dato (m)	['datʊ]
datum (de)	dato (m)	['datʊ]
kalender (de)	kalender (m)	[ka'lendər]

een half jaar	halvår (n)	['halˌoːr]
zes maanden	halvår (n)	['halˌoːr]
seizoen (bijv. lente, zomer)	årstid (m/f)	['oːʂˌtid]
eeuw (de)	århundre (n)	['ɔrˌhundrə]

19. Tijd. Diversen

tijd (de)	tid (m/f)	['tid]
ogenblik (het)	øyeblikk (n)	['øjǝˌblik]
moment (het)	øyeblikk (n)	['øjǝˌblik]
ogenblikkelijk (bn)	øyeblikkelig	['øjǝˌblikǝli]
tijdsbestek (het)	tidsavsnitt (n)	['tidsˌɑfsnit]
leven (het)	liv (n)	['liv]
eeuwigheid (de)	evighet (m)	['ɛviˌhet]
epoche (de), tijdperk (het)	epoke (m)	[ɛ'pʊkǝ]
era (de), tijdperk (het)	æra (m)	['æra]
cyclus (de)	syklus (m)	['syklʉs]
periode (de)	periode (m)	[pæri'ʊdǝ]
termijn (vastgestelde periode)	sikt (m)	['sikt]
toekomst (de)	framtid (m/f)	['frɑmˌtid]
toekomstig (bn)	framtidig, fremtidig	['frɑmˌtidi], ['frɛmˌtidi]
de volgende keer	neste gang	['nɛstǝ ˌgɑŋ]
verleden (het)	fortid (m/f)	['fɔːˌtid]
vorig (bn)	forrige	['fɔriǝ]
de vorige keer	siste gang	['sistǝ ˌgɑŋ]
later (bw)	senere	['senerǝ]
na (~ het diner)	etterpå	['ɛtǝrˌpɔ]
tegenwoordig (bw)	for nærværende	[fɔr 'nærˌværnǝ]
nu (bw)	nå	['nɔ]
onmiddellijk (bw)	umiddelbart	['ʉmidǝlˌbaːt]
snel (bw)	snart	['snaːt]
bij voorbaat (bw)	på forhånd	[pɔ 'foːrˌhɔn]
lang geleden (bw)	for lenge siden	[fɔr 'leŋǝ ˌsidǝn]
kort geleden (bw)	nylig	['nyli]
noodlot (het)	skjebne (m)	['ʂɛbnǝ]
herinneringen (mv.)	minner (n pl)	['minǝr]
archief (het)	arkiv (n)	[ar'kiv]
tijdens ... (ten tijde van)	under ...	['ʉnǝr ...]
lang (bw)	lenge	['leŋǝ]
niet lang (bw)	ikke lenge	['ikǝ 'leŋǝ]
vroeg (bijv. ~ in de ochtend)	tidlig	['tili]
laat (bw)	sent	['sɛnt]
voor altijd (bw)	for alltid	[fɔr 'ɑlˌtid]
beginnen (ww)	å begynne	[ɔ be'jinǝ]
uitstellen (ww)	å utsette	[ɔ 'ʉtˌsɛtǝ]
tegelijkertijd (bw)	samtidig	['sɑmˌtidi]
voortdurend (bw)	alltid, stadig	['ɑlˌtid], ['stadi]
constant (bijv. ~ lawaai)	konstant	[kʊn'stɑnt]
tijdelijk (bn)	midlertidig, temporær	['midlǝˌtidi], ['tɛmpɔˌrær]
soms (bw)	av og til	['ɑv ɔ ˌtil]
zelden (bw)	sjelden	['ʂɛlǝn]
vaak (bw)	ofte	['ɔftǝ]

20. Tegenovergestelden

rijk (bn)	rik	['rik]
arm (bn)	fattig	['fɑti]
ziek (bn)	syk	['syk]
gezond (bn)	frisk	['frisk]
groot (bn)	stor	['stʊr]
klein (bn)	liten	['litən]
snel (bw)	fort	['fʊːt]
langzaam (bw)	langsomt	['lɑŋsɔmt]
snel (bn)	hurtig	['høːti]
langzaam (bn)	langsom	['lɑŋsɔm]
vrolijk (bn)	glad	['glɑ]
treurig (bn)	sørgmodig	[sør'mʊdi]
samen (bw)	sammen	['sɑmən]
apart (bw)	separat	[sepɑ'rɑt]
hardop (~ lezen)	høyt	['højt]
stil (~ lezen)	for seg selv	[fɔr sæj 'sɛl]
hoog (bn)	høy	['høj]
laag (bn)	lav	['lɑv]
diep (bn)	dyp	['dyp]
ondiep (bn)	grunn	['grʉn]
ja	ja	['ja]
nee	nei	['næj]
ver (bn)	fjern	['fjæːɳ]
dicht (bn)	nær	['nær]
ver (bw)	langt	['lɑŋt]
dichtbij (bw)	i nærheten	[i 'nærˌhetən]
lang (bn)	lang	['lɑŋ]
kort (bn)	kort	['kʊːt]
vriendelijk (goedhartig)	god	['gʊ]
kwaad (bn)	ond	['ʊn]
gehuwd (mann.)	gift	['jift]
ongehuwd (mann.)	ugift	[ʉː'jift]
verbieden (ww)	å forby	[ɔ fɔr'by]
toestaan (ww)	å tillate	[ɔ 'tiˌlɑtə]
einde (het)	slutt (m)	['ʂlʉt]
begin (het)	begynnelse (m)	[be'jinəlsə]

| linker (bn) | venstre | ['vɛnstrə] |
| rechter (bn) | høyre | ['højrə] |

| eerste (bn) | første | ['fœʂtə] |
| laatste (bn) | sist | ['sist] |

| misdaad (de) | forbrytelse (m) | [for'brytəlsə] |
| bestraffing (de) | straff (m) | ['strɑf] |

| bevelen (ww) | å beordre | [ɔ be'ɔrdrə] |
| gehoorzamen (ww) | å underordne seg | [ɔ 'ʉnərˌɔrdnə sæj] |

| recht (bn) | rett | ['rɛt] |
| krom (bn) | kroket | ['krɔkət] |

| paradijs (het) | paradis (n) | ['parɑˌdis] |
| hel (de) | helvete (n) | ['hɛlvetə] |

| geboren worden (ww) | å fødes | [ɔ 'fødə] |
| sterven (ww) | å dø | [ɔ 'dø] |

| sterk (bn) | sterk | ['stærk] |
| zwak (bn) | svak | ['svɑk] |

| oud (bn) | gammel | ['gaməl] |
| jong (bn) | ung | ['ʉŋ] |

| oud (bn) | gammel | ['gaməl] |
| nieuw (bn) | ny | ['ny] |

| hard (bn) | hard | ['hɑr] |
| zacht (bn) | bløt | ['bløt] |

| warm (bn) | varm | ['vɑrm] |
| koud (bn) | kald | ['kɑl] |

| dik (bn) | tykk | ['tʏk] |
| dun (bn) | tynn | ['tʏn] |

| smal (bn) | smal | ['smɑl] |
| breed (bn) | bred | ['bre] |

| goed (bn) | bra | ['brɑ] |
| slecht (bn) | dårlig | ['do:lɪ] |

| moedig (bn) | tapper | ['tapər] |
| laf (bn) | feig | ['fæjg] |

21. Lijnen en vormen

vierkant (het)	kvadrat (n)	[kvɑ'drɑt]
vierkant (bn)	kvadratisk	[kvɑ'drɑtisk]
cirkel (de)	sirkel (m)	['sirkəl]
rond (bn)	rund	['rʉn]

driehoek (de)	**trekant** (m)	['tre‚kant]
driehoekig (bn)	**trekantet**	['tre‚kantət]

ovaal (het)	**oval** (m)	[ʊ'val]
ovaal (bn)	**oval**	[ʊ'val]
rechthoek (de)	**rektangel** (n)	['rɛk‚taŋəl]
rechthoekig (bn)	**rettvinklet**	['rɛt‚vinklət]

piramide (de)	**pyramide** (m)	[pyra'midə]
ruit (de)	**rombe** (m)	['rʊmbə]
trapezium (het)	**trapes** (m/n)	[tra'pes]
kubus (de)	**kube, terning** (m)	['kʉbə], ['tæ:ɳiŋ]
prisma (het)	**prisme** (n)	['prismə]

omtrek (de)	**omkrets** (m)	['ɔm‚krɛts]
bol, sfeer (de)	**sfære** (m)	['sfærə]
bal (de)	**kule** (m/f)	['kʉ:lə]

diameter (de)	**diameter** (m)	['dia‚metər]
straal (de)	**radius** (m)	['radiʉs]
omtrek (~ van een cirkel)	**perimeter** (n)	[peri'metər]
middelpunt (het)	**midtpunkt** (n)	['mit‚pʉnkt]

horizontaal (bn)	**horisontal**	[hʉrisɔn'tal]
verticaal (bn)	**loddrett, lodd-**	['lɔd‚rɛt], ['lɔd-]
parallel (de)	**parallell** (m)	[para'lel]
parallel (bn)	**parallell**	[para'lel]

lijn (de)	**linje** (m)	['linjə]
streep (de)	**strek** (m)	['strek]
rechte lijn (de)	**rett linje** (m/f)	['rɛt 'linjə]
kromme (de)	**kurve** (m)	['kʉrvə]
dun (bn)	**tynn**	['tʏn]
omlijning (de)	**kontur** (m)	[kʊn'tʉr]

snijpunt (het)	**skjæringspunkt** (n)	['ʂæriŋs‚pʉnkt]
rechte hoek (de)	**rett vinkel** (m)	['rɛt 'vinkəl]
segment (het)	**segment** (n)	[seg'mɛnt]
sector (de)	**sektor** (m)	['sɛktʊr]
zijde (de)	**side** (m/f)	['sidə]
hoek (de)	**vinkel** (m)	['vinkəl]

22. Meeteenheden

gewicht (het)	**vekt** (m)	['vɛkt]
lengte (de)	**lengde** (m/f)	['leŋdə]
breedte (de)	**bredde** (m)	['brɛdə]
hoogte (de)	**høyde** (m)	['højdə]
diepte (de)	**dybde** (m)	['dʏbdə]
volume (het)	**volum** (n)	[vɔ'lʉm]
oppervlakte (de)	**areal** (n)	[‚are'al]

gram (het)	**gram** (n)	['gram]
milligram (het)	**milligram** (n)	['mili‚gram]

kilogram (het)	kilogram (n)	['çilu,gram]
ton (duizend kilo)	tonn (m/n)	['tɔn]
pond (het)	pund (n)	['pʉn]
ons (het)	unse (m)	['ʉnsə]

meter (de)	meter (m)	['metər]
millimeter (de)	millimeter (m)	['mili,metər]
centimeter (de)	centimeter (m)	['sɛnti,metər]
kilometer (de)	kilometer (m)	['çilu,metər]
mijl (de)	mil (m/f)	['mil]

duim (de)	tomme (m)	['tɔmə]
voet (de)	fot (m)	['fʊt]
yard (de)	yard (m)	['ja:rd]

vierkante meter (de)	kvadratmeter (m)	[kva'drat,metər]
hectare (de)	hektar (n)	['hɛktar]

liter (de)	liter (m)	['litər]
graad (de)	grad (m)	['grad]
volt (de)	volt (m)	['vɔlt]
ampère (de)	ampere (m)	[am'pɛr]
paardenkracht (de)	hestekraft (m/f)	['hɛstə,kraft]

hoeveelheid (de)	mengde (m)	['mɛŋdə]
een beetje ...	få ...	['fɔ ...]
helft (de)	halvdel (m)	['haldel]
dozijn (het)	dusin (n)	[dʉ'sin]
stuk (het)	stykke (n)	['stʏkə]

afmeting (de)	størrelse (m)	['stœrəlsə]
schaal (bijv. ~ van 1 op 50)	målestokk (m)	['mo:lə,stɔk]

minimaal (bn)	minimal	[mini'mal]
minste (bn)	minste	['minstə]
medium (bn)	middel-	['midəl-]
maximaal (bn)	maksimal	[maksi'mal]
grootste (bn)	største	['stœʂtə]

23. Containers

glazen pot (de)	glaskrukke (m/f)	['glas,krʉkə]
blik (conserven~)	boks (m)	['bɔks]
emmer (de)	bøtte (m/f)	['bœtə]
ton (bijv. regenton)	tønne (m)	['tœnə]

ronde waterbak (de)	vaskefat (n)	['vaskə,fat]
tank (bijv. watertank-70-ltr)	tank (m)	['tank]
heupfles (de)	lommelerke (m/f)	['lʊmə,lærkə]
jerrycan (de)	bensinkanne (m/f)	[bɛn'sin,kanə]
tank (bijv. ketelwagen)	tank (m)	['tank]

beker (de)	krus (n)	['krʉs]
kopje (het)	kopp (m)	['kɔp]

schoteltje (het)	**tefat** (n)	['te₁fat]
glas (het)	**glass** (n)	['glɑs]
wijnglas (het)	**vinglass** (n)	['vin₁glɑs]
steelpan (de)	**gryte** (m/f)	['grytə]

fles (de)	**flaske** (m)	['flɑskə]
flessenhals (de)	**flaskehals** (m)	['flɑskə₁hɑls]

karaf (de)	**karaffel** (m)	[kɑ'rafəl]
kruik (de)	**mugge** (m/f)	['mʉgə]
vat (het)	**beholder** (m)	[be'hɔlər]
pot (de)	**pott, potte** (m)	['pɔt], ['pɔtə]
vaas (de)	**vase** (m)	['vɑsə]

flacon (de)	**flakong** (m)	[flɑ'kɔŋ]
flesje (het)	**flaske** (m/f)	['flɑskə]
tube (bijv. ~ tandpasta)	**tube** (m)	['tʉbə]

zak (bijv. ~ aardappelen)	**sekk** (m)	['sɛk]
tasje (het)	**pose** (m)	['pʉsə]
pakje (~ sigaretten, enz.)	**pakke** (m/f)	['pɑkə]

doos (de)	**eske** (m/f)	['ɛskə]
kist (de)	**kasse** (m/f)	['kɑsə]
mand (de)	**kurv** (m)	['kʉrv]

24. Materialen

materiaal (het)	**materiale** (n)	[materi'ɑlə]
hout (het)	**tre** (n)	['trɛ]
houten (bn)	**tre-, av tre**	['trɛ-], [ɑ: 'trɛ]

glas (het)	**glass** (n)	['glɑs]
glazen (bn)	**glass-**	['glɑs-]

steen (de)	**stein** (m)	['stæjn]
stenen (bn)	**stein-**	['stæjn-]

plastic (het)	**plast** (m)	['plɑst]
plastic (bn)	**plast-**	['plɑst-]

rubber (het)	**gummi** (m)	['gʉmi]
rubber-, rubberen (bn)	**gummi-**	['gʉmi-]

stof (de)	**tøy** (n)	['tøj]
van stof (bn)	**tøy-**	['tøj-]

papier (het)	**papir** (n)	[pɑ'pir]
papieren (bn)	**papir-**	[pɑ'pir-]

karton (het)	**papp, kartong** (m)	['pɑp], [kɑ:'tɔŋ]
kartonnen (bn)	**papp-, kartong-**	['pɑp-], [kɑ:'tɔŋ-]
polyethyleen (het)	**polyetylen** (n)	['pʉlyɛty₁len]
cellofaan (het)	**cellofan** (m)	[sɛlu'fɑn]

multiplex (het)	**kryssfiner** (m)	['krʏsfiˌnɛr]
porselein (het)	**porselen** (n)	[pɔʂə'len]
porseleinen (bn)	**porselens-**	[pɔʂə'lens-]
klei (de)	**leir** (n)	['læjr]
klei-, van klei (bn)	**leir-**	['læjr-]
keramiek (de)	**keramikk** (m)	[çerɑ'mik]
keramieken (bn)	**keramisk**	[çe'rɑmisk]

25. Metalen

metaal (het)	**metall** (n)	[me'tal]
metalen (bn)	**metall-**	[me'tal-]
legering (de)	**legering** (m/f)	[le'geriŋ]

goud (het)	**gull** (n)	['gʉl]
gouden (bn)	**av gull, gull-**	[ɑ: 'gʉl], ['gʉl-]
zilver (het)	**sølv** (n)	['søl]
zilveren (bn)	**sølv-, av sølv**	['søl-], [ɑ: 'søl]

IJzer (het)	**jern** (n)	['jæːɳ]
IJzeren (bn)	**jern-**	['jæːɳ-]
staal (het)	**stål** (n)	['stɔl]
stalen (bn)	**stål-**	['stɔl-]
koper (het)	**kobber** (n)	['kɔbər]
koperen (bn)	**kobber-**	['kɔbər-]

aluminium (het)	**aluminium** (n)	[ɑlu'minium]
aluminium (bn)	**aluminium-**	[ɑlu'minium-]
brons (het)	**bronse** (m)	['brɔnsə]
bronzen (bn)	**bronse-**	['brɔnsə-]

messing (het)	**messing** (m)	['mɛsiŋ]
nikkel (het)	**nikkel** (m)	['nikəl]
platina (het)	**platina** (m/n)	['plɑtinɑ]
kwik (het)	**kvikksølv** (n)	['kvikˌsøl]
tin (het)	**tinn** (n)	['tin]
lood (het)	**bly** (n)	['bly]
zink (het)	**sink** (m/n)	['sink]

MENS

Mens. Het lichaam

26. Mensen. Basisbegrippen

mens (de)	**menneske** (n)	['mɛnəskə]
man (de)	**mann** (m)	['man]
vrouw (de)	**kvinne** (m/f)	['kvinə]
kind (het)	**barn** (n)	['bɑːn]
meisje (het)	**jente** (m/f)	['jɛntə]
jongen (de)	**gutt** (m)	['gʉt]
tiener, adolescent (de)	**tenåring** (m)	['tɛnoːriŋ]
oude man (de)	**eldre mann** (m)	['ɛldrə ˌman]
oude vrouw (de)	**eldre kvinne** (m/f)	['ɛldrə ˌkvinə]

27. Menselijke anatomie

organisme (het)	**organisme** (m)	[ɔrgɑ'nismə]
hart (het)	**hjerte** (n)	['jæːʈə]
bloed (het)	**blod** (n)	['blʉ]
slagader (de)	**arterie** (m)	[ɑːˈʈeriə]
ader (de)	**vene** (m)	['veːnə]
hersenen (mv.)	**hjerne** (m)	['jæːɳə]
zenuw (de)	**nerve** (m)	['nærvə]
zenuwen (mv.)	**nerver** (m pl)	['nærvər]
wervel (de)	**ryggvirvel** (m)	['rʏgˌvirvəl]
ruggengraat (de)	**ryggrad** (m)	['rʏgˌrɑd]
maag (de)	**magesekk** (m)	['mɑgəˌsɛk]
darmen (mv.)	**innvoller, tarmer** (m pl)	['inˌvɔlər], ['tɑrmər]
darm (de)	**tarm** (m)	['tɑrm]
lever (de)	**lever** (m)	['levər]
nier (de)	**nyre** (m/n)	['nʏrə]
been (deel van het skelet)	**bein** (n)	['bæjn]
skelet (het)	**skjelett** (n)	[ʂe'let]
rib (de)	**ribbein** (n)	['ribˌbæjn]
schedel (de)	**hodeskalle** (m)	['hʉdəˌskɑlə]
spier (de)	**muskel** (m)	['mʉskəl]
biceps (de)	**biceps** (m)	['bisɛps]
triceps (de)	**triceps** (m)	['trisɛps]
pees (de)	**sene** (m/f)	['seːnə]
gewricht (het)	**ledd** (n)	['led]

longen (mv.)	lunger (m pl)	['lʉŋər]
geslachtsorganen (mv.)	kjønnsorganer (n pl)	['çœns‚ɔr'ganər]
huid (de)	hud (m/f)	['hʉd]

28. Hoofd

hoofd (het)	hode (n)	['hʊdə]
gezicht (het)	ansikt (n)	['ansikt]
neus (de)	nese (m/f)	['nese]
mond (de)	munn (m)	['mʉn]

oog (het)	øye (n)	['øjə]
ogen (mv.)	øyne (n pl)	['øjnə]
pupil (de)	pupill (m)	[pʉ'pil]
wenkbrauw (de)	øyenbryn (n)	['øjən‚bryn]
wimper (de)	øyenvipp (m)	['øjən‚vip]
ooglid (het)	øyelokk (m)	['øjə‚lɔk]

tong (de)	tunge (m/f)	['tʉŋə]
tand (de)	tann (m/f)	['tan]
lippen (mv.)	lepper (m/f pl)	['lepər]
jukbeenderen (mv.)	kinnbein (n pl)	['çin‚bæjn]
tandvlees (het)	tannkjøtt (n)	['tan‚çœt]
gehemelte (het)	gane (m)	['ganə]

neusgaten (mv.)	nesebor (n pl)	['nese‚bʊr]
kin (de)	hake (m/f)	['hakə]
kaak (de)	kjeve (m)	['çɛvə]
wang (de)	kinn (n)	['çin]

voorhoofd (het)	panne (m/f)	['panə]
slaap (de)	tinning (m)	['tiniŋ]
oor (het)	øre (n)	['ørə]
achterhoofd (het)	bakhode (n)	['bak‚hodə]
hals (de)	hals (m)	['hals]
keel (de)	strupe, hals (m)	['strʉpə], ['hals]

haren (mv.)	hår (n pl)	['hɔr]
kapsel (het)	frisyre (m)	[fri'syrə]
haarsnit (de)	hårfasong (m)	['hoːrfɑ‚sɔŋ]
pruik (de)	parykk (m)	[pɑ'rʏk]

snor (de)	mustasje (m)	[mʉ'staʂə]
baard (de)	skjegg (n)	['ʂɛg]
dragen (een baard, enz.)	å ha	[ɔ 'ha]
vlecht (de)	flette (m/f)	['fletə]
bakkebaarden (mv.)	bakkenbarter (pl)	['bakən‚baːʈər]

ros (roodachtig, rossig)	rødhåret	['rø‚hoːrət]
grijs (~ haar)	grå	['grɔ]
kaal (bn)	skallet	['skalət]
kale plek (de)	skallet flekk (m)	['skalət ‚flek]
paardenstaart (de)	hestehale (m)	['hɛstə‚halə]
pony (de)	pannelugg (m)	['panə‚lʉg]

29. Menselijk lichaam

hand (de)	**hånd** (m/f)	['hɔn]
arm (de)	**arm** (m)	['arm]

vinger (de)	**finger** (m)	['fiŋər]
teen (de)	**tå** (m/f)	['tɔ]
duim (de)	**tommel** (m)	['tɔməl]
pink (de)	**lillefinger** (m)	['lilə‚fiŋər]
nagel (de)	**negl** (m)	['nɛjl]

vuist (de)	**knyttneve** (m)	['knʏt‚nevə]
handpalm (de)	**håndflate** (m/f)	['hɔn‚flatə]
pols (de)	**håndledd** (n)	['hɔn‚led]
voorarm (de)	**underarm** (m)	['ʉnər‚arm]
elleboog (de)	**albue** (m)	['al‚bʉə]
schouder (de)	**skulder** (m)	['skʉldər]

been (rechter ~)	**bein** (n)	['bæjn]
voet (de)	**fot** (m)	['fʊt]
knie (de)	**kne** (n)	['knɛ]
kuit (de)	**legg** (m)	['leg]
heup (de)	**hofte** (m)	['hɔftə]
hiel (de)	**hæl** (m)	['hæl]

lichaam (het)	**kropp** (m)	['krɔp]
buik (de)	**mage** (m)	['magə]
borst (de)	**bryst** (n)	['brʏst]
borst (de)	**bryst** (n)	['brʏst]
zijde (de)	**side** (m/f)	['sidə]
rug (de)	**rygg** (m)	['rʏg]
lage rug (de)	**korsrygg** (m)	['kɔːʂ‚rʏg]
taille (de)	**liv** (n), **midje** (m/f)	['liv], ['midjə]

navel (de)	**navle** (m)	['navlə]
billen (mv.)	**rumpeballer** (m pl)	['rʉmpə‚balər]
achterwerk (het)	**bak** (m)	['bak]

huidvlek (de)	**føflekk** (m)	['fø‚flek]
moedervlek (de)	**fødselsmerke** (n)	['føtsəls‚mærke]
tatoeage (de)	**tatovering** (m/f)	[tatʊ'vɛriŋ]
litteken (het)	**arr** (n)	['ar]

Kleding en accessoires

30. Bovenkleding. Jassen

kleren (mv.), kleding (de)	klær (n)	['klær]
bovenkleding (de)	yttertøy (n)	['ytəˌtøj]
winterkleding (de)	vinterklær (n pl)	['vintərˌklær]
jas (de)	frakk (m), kåpe (m/f)	['frɑk], ['koːpə]
bontjas (de)	pels (m), pelskåpe (m/f)	['pɛls], ['pɛlsˌkoːpə]
bontjasje (het)	pelsjakke (m/f)	['pɛlsˌjakə]
donzen jas (de)	dunjakke (m/f)	['dʉnˌjakə]
jasje (bijv. een leren ~)	jakke (m/f)	['jakə]
regenjas (de)	regnfrakk (m)	['ræjnˌfrɑk]
waterdicht (bn)	vanntett	['vɑnˌtɛt]

31. Heren & dames kleding

overhemd (het)	skjorte (m/f)	['ʂœːʈə]
broek (de)	bukse (m)	['bʉksə]
jeans (de)	jeans (m)	['dʒins]
colbert (de)	dressjakke (m/f)	['drɛsˌjakə]
kostuum (het)	dress (m)	['drɛs]
jurk (de)	kjole (m)	['çulə]
rok (de)	skjørt (n)	['ʂøːʈ]
blouse (de)	bluse (m)	['blʉsə]
wollen vest (de)	strikket trøye (m/f)	['strikə 'trøjə]
blazer (kort jasje)	blazer (m)	['blæsər]
T-shirt (het)	T-skjorte (m/f)	['teˌʂœːʈə]
shorts (mv.)	shorts (m)	['ʂoːʦ]
trainingspak (het)	treningsdrakt (m/f)	['treniŋsˌdrɑkt]
badjas (de)	badekåpe (m/f)	['bɑdəˌkoːpə]
pyjama (de)	pyjamas (m)	[py'ʂamɑs]
sweater (de)	sweater (m)	['svɛtər]
pullover (de)	pullover (m)	[pʉ'lovər]
gilet (het)	vest (m)	['vɛst]
rokkostuum (het)	livkjole (m)	['livˌçulə]
smoking (de)	smoking (m)	['smɔkiŋ]
uniform (het)	uniform (m)	[ʉni'fɔrm]
werkkleding (de)	arbeidsklær (n pl)	['ɑrbæjdsˌklær]
overall (de)	kjeledress, overall (m)	['çeləˌdrɛs], ['ɔvərˌɔl]
doktersjas (de)	kittel (m)	['çitəl]

32. Kleding. Ondergoed

ondergoed (het)	**undertøy** (n)	['ʉnə̩tøj]
herenslip (de)	**underbukse** (m/f)	['ʉnər̩bʉksə]
slipjes (mv.)	**truse** (m/f)	['trʉsə]
onderhemd (het)	**undertrøye** (m/f)	['ʉnə̩trøjə]
sokken (mv.)	**sokker** (m pl)	['sɔkər]

nachthemd (het)	**nattkjole** (m)	['nat̩çʉlə]
beha (de)	**behå** (m)	['be̩hɔ]
kniekousen (mv.)	**knestrømper** (m/f pl)	['knɛ̩strømpər]
panty (de)	**strømpebukse** (m/f)	['strømpə̩bʉksə]
nylonkousen (mv.)	**strømper** (m/f pl)	['strømpər]
badpak (het)	**badedrakt** (m/f)	['badə̩drakt]

33. Hoofddeksels

hoed (de)	**hatt** (m)	['hat]
deukhoed (de)	**hatt** (m)	['hat]
honkbalpet (de)	**baseball cap** (m)	['bɛjsbɔl kɛp]
kleppet (de)	**sikspens** (m)	['sikspens]

baret (de)	**alpelue, baskerlue** (m/f)	['alpə̩lʉə], ['baskə̩lʉə]
kap (de)	**hette** (m/f)	['hɛtə]
panamahoed (de)	**panamahatt** (m)	['panama̩hat]
gebreide muts (de)	**strikket lue** (m/f)	['strikə̩lʉə]

hoofddoek (de)	**skaut** (n)	['skaʉt]
dameshoed (de)	**hatt** (m)	['hat]

veiligheidshelm (de)	**hjelm** (m)	['jɛlm]
veldmuts (de)	**båtlue** (m/f)	['bɔt̩lʉə]
helm, valhelm (de)	**hjelm** (m)	['jɛlm]

bolhoed (de)	**bowlerhatt, skalk** (m)	['bɔʉler̩hat], ['skalk]
hoge hoed (de)	**flosshatt** (m)	['flɔs̩hat]

34. Schoeisel

schoeisel (het)	**skotøy** (n)	['skʉtøj]
schoenen (mv.)	**skor** (m pl)	['skʉr]
vrouwenschoenen (mv.)	**pumps** (m pl)	['pʉmps]
laarzen (mv.)	**støvler** (m pl)	['støvler]
pantoffels (mv.)	**tøfler** (m pl)	['tøflər]

sportschoenen (mv.)	**tennissko** (m pl)	['tɛnis̩skʉ]
sneakers (mv.)	**canvas sko** (m pl)	['kanvas ̩skʉ]
sandalen (mv.)	**sandaler** (m pl)	[san'dalər]

schoenlapper (de)	**skomaker** (m)	['skʉ̩makər]
hiel (de)	**hæl** (m)	['hæl]

paar (een ~ schoenen)	par (n)	['par]
veter (de)	skolisse (m/f)	['sku‚lisə]
rijgen (schoenen ~)	å snøre	[ɔ 'snørə]
schoenlepel (de)	skohorn (n)	['sku‚huːɳ]
schoensmeer (de/het)	skokrem (m)	['sku‚krɛm]

35. Textiel. Weefsel

katoen (de/het)	bomull (m/f)	['bu‚mʉl]
katoenen (bn)	bomulls-	['bu‚mʉls-]
vlas (het)	lin (n)	['lin]
vlas-, van vlas (bn)	lin-	['lin-]

zijde (de)	silke (m)	['silkə]
zijden (bn)	silke-	['silkə-]
wol (de)	ull (m/f)	['ʉl]
wollen (bn)	ull-, av ull	['ʉl-], ['ɑː ʉl]

fluweel (het)	fløyel (m)	['fløjəl]
suède (de)	semsket skinn (n)	['sɛmsket ‚ʂin]
ribfluweel (het)	kordfløyel (m/n)	['kɔːɖ‚fløjəl]

nylon (de/het)	nylon (n)	['ny‚lɔn]
nylon-, van nylon (bn)	nylon-	['ny‚lɔn-]
polyester (het)	polyester (m)	[pʉly'ɛstər]
polyester- (abn)	polyester-	[pʉly'ɛstər-]

leer (het)	lær, skinn (n)	['lær], ['ʂin]
leren (van leer gemaak)	lær-, av lær	['lær-], ['ɑː lær]
bont (het)	pels (m)	['pɛls]
bont- (abn)	pels-	['pɛls-]

36. Persoonlijke accessoires

handschoenen (mv.)	hansker (m pl)	['hanskər]
wanten (mv.)	votter (m pl)	['vɔtər]
sjaal (fleece ~)	skjerf (n)	['ʂærf]

bril (de)	briller (m pl)	['brilər]
brilmontuur (het)	innfatning (m/f)	['in‚fatniŋ]
paraplu (de)	paraply (m)	[para'ply]
wandelstok (de)	stokk (m)	['stɔk]
haarborstel (de)	hårbørste (m)	['hɔr‚bœʂtə]
waaier (de)	vifte (m/f)	['viftə]

das (de)	slips (n)	['slips]
strikje (het)	sløyfe (m/f)	['ʂløjfə]
bretels (mv.)	bukseseler (m pl)	['bʉksə‚selər]
zakdoek (de)	lommetørkle (n)	['lʊmə‚tœrklə]

| kam (de) | kam (m) | ['kam] |
| haarspeldje (het) | hårspenne (m/f/n) | ['hɔːr‚spɛnə] |

schuifspeldje (het)	hårnål (m/f)	['hoːrˌnol]
gesp (de)	spenne (m/f/n)	['spɛnə]

broekriem (de)	belte (m)	['bɛltə]
draagriem (de)	skulderreim, rem (m/f)	['skʉldəˌræjm], ['rem]

handtas (de)	veske (m/f)	['vɛskə]
damestas (de)	håndveske (m/f)	['honˌvɛskə]
rugzak (de)	ryggsekk (m)	['rʏgˌsɛk]

37. Kleding. Diversen

mode (de)	mote (m)	['mʊtə]
de mode (bn)	moteriktig	['mʊtəˌrikti]
kledingstilist (de)	moteskaper (m)	['mʊtəˌskɑpər]

kraag (de)	krage (m)	['krɑgə]
zak (de)	lomme (m/f)	['lʊmə]
zak- (abn)	lomme-	['lʊmə-]
mouw (de)	erme (n)	['ærmə]
lusje (het)	hempe (m)	['hɛmpə]
gulp (de)	gylf, buksesmekk (m)	['gylf], ['bʉksəˌsmɛk]

rits (de)	glidelås (m/n)	['glidəˌlɔs]
sluiting (de)	hekte (m/f), knepping (m)	['hɛktə], ['knɛpiŋ]
knoop (de)	knapp (m)	['knɑp]
knoopsgat (het)	klapphull (n)	['klɑpˌhʉl]
losraken (bijv. knopen)	å falle av	[ɔ 'fɑlə ɑː]

naaien (kleren, enz.)	å sy	[ɔ 'sy]
borduren (ww)	å brodere	[ɔ brʊ'derə]
borduursel (het)	broderi (n)	[brʊde'ri]
naald (de)	synål (m/f)	['syˌnɔl]
draad (de)	tråd (m)	['trɔ]
naad (de)	søm (m)	['søm]

vies worden (ww)	å skitne seg til	[ɔ 'ʂitnə sæj til]
vlek (de)	flekk (m)	['flek]
gekreukt raken (ov. kleren)	å bli skrukkete	[ɔ 'bli 'skrʉketə]
scheuren (ov.ww.)	å rive	[ɔ 'rivə]
mot (de)	møll (m/n)	['møl]

38. Persoonlijke verzorging. Schoonheidsmiddelen

tandpasta (de)	tannpasta (m)	['tanˌpɑstɑ]
tandenborstel (de)	tannbørste (m)	['tanˌbœʂtə]
tanden poetsen (ww)	å pusse tennene	[ɔ 'pʉsə 'tɛnənə]

scheermes (het)	høvel (m)	['høvəl]
scheerschuim (het)	barberkrem (m)	[bar'bɛrˌkrɛm]
zich scheren (ww)	å barbere seg	[ɔ bar'berə sæj]
zeep (de)	såpe (m/f)	['soːpə]

shampoo (de)	sjampo (m)	['ʂɑmˌpʊ]
schaar (de)	saks (m/f)	['sɑks]
nagelvijl (de)	neglefil (m/f)	['nɛjləˌfil]
nagelknipper (de)	negleklipper (m)	['nɛjləˌklipər]
pincet (het)	pinsett (m)	[pin'sɛt]

cosmetica (de)	kosmetikk (m)	[kʊsme'tik]
masker (het)	ansiktsmaske (m/f)	['ɑnsiktsˌmaskə]
manicure (de)	manikyr (m)	[mani'kyr]
manicure doen	å få manikyr	[ɔ 'fɔ mani'kyr]
pedicure (de)	pedikyr (m)	[pedi'kyr]

cosmetica tasje (het)	sminkeveske (m/f)	['sminkəˌvɛskə]
poeder (de/het)	pudder (n)	['pʉdər]
poederdoos (de)	pudderdåse (m)	['pʉdərˌdoːsə]
rouge (de)	rouge (m)	['ruːʂ]

parfum (de/het)	parfyme (m)	[par'fymə]
eau de toilet (de)	eau de toilette (m)	['ɔ də twa'let]
lotion (de)	lotion (m)	['loʊʂɛn]
eau de cologne (de)	eau de cologne (m)	['ɔ də kɔ'lɔɲ]

oogschaduw (de)	øyeskygge (m)	['øjəˌsygə]
oogpotlood (het)	eyeliner (m)	['aːjˌlajnər]
mascara (de)	maskara (m)	[ma'skara]

lippenstift (de)	leppestift (m)	['lepəˌstift]
nagellak (de)	neglelakk (m)	['nɛjləˌlak]
haarlak (de)	hårlakk (m)	['hoːrˌlak]
deodorant (de)	deodorant (m)	[deudʊ'rant]

crème (de)	krem (m)	['krɛm]
gezichtscrème (de)	ansiktskrem (m)	['ɑnsiktsˌkrɛm]
handcrème (de)	håndkrem (m)	['hɔnˌkrɛm]
antirimpelcrème (de)	antirynkekrem (m)	[anti'rʏnkəˌkrɛm]
dagcrème (de)	dagkrem (m)	['dagˌkrɛm]
nachtcrème (de)	nattkrem (m)	['natˌkrɛm]
dag- (abn)	dag-	['dag-]
nacht- (abn)	natt-	['nat-]

tampon (de)	tampong (m)	[tam'pɔŋ]
toiletpapier (het)	toalettpapir (n)	[tʊa'let pa'pir]
föhn (de)	hårføner (m)	['hoːrˌfønər]

39. Juwelen

sieraden (mv.)	smykker (n pl)	['smʏkər]
edel (bijv. ~ stenen)	edel-	['ɛdəl-]
keurmerk (het)	stempel (n)	['stɛmpəl]

ring (de)	ring (m)	['riŋ]
trouwring (de)	giftering (m)	['jiftəˌriŋ]
armband (de)	armbånd (n)	['armˌbɔn]
oorringen (mv.)	øreringer (m pl)	['ørəˌriŋər]

halssnoer (het)	**halssmykke** (n)	['hɑls‚smʏkə]
kroon (de)	**krone** (m/f)	['krʊnə]
kralen snoer (het)	**perlekjede** (m/n)	['pærlə‚çɛ:də]

diamant (de)	**diamant** (m)	[dia'mant]
smaragd (de)	**smaragd** (m)	[sma'ragd]
robijn (de)	**rubin** (m)	[rʉ'bin]
saffier (de)	**safir** (m)	[sa'fir]
parel (de)	**perler** (m pl)	['pærlər]
barnsteen (de)	**rav** (n)	['rav]

40. Horloges. Klokken

polshorloge (het)	**armbåndsur** (n)	['ɑrmbɔns‚ʉr]
wijzerplaat (de)	**urskive** (m/f)	['ʉ:‚şivə]
wijzer (de)	**viser** (m)	['visər]
metalen horlogeband (de)	**armbånd** (n)	['ɑrm‚bɔn]
horlogebandje (het)	**rem** (m/f)	['rem]

batterij (de)	**batteri** (n)	[bɑtɛ'ri]
leeg zijn (ww)	**å bli utladet**	[ɔ 'bli 'ʉt‚ladət]
batterij vervangen	**å skifte batteriene**	[ɔ 'şiftə bɑtɛ'riene]
voorlopen (ww)	**å gå for fort**	[ɔ 'gɔ fɔ 'fɔ:t]
achterlopen (ww)	**å gå for sakte**	[ɔ 'gɔ fɔ 'sɑktə]

wandklok (de)	**veggur** (n)	['vɛg‚ʉr]
zandloper (de)	**timeglass** (n)	['timə‚glas]
zonnewijzer (de)	**solur** (n)	['sʊl‚ʉr]
wekker (de)	**vekkerklokka** (m/f)	['vɛkər‚klɔka]
horlogemaker (de)	**urmaker** (m)	['ʉr‚makər]
repareren (ww)	**å reparere**	[ɔ repa'rerə]

Voedsel. Voeding

41. Voedsel

vlees (het)	**kjøtt** (n)	['çœt]
kip (de)	**høne** (m/f)	['hønə]
kuiken (het)	**kylling** (m)	['çyliŋ]
eend (de)	**and** (m/f)	['an]
gans (de)	**gås** (m/f)	['gɔs]
wild (het)	**vilt** (n)	['vilt]
kalkoen (de)	**kalkun** (m)	[kal'kʉn]

varkensvlees (het)	**svinekjøtt** (n)	['svinə,çœt]
kalfsvlees (het)	**kalvekjøtt** (n)	['kalvə,çœt]
schapenvlees (het)	**fårekjøtt** (n)	['foːrə,çœt]
rundvlees (het)	**oksekjøtt** (n)	['ɔksə,çœt]
konijnenvlees (het)	**kanin** (m)	[ka'nin]

worst (de)	**pølse** (m/f)	['pølsə]
saucijs (de)	**wienerpølse** (m/f)	['vinər,pølsə]
spek (het)	**bacon** (n)	['bɛjkən]
ham (de)	**skinke** (m)	['ʂinkə]
gerookte achterham (de)	**skinke** (m)	['ʂinkə]

paté, pastei (de)	**pate, paté** (m)	[pa'te]
lever (de)	**lever** (m)	['levər]
gehakt (het)	**kjøttfarse** (m)	['çœt,farʂə]
tong (de)	**tunge** (m/f)	['tʉŋə]

ei (het)	**egg** (n)	['ɛg]
eieren (mv.)	**egg** (n pl)	['ɛg]
eiwit (het)	**eggehvite** (m)	['ɛgə,vitə]
eigeel (het)	**plomme** (m/f)	['plʊmə]

vis (de)	**fisk** (m)	['fisk]
zeevruchten (mv.)	**sjømat** (m)	['ʂø,mat]
schaaldieren (mv.)	**krepsdyr** (n pl)	['krɛps,dyr]
kaviaar (de)	**kaviar** (m)	['kavi,ar]

krab (de)	**krabbe** (m)	['krabə]
garnaal (de)	**reke** (m/f)	['rekə]
oester (de)	**østers** (m)	['østəʂ]
langoest (de)	**langust** (m)	[laŋ'gʉst]
octopus (de)	**blekksprut** (m)	['blek,sprʉt]
inktvis (de)	**blekksprut** (m)	['blek,sprʉt]

steur (de)	**stør** (m)	['stør]
zalm (de)	**laks** (m)	['laks]
heilbot (de)	**kveite** (m/f)	['kvæjtə]
kabeljauw (de)	**torsk** (m)	['tɔʂk]

makreel (de)	makrell (m)	['ma'krɛl]
tonijn (de)	tunfisk (m)	['tʉn‚fisk]
paling (de)	ål (m)	['ɔl]

forel (de)	ørret (m)	['øret]
sardine (de)	sardin (m)	[sɑ:'din]
snoek (de)	gjedde (m/f)	['jɛdə]
haring (de)	sild (m/f)	['sil]

brood (het)	brød (n)	['brø]
kaas (de)	ost (m)	['ʊst]
suiker (de)	sukker (n)	['sʉkər]
zout (het)	salt (n)	['salt]

rijst (de)	ris (m)	['ris]
pasta (de)	pasta, makaroni (m)	['pasta], [maka'rʊni]
noedels (mv.)	nudler (m pl)	['nʉdlər]

boter (de)	smør (n)	['smør]
plantaardige olie (de)	vegetabilsk olje (m)	[vegeta'bilsk ‚oljə]
zonnebloemolie (de)	solsikkeolje (m)	['sʉlsikə‚oljə]
margarine (de)	margarin (m)	[marga'rin]

olijven (mv.)	olivener (m pl)	[ʊ'livenər]
olijfolie (de)	olivenolje (m)	[ʊ'livən‚oljə]

melk (de)	melk (m/f)	['mɛlk]
gecondenseerde melk (de)	kondensert melk (m/f)	[kʉndən'se:ṭ ‚mɛlk]
yoghurt (de)	jogurt (m)	['jɔgʉ:ṭ]
zure room (de)	rømme, syrnet fløte (m)	['rœmə], ['sy:ŋet 'fløtə]
room (de)	fløte (m)	['fløtə]

mayonaise (de)	majones (m)	[majɔ'nɛs]
crème (de)	krem (m)	['krɛm]

graan (het)	gryn (n)	['gryn]
meel (het), bloem (de)	mel (n)	['mel]
conserven (mv.)	hermetikk (m)	[hɛrme'tik]

maïsvlokken (mv.)	cornflakes (m)	['kɔ:ɳ‚flejks]
honing (de)	honning (m)	['hɔniŋ]
jam (de)	syltetøy (n)	['syltə‚tøj]
kauwgom (de)	tyggegummi (m)	['tygə‚gʉmi]

42. Drankjes

water (het)	vann (n)	['van]
drinkwater (het)	drikkevann (n)	['drikə‚van]
mineraalwater (het)	mineralvann (n)	[minə'ral‚van]

zonder gas	uten kullsyre	['ʉtən kʉl'syrə]
koolzuurhoudend (bn)	kullsyret	[kʉl'syrət]
bruisend (bn)	med kullsyre	[me kʉl'syrə]
IJs (het)	is (m)	['is]

met ijs	**med is**	[me 'is]
alcohol vrij (bn)	**alkoholfri**	['alkʊhʊlˌfri]
alcohol vrije drank (de)	**alkoholfri drikk** (m)	['alkʊhʊlˌfri drik]
frisdrank (de)	**leskedrikk** (m)	['leskəˌdrik]
limonade (de)	**limonade** (m)	[limɔ'nadə]

alcoholische dranken (mv.)	**rusdrikker** (m pl)	['rʉsˌdrikər]
wijn (de)	**vin** (m)	['vin]
witte wijn (de)	**hvitvin** (m)	['vitˌvin]
rode wijn (de)	**rødvin** (m)	['røˌvin]

likeur (de)	**likør** (m)	[li'kør]
champagne (de)	**champagne** (m)	[ʂam'panjə]
vermout (de)	**vermut** (m)	['værmʉt]

whisky (de)	**whisky** (m)	['viski]
wodka (de)	**vodka** (m)	['vɔdka]
gin (de)	**gin** (m)	['dʒin]
cognac (de)	**konjakk** (m)	['kʊnjak]
rum (de)	**rom** (m)	['rʊm]

koffie (de)	**kaffe** (m)	['kafə]
zwarte koffie (de)	**svart kaffe** (m)	['svɑːʈ 'kafə]
koffie (de) met melk	**kaffe** (m) **med melk**	['kafə me 'mɛlk]
cappuccino (de)	**cappuccino** (m)	[kapʊ'tʃinɔ]
oploskoffie (de)	**pulverkaffe** (m)	['pʉlvərˌkafə]

melk (de)	**melk** (m/f)	['mɛlk]
cocktail (de)	**cocktail** (m)	['kɔkˌtɛjl]
milkshake (de)	**milkshake** (m)	['milkˌʂɛjk]

sap (het)	**jus, juice** (m)	['dʒʉs]
tomatensap (het)	**tomatjuice** (m)	[tʊ'matˌdʒʉs]
sinaasappelsap (het)	**appelsinjuice** (m)	[apel'sinˌdʒʉs]
vers geperst sap (het)	**nypresset juice** (m)	['nyˌprɛsə 'dʒʉs]

bier (het)	**øl** (m/n)	['øl]
licht bier (het)	**lettøl** (n)	['letˌøl]
donker bier (het)	**mørkt øl** (n)	['mœrktˌøl]

thee (de)	**te** (m)	['te]
zwarte thee (de)	**svart te** (m)	['svɑːʈ ˌte]
groene thee (de)	**grønn te** (m)	['grœn ˌte]

43. Groenten

groenten (mv.)	**grønnsaker** (m pl)	['grœnˌsakər]
verse kruiden (mv.)	**grønnsaker** (m pl)	['grœnˌsakər]

tomaat (de)	**tomat** (m)	[tʊ'mat]
augurk (de)	**agurk** (m)	[a'gʉrk]
wortel (de)	**gulrot** (m/f)	['gʉlˌrʊt]
aardappel (de)	**potet** (m/f)	[pʊ'tet]
ui (de)	**løk** (m)	['løk]

knoflook (de)	hvitløk (m)	['vit͵løk]
kool (de)	kål (m)	['kɔl]
bloemkool (de)	blomkål (m)	['blɔm͵kɔl]
spruitkool (de)	rosenkål (m)	['rʉsən͵kɔl]
broccoli (de)	brokkoli (m)	['brɔkɔli]

rode biet (de)	rødbete (m/f)	['rø͵betə]
aubergine (de)	aubergine (m)	[ɔbɛr'şin]
courgette (de)	squash (m)	['skvɔş]
pompoen (de)	gresskar (n)	['grɛskɑr]
raap (de)	nepe (m/f)	['nepə]

peterselie (de)	persille (m/f)	[pæ'şilə]
dille (de)	dill (m)	['dil]
sla (de)	salat (m)	[sɑ'lɑt]
selderij (de)	selleri (m/n)	[sɛle͵ri]
asperge (de)	asparges (m)	[ɑ'spɑrşəs]
spinazie (de)	spinat (m)	[spi'nɑt]

erwt (de)	erter (m pl)	['æːṭər]
bonen (mv.)	bønner (m/f pl)	['bœnər]
maïs (de)	mais (m)	['mɑis]
boon (de)	bønne (m/f)	['bœnə]

peper (de)	pepper (m)	['pɛpər]
radijs (de)	reddik (m)	['rɛdik]
artisjok (de)	artisjokk (m)	[͵ɑːṭi'şɔk]

44. Vruchten. Noten

vrucht (de)	frukt (m/f)	['frʉkt]
appel (de)	eple (n)	['ɛplə]
peer (de)	pære (m/f)	['pærə]
citroen (de)	sitron (m)	[si'trun]
sinaasappel (de)	appelsin (m)	[ɑpel'sin]
aardbei (de)	jordbær (n)	['juːr͵bær]

mandarijn (de)	mandarin (m)	[mɑndɑ'rin]
pruim (de)	plomme (m/f)	['plʊmə]
perzik (de)	fersken (m)	['fæşkən]
abrikoos (de)	aprikos (m)	[ɑpri'kʊs]
framboos (de)	bringebær (n)	['briŋə͵bær]
ananas (de)	ananas (m)	['ɑnɑnɑs]

banaan (de)	banan (m)	[bɑ'nɑn]
watermeloen (de)	vannmelon (m)	['vɑnme͵lʊn]
druif (de)	drue (m/f)	['drʉə]
zure kers (de)	kirsebær (n)	['çişə͵bær]
zoete kers (de)	morell (m)	[mʊ'rɛl]
meloen (de)	melon (m)	[me'lun]

grapefruit (de)	grapefrukt (m/f)	['grɛjp͵frʉkt]
avocado (de)	avokado (m)	[ɑvɔ'kɑdɔ]
papaja (de)	papaya (m)	[pɑ'pɑja]

mango (de)	**mango** (m)	['maŋu]
granaatappel (de)	**granateple** (n)	[gra'nat‚ɛplə]

rode bes (de)	**rips** (m)	['rips]
zwarte bes (de)	**solbær** (n)	['sʊl‚bær]
kruisbes (de)	**stikkelsbær** (n)	['stikəls‚bær]
bosbes (de)	**blåbær** (n)	['blɔ‚bær]
braambes (de)	**bjørnebær** (m)	['bjœ:ŋə‚bær]

rozijn (de)	**rosin** (m)	[rʊ'sin]
vijg (de)	**fiken** (m)	['fikən]
dadel (de)	**daddel** (m)	['dadəl]

pinda (de)	**jordnøtt** (m)	['ju:r‚nœt]
amandel (de)	**mandel** (m)	['mandəl]
walnoot (de)	**valnøtt** (m/f)	['val‚nœt]
hazelnoot (de)	**hasselnøtt** (m/f)	['hasəl‚nœt]
kokosnoot (de)	**kokosnøtt** (m/f)	['kʊkʊs‚nœt]
pistaches (mv.)	**pistasier** (m pl)	[pi'staṣiər]

45. Brood. Snoep

suikerbakkerij (de)	**bakevarer** (m/f pl)	['bakə‚varər]
brood (het)	**brød** (n)	['brø]
koekje (het)	**kjeks** (m)	['çɛks]

chocolade (de)	**sjokolade** (m)	[ṣʊkʊ'ladə]
chocolade- (abn)	**sjokolade-**	[ṣʊkʊ'ladə-]
snoepje (het)	**sukkertøy** (n), **karamell** (m)	['sʉkə:tøj], [kara'mɛl]
cakeje (het)	**kake** (m/f)	['kakə]
taart (bijv. verjaardags~)	**bløtkake** (m/f)	['bløt‚kakə]

pastei (de)	**pai** (m)	['paj]
vulling (de)	**fyll** (m/n)	['fʏl]

confituur (de)	**syltetøy** (n)	['syltə‚tøj]
marmelade (de)	**marmelade** (m)	[marme'ladə]
wafel (de)	**vaffel** (m)	['vafəl]
IJsje (het)	**iskrem** (m)	['iskrɛm]
pudding (de)	**pudding** (m)	['pʉdiŋ]

46. Bereide gerechten

gerecht (het)	**rett** (m)	['rɛt]
keuken (bijv. Franse ~)	**kjøkken** (n)	['çœkən]
recept (het)	**oppskrift** (m)	['ɔp‚skrift]
portie (de)	**porsjon** (m)	[pɔ'ṣʊn]

salade (de)	**salat** (m)	[sa'lat]
soep (de)	**suppe** (m/f)	['sʉpə]
bouillon (de)	**buljong** (m)	[bu'ljɔŋ]
boterham (de)	**smørbrød** (n)	['smør‚brø]

spiegelei (het)	**speilegg** (n)	['spæjl‚ɛg]
hamburger (de)	**hamburger** (m)	['hamburgər]
biefstuk (de)	**biff** (m)	['bif]

garnering (de)	**tilbehør** (n)	['tilbe‚hør]
spaghetti (de)	**spagetti** (m)	[spa'gɛti]
aardappelpuree (de)	**potetmos** (m)	[pu'tet‚mʉs]
pizza (de)	**pizza** (m)	['pitsa]
pap (de)	**grøt** (m)	['grøt]
omelet (de)	**omelett** (m)	[ɔmə'let]

gekookt (in water)	**kokt**	['kʉkt]
gerookt (bn)	**røkt**	['røkt]
gebakken (bn)	**stekt**	['stɛkt]
gedroogd (bn)	**tørket**	['tœrkət]
diepvries (bn)	**frossen, dypfryst**	['frɔsən], ['dyp‚frʏst]
gemarineerd (bn)	**syltet**	['sʏltət]

zoet (bn)	**søt**	['søt]
gezouten (bn)	**salt**	['salt]
koud (bn)	**kald**	['kal]
heet (bn)	**het, varm**	['het], ['varm]
bitter (bn)	**bitter**	['bitər]
lekker (bn)	**lekker**	['lekər]

koken (in kokend water)	**å koke**	[ɔ 'kʉkə]
bereiden (avondmaaltijd ~)	**å lage**	[ɔ 'lagə]
bakken (ww)	**å steke**	[ɔ 'stekə]
opwarmen (ww)	**å varme opp**	[ɔ 'varmə ɔp]

zouten (ww)	**å salte**	[ɔ 'saltə]
peperen (ww)	**å pepre**	[ɔ 'pɛprə]
raspen (ww)	**å rive**	[ɔ 'rivə]
schil (de)	**skall** (n)	['skal]
schillen (ww)	**å skrelle**	[ɔ 'skrɛlə]

47. Kruiden

zout (het)	**salt** (n)	['salt]
gezouten (bn)	**salt**	['salt]
zouten (ww)	**å salte**	[ɔ 'saltə]

zwarte peper (de)	**svart pepper** (m)	['svaːʈ 'pɛpər]
rode peper (de)	**rød pepper** (m)	['rø 'pɛpər]
mosterd (de)	**sennep** (m)	['sɛnəp]
mierikswortel (de)	**pepperrot** (m/f)	['pɛpər‚rʉt]

condiment (het)	**krydder** (n)	['krʏdər]
specerij , kruiderij (de)	**krydder** (n)	['krʏdər]
saus (de)	**saus** (m)	['saʉs]
azijn (de)	**eddik** (m)	['ɛdik]

anijs (de)	**anis** (m)	['anis]
basilicum (de)	**basilik** (m)	[basi'lik]

kruidnagel (de)	nellik (m)	['nɛlik]
gember (de)	ingefær (m)	['iŋəˌfær]
koriander (de)	koriander (m)	[kʊri'andər]
kaneel (de/het)	kanel (m)	[ka'nel]

sesamzaad (het)	sesam (m)	['sesam]
laurierblad (het)	laurbærblad (n)	['laʊrbærˌbla]
paprika (de)	paprika (m)	['paprika]
komijn (de)	karve, kummin (m)	['karvə], ['kʉmin]
saffraan (de)	safran (m)	[sa'fran]

48. Maaltijden

| eten (het) | mat (m) | ['mat] |
| eten (ww) | å spise | [ɔ 'spisə] |

ontbijt (het)	frokost (m)	['frʊkɔst]
ontbijten (ww)	å spise frokost	[ɔ 'spisə ˌfrʊkɔst]
lunch (de)	lunsj, lunch (m)	['lʉnʂ]
lunchen (ww)	å spise lunsj	[ɔ 'spisə ˌlʉnʂ]
avondeten (het)	middag (m)	['miˌda]
souperen (ww)	å spise middag	[ɔ 'spisə 'miˌda]

| eetlust (de) | appetitt (m) | [ape'tit] |
| Eet smakelijk! | God appetitt! | ['gʊ ape'tit] |

openen (een fles ~)	å åpne	[ɔ 'ɔpnə]
morsen (koffie, enz.)	å spille	[ɔ 'spilə]
zijn gemorst	å bli spilt	[ɔ 'bli 'spilt]

koken (water kookt bij 100°C)	å koke	[ɔ 'kʊkə]
koken (Hoe om water te ~)	å koke	[ɔ 'kʊkə]
gekookt (~ water)	kokt	['kʊkt]

| afkoelen (koeler maken) | å svalne | [ɔ 'svalnə] |
| afkoelen (koeler worden) | å avkjøles | [ɔ 'avˌçœləs] |

| smaak (de) | smak (m) | ['smak] |
| nasmaak (de) | bismak (m) | ['bismak] |

volgen een dieet	å være på diet	[ɔ 'værə pɔ di'et]
dieet (het)	diett (m)	[di'et]
vitamine (de)	vitamin (n)	[vita'min]
calorie (de)	kalori (m)	[kalʊ'ri]

| vegetariër (de) | vegetarianer (m) | [vegetari'anər] |
| vegetarisch (bn) | vegetarisk | [vege'tarisk] |

vetten (mv.)	fett (n)	['fɛt]
eiwitten (mv.)	proteiner (n pl)	[prɔte'inər]
koolhydraten (mv.)	kullhydrater (n pl)	['kʉlhyˌdratər]
snede (de)	skive (m/f)	['ʂivə]
stuk (bijv. een ~ taart)	stykke (n)	['stʏkə]
kruimel (de)	smule (m)	['smʉlə]

49. Tafelschikking

lepel (de)	**skje** (m)	['ʂe]
mes (het)	**kniv** (m)	['kniv]
vork (de)	**gaffel** (m)	['gafəl]

kopje (het)	**kopp** (m)	['kɔp]
bord (het)	**tallerken** (m)	[ta'lærkən]
schoteltje (het)	**tefat** (n)	['te‚fat]
servet (het)	**serviett** (m)	[sɛrvi'ɛt]
tandenstoker (de)	**tannpirker** (m)	['tan‚pirkər]

50. Restaurant

restaurant (het)	**restaurant** (m)	[rɛstʊ'raŋ]
koffiehuis (het)	**kafé, kaffebar** (m)	[ka'fe], ['kafə‚bar]
bar (de)	**bar** (m)	['bar]
tearoom (de)	**tesalong** (m)	['tesa‚lɔŋ]

kelner, ober (de)	**servitør** (m)	['særvi'tør]
serveerster (de)	**servitrise** (m/f)	[særvi'trisə]
barman (de)	**bartender** (m)	['baː‚tɛndər]

menu (het)	**meny** (m)	[me'ny]
wijnkaart (de)	**vinkart** (n)	['vin‚kaːt]
een tafel reserveren	**å reservere bord**	[ɔ resɛr'verə 'bʊr]

gerecht (het)	**rett** (m)	['rɛt]
bestellen (eten ~)	**å bestille**	[ɔ be'stilə]
een bestelling maken	**å bestille**	[ɔ be'stilə]

aperitief (de/het)	**aperitiff** (m)	[aperi'tif]
voorgerecht (het)	**forrett** (m)	['fɔrɛt]
dessert (het)	**dessert** (m)	[de'sɛːr]

rekening (de)	**regning** (m/f)	['rɛjniŋ]
de rekening betalen	**å betale regningen**	[ɔ be'talə 'rɛjniŋən]
wisselgeld teruggeven	**å gi tilbake veksel**	[ɔ ji til'bakə 'vɛksəl]
fooi (de)	**driks** (m)	['driks]

Familie, verwanten en vrienden

51. Persoonlijke informatie. Formulieren

naam (de)	navn (n)	['navn]
achternaam (de)	etternavn (n)	['ɛtə͵ŋavn]
geboortedatum (de)	fødselsdato (m)	['føtsels͵datu]
geboorteplaats (de)	fødested (n)	['føde͵sted]

nationaliteit (de)	nasjonalitet (m)	[naʂunali'tet]
woonplaats (de)	bosted (n)	['bu͵sted]
land (het)	land (n)	['lan]
beroep (het)	yrke (n), profesjon (m)	['yrkə], [prʊfe'ʂun]

geslacht (ov. het vrouwelijk ~)	kjønn (n)	['çœn]
lengte (de)	høyde (m)	['højdə]
gewicht (het)	vekt (m)	['vɛkt]

52. Familieleden. Verwanten

moeder (de)	mor (m/f)	['mʊr]
vader (de)	far (m)	['far]
zoon (de)	sønn (m)	['sœn]
dochter (de)	datter (m/f)	['datər]
jongste dochter (de)	yngste datter (m/f)	['yŋstə 'datər]
jongste zoon (de)	yngste sønn (m)	['yŋstə 'sœn]
oudste dochter (de)	eldste datter (m/f)	['ɛlstə 'datər]
oudste zoon (de)	eldste sønn (m)	['ɛlstə 'sœn]

broer (de)	bror (m)	['brʊr]
oudere broer (de)	eldre bror (m)	['ɛldrə ͵brʊr]
jongere broer (de)	lillebror (m)	['lilə͵brʊr]
zuster (de)	søster (m/f)	['søstər]
oudere zuster (de)	eldre søster (m/f)	['ɛldrə ͵søstər]
jongere zuster (de)	lillesøster (m/f)	['lilə͵søstər]

neef (zoon van oom, tante)	fetter (m/f)	['fɛtər]
nicht (dochter van oom, tante)	kusine (m)	[ku'sinə]
mama (de)	mamma (m)	['mama]
papa (de)	pappa (m)	['papa]
ouders (mv.)	foreldre (pl)	[for'ɛldrə]
kind (het)	barn (n)	['ba:ŋ]
kinderen (mv.)	barn (n pl)	['ba:ŋ]

| oma (de) | bestemor (m) | ['bɛstə͵mʊr] |
| opa (de) | bestefar (m) | ['bɛstə͵far] |

kleinzoon (de)	**barnebarn** (n)	['bɑːŋəˌbɑːŋ]
kleindochter (de)	**barnebarn** (n)	['bɑːŋəˌbɑːŋ]
kleinkinderen (mv.)	**barnebarn** (n pl)	['bɑːŋəˌbɑːŋ]

oom (de)	**onkel** (m)	['ʊnkəl]
tante (de)	**tante** (m/f)	['tɑntə]
neef (zoon van broer, zus)	**nevø** (m)	[ne'vø]
nicht (dochter van broer ,zus)	**niese** (m/f)	[ni'esə]

schoonmoeder (de)	**svigermor** (m/f)	['sviɡərˌmʊr]
schoonvader (de)	**svigerfar** (m)	['sviɡərˌfɑr]
schoonzoon (de)	**svigersønn** (m)	['sviɡərˌsœn]
stiefmoeder (de)	**stemor** (m/f)	['steˌmʊr]
stiefvader (de)	**stefar** (m)	['steˌfɑr]

zuigeling (de)	**brystbarn** (n)	['brystˌbɑːŋ]
wiegenkind (het)	**spedbarn** (n)	['speˌbɑːŋ]
kleuter (de)	**lite barn** (n)	['litə 'bɑːŋ]

vrouw (de)	**kone** (m/f)	['kʊnə]
man (de)	**mann** (m)	['mɑn]
echtgenoot (de)	**ektemann** (m)	['ɛktəˌmɑn]
echtgenote (de)	**hustru** (m)	['hʉstrʉ]

gehuwd (mann.)	**gift**	['jift]
gehuwd (vrouw.)	**gift**	['jift]
ongehuwd (mann.)	**ugift**	[ʉ:'jift]
vrijgezel (de)	**ungkar** (m)	['ʉŋˌkɑr]
gescheiden (bn)	**fraskilt**	['frɑˌsilt]
weduwe (de)	**enke** (m)	['ɛnkə]
weduwnaar (de)	**enkemann** (m)	['ɛnkəˌmɑn]

familielid (het)	**slektning** (m)	['ʂlektniŋ]
dichte familielid (het)	**nær slektning** (m)	['nær 'ʂlektniŋ]
verre familielid (het)	**fjern slektning** (m)	['fjæːŋ 'ʂlektniŋ]
familieleden (mv.)	**slektninger** (m pl)	['ʂlektniŋər]

wees (de), weeskind (het)	**foreldreløst barn** (n)	[for'ɛldrələst ˌbɑːŋ]
voogd (de)	**formynder** (m)	['forˌmynər]
adopteren (een jongen te ~)	**å adoptere**	[ɔ adɔp'terə]
adopteren (een meisje te ~)	**å adoptere**	[ɔ adɔp'terə]

53. Vrienden. Collega's

vriend (de)	**venn** (m)	['vɛn]
vriendin (de)	**venninne** (m/f)	[vɛ'ninə]
vriendschap (de)	**vennskap** (n)	['vɛnˌskɑp]
bevriend zijn (ww)	**å være venner**	[ɔ 'værə 'vɛnər]

makker (de)	**venn** (m)	['vɛn]
vriendin (de)	**venninne** (m/f)	[vɛ'ninə]
partner (de)	**partner** (m)	['pɑːʈnər]
chef (de)	**sjef** (m)	['ʂɛf]
baas (de)	**overordnet** (m)	['ɔvərˌɔrdnet]

eigenaar (de)	eier (m)	['æjər]
ondergeschikte (de)	underordnet (m)	['ʉnərˌɔrdnet]
collega (de)	kollega (m)	[kʊ'lega]
kennis (de)	bekjent (m)	[be'çɛnt]
medereiziger (de)	medpassasjer (m)	['meˌpasa'sɛr]
klasgenoot (de)	klassekamerat (m)	['klasəˌkamə'ra:t]
buurman (de)	nabo (m)	['nabʊ]
buurvrouw (de)	nabo (m)	['nabʊ]
buren (mv.)	naboer (m pl)	['nabʊər]

54. Man. Vrouw

vrouw (de)	kvinne (m/f)	['kvinə]
meisje (het)	jente (m/f)	['jɛntə]
bruid (de)	brud (m/f)	['brʉd]
mooi(e) (vrouw, meisje)	vakker	['vakər]
groot, grote (vrouw, meisje)	høy	['højj]
slank(e) (vrouw, meisje)	slank	['şlank]
korte, kleine (vrouw, meisje)	liten av vekst	['litən a: 'vɛkst]
blondine (de)	blondine (m)	[blɔn'dinə]
brunette (de)	brunette (m)	[brʉ'nɛtə]
dames- (abn)	dame-	['damə-]
maagd (de)	jomfru (m/f)	['ʉmfrʉ]
zwanger (bn)	gravid	[gra'vid]
man (de)	mann (m)	['man]
blonde man (de)	blond mann (m)	['blɔn ˌman]
bruinharige man (de)	mørkhåret mann (m)	['mœrkˌho:ret man]
groot (bn)	høy	['højj]
klein (bn)	liten av vekst	['litən a: 'vɛkst]
onbeleefd (bn)	grov	['grɔv]
gedrongen (bn)	undersetsig	['ʉnəˌşɛtsi]
robuust (bn)	robust	[rʊ'bʉst]
sterk (bn)	sterk	['stærk]
sterkte (de)	kraft, styrke (m)	['kraft], ['styrkə]
mollig (bn)	tykk	['tʏk]
getaand (bn)	mørkhudet	['mœrkˌhʉdet]
slank (bn)	slank	['şlank]
elegant (bn)	elegant	[ɛle'gant]

55. Leeftijd

leeftijd (de)	alder (m)	['aldər]
jeugd (de)	ungdom (m)	['ʉŋˌdɔm]
jong (bn)	ung	['ʉŋ]

| jonger (bn) | yngre | ['ʏŋrə] |
| ouder (bn) | eldre | ['ɛldrə] |

jongen (de)	unge mann (m)	['ʉŋə ˌman]
tiener, adolescent (de)	tenåring (m)	['tɛnoːriŋ]
kerel (de)	kar (m)	['kar]

| oude man (de) | gammel mann (m) | ['gaməl ˌman] |
| oude vrouw (de) | gammel kvinne (m/f) | ['gaməl ˌkvinə] |

volwassen (bn)	voksen	['vɔksən]
van middelbare leeftijd (bn)	middelaldrende	['midəlˌaldrɛnə]
bejaard (bn)	eldre	['ɛldrə]
oud (bn)	gammel	['gaməl]

pensioen (het)	pensjon (m)	[pan'ʂʊn]
met pensioen gaan	å gå av med pensjon	[ɔ 'gɔ ɑ: me pan'ʂʊn]
gepensioneerde (de)	pensjonist (m)	[panʂʊ'nist]

56. Kinderen

kind (het)	barn (n)	['baːɳ]
kinderen (mv.)	barn (n pl)	['baːɳ]
tweeling (de)	tvillinger (m pl)	['tviliŋər]

wieg (de)	vogge (m/f)	['vɔgə]
rammelaar (de)	rangle (m/f)	['raŋlə]
luier (de)	bleie (m/f)	['blæjə]

speen (de)	smokk (m)	['smʊk]
kinderwagen (de)	barnevogn (m/f)	['baːɳəˌvɔŋn]
kleuterschool (de)	barnehage (m)	['baːɳəˌhagə]
babysitter (de)	babysitter (m)	['bɛbyˌsitər]

kindertijd (de)	barndom (m)	['baːɳˌdɔm]
pop (de)	dukke (m/f)	['dʉkə]
speelgoed (het)	leketøy (n)	['lekəˌtøj]
bouwspeelgoed (het)	byggesett (n)	['bygəˌsɛt]

welopgevoed (bn)	veloppdragen	['velˌɔp'dragən]
onopgevoed (bn)	uoppdragen	[ʉop'dragən]
verwend (bn)	bortskjemt	['bʊːt͡ʂɛmt]

stout zijn (ww)	å være stygg	[ɔ 'værə 'stʏg]
stout (bn)	skøyeraktig	['skøjəˌrakti]
stoutheid (de)	skøyeraktighet (m)	['skøjəˌraktihet]
stouterd (de)	skøyer (m)	['skøjər]

| gehoorzaam (bn) | lydig | ['lydi] |
| ongehoorzaam (bn) | ulydig | [ʉ'lydi] |

braaf (bn)	føyelig	['føjli]
slim (verstandig)	klok	['klʊk]
wonderkind (het)	vidunderbarn (n)	['vidˌʉndərˌbaːɳ]

57. Gehuwde paren. Gezinsleven

kussen (een kus geven)	å kysse	[ɔ 'çysə]
elkaar kussen (ww)	å kysse hverandre	[ɔ 'çysə ˌverandrə]
gezin (het)	familie (m)	[fɑ'miliə]
gezins- (abn)	familie-	[fɑ'miliə-]
paar (het)	par (n)	['par]
huwelijk (het)	ekteskap (n)	['ɛktəˌskɑp]
thuis (het)	hjemmets arne (m)	['jɛmets 'ɑːŋə]
dynastie (de)	dynasti (n)	[dinɑs'ti]

date (de)	stevnemøte (n)	['stɛvnəˌmøtə]
zoen (de)	kyss (n)	['çys]

liefde (de)	kjærlighet (m)	['çæːʎiˌhet]
liefhebben (ww)	å elske	[ɔ 'ɛlskə]
geliefde (bn)	elskling	['ɛlskliŋ]

tederheid (de)	ømhet (m)	['ømˌhet]
teder (bn)	øm	['øm]
trouw (de)	troskap (m)	['trʊˌskɑp]
trouw (bn)	trofast	['trʊfɑst]
zorg (bijv. bejaarden~)	omsorg (m)	['ɔmˌsɔrg]
zorgzaam (bn)	omsorgsfull	['ɔmˌsɔrgsfʉl]

jonggehuwden (mv.)	nygifte (n)	['nyˌjiftə]
wittebroodsweken (mv.)	hvetebrødsdager (m pl)	['vetɛbrøsˌdagər]
trouwen (vrouw)	å gifte seg	[ɔ 'jiftə sæj]
trouwen (man)	å gifte seg	[ɔ 'jiftə sæj]

bruiloft (de)	bryllup (n)	['brylʉp]
gouden bruiloft (de)	gullbryllup (n)	['gʉlˌbrylʉp]
verjaardag (de)	årsdag (m)	['oːʂˌdɑ]

minnaar (de)	elsker (m)	['ɛlskər]
minnares (de)	elskerinne (m/f)	['ɛlskəˌrinə]

overspel (het)	utroskap (m)	['ʉˌtroskɑp]
overspel plegen (ww)	å være utro	[ɔ 'væːrə 'ʉˌtrʊ]
jaloers (bn)	sjalu	[ʂɑ'lʉː]
jaloers zijn (echtgenoot, enz.)	å være sjalu	[ɔ 'væːrə ʂɑ'lʉː]
echtscheiding (de)	skilsmisse (m)	['ʂilsˌmisə]
scheiden (ww)	å skille seg	[ɔ 'ʂilə sæj]

ruzie hebben (ww)	å krangle	[ɔ 'krɑŋlə]
vrede sluiten (ww)	å forsone seg	[ɔ fɔ'ʂʊnə sæj]
samen (bw)	sammen	['sɑmən]
seks (de)	sex (m)	['sɛks]

geluk (het)	lykke (m/f)	['lʏkə]
gelukkig (bn)	lykkelig	['lʏkəli]
ongeluk (het)	ulykke (m/f)	['ʉˌlʏkə]
ongelukkig (bn)	ulykkelig	['ʉˌlʏkəli]

Karakter. Gevoelens. Emoties

58. Gevoelens. Emoties

gevoel (het)	følelse (m)	['føləlsə]
gevoelens (mv.)	følelser (m pl)	['føləlsər]
voelen (ww)	å kjenne	[ɔ 'çɛnə]
honger (de)	sult (m)	['sʉlt]
honger hebben (ww)	å være sulten	[ɔ 'værə 'sʉltən]
dorst (de)	tørst (m)	['tœʂt]
dorst hebben	å være tørst	[ɔ 'værə 'tœʂt]
slaperigheid (de)	søvnighet (m)	['sœvni,het]
willen slapen	å være søvnig	[ɔ 'værə 'sœvni]
moeheid (de)	tretthet (m)	['trɛt,het]
moe (bn)	trett	['trɛt]
vermoeid raken (ww)	å bli trett	[ɔ 'bli 'trɛt]
stemming (de)	humør (n)	[hʉ'mør]
verveling (de)	kjedsomhet (m/f)	['çɛdsɔm,het]
zich vervelen (ww)	å kjede seg	[ɔ 'çedə sæj]
afzondering (de)	avsondrethet (m/f)	['afsɔndrɛt,het]
zich afzonderen (ww)	å isolere seg	[ɔ isʉ'lerə sæj]
bezorgd maken (ww)	å bekymre, å uroe	[ɔ be'çymrə], [ɔ 'ʉːrʊə]
zich bezorgd maken	å bekymre seg	[ɔ be'çymrə sæj]
zorg (bijv. geld~en)	bekymring (m/f)	[be'çymriŋ]
ongerustheid (de)	uro (m/f)	['ʉrʊ]
ongerust (bn)	bekymret	[be'çymrət]
zenuwachtig zijn (ww)	å være nervøs	[ɔ 'værə nær'vøs]
in paniek raken	å få panikk	[ɔ 'fɔ pa'nik]
hoop (de)	håp (n)	['hɔp]
hopen (ww)	å håpe	[ɔ 'hoːpə]
zekerheid (de)	sikkerhet (m/f)	['sikər,het]
zeker (bn)	sikker	['sikər]
onzekerheid (de)	usikkerhet (m)	['ʉsikər,het]
onzeker (bn)	usikker	['ʉ,sikər]
dronken (bn)	beruset, full	[be'rʉsət], ['fʉl]
nuchter (bn)	edru	['ɛdrʉ]
zwak (bn)	svak	['svak]
gelukkig (bn)	lykkelig	['lʏkəli]
doen schrikken (ww)	å skremme	[ɔ 'skrɛmə]
toorn (de)	raseri (n)	[rɑsɛ'ri]
woede (de)	raseri (n)	[rɑsɛ'ri]
depressie (de)	depresjon (m)	[dɛpre'ʂʊn]
ongemak (het)	ubehag (n)	['ʉbe,hɑg]

gemak, comfort (het)	komfort (m)	[kʊm'fɔːr]
spijt hebben (ww)	å beklage	[ɔ be'klagə]
spijt (de)	beklagelse (m)	[be'klagəlsə]
pech (de)	uhell (n)	['ʉˌhɛl]
bedroefdheid (de)	sorg (m/f)	['sɔr]

schaamte (de)	skam (m/f)	['skam]
pret (de), plezier (het)	glede (m/f)	['gledə]
enthousiasme (het)	entusiasme (m)	[ɛntʉsi'asmə]
enthousiasteling (de)	entusiast (m)	[ɛntʉsi'ast]
enthousiasme vertonen	å vise entusiasme	[ɔ 'visə ɛntʉsi'asmə]

59. Karakter. Persoonlijkheid

karakter (het)	karakter (m)	[karak'ter]
karakterfout (de)	karakterbrist (m/f)	[karak'terˌbrist]
verstand (het)	sinn (n)	['sin]
rede (de)	forstand (m)	[fɔ'ʂtan]

geweten (het)	samvittighet (m)	[sam'vitiˌhet]
gewoonte (de)	vane (m)	['vanə]
bekwaamheid (de)	evne (m/f)	['ɛvnə]
kunnen (bijv., ~ zwemmen)	å kunne	[ɔ 'kʉnə]

geduldig (bn)	tålmodig	[tɔl'mʊdi]
ongeduldig (bn)	utålmodig	['ʉtɔlˌmʊdi]
nieuwsgierig (bn)	nysgjerrig	['nɣˌsæri]
nieuwsgierigheid (de)	nysgjerrighet (m)	['nɣˌsæriˌhet]

bescheidenheid (de)	beskjedenhet (m)	[be'ʂedenˌhet]
bescheiden (bn)	beskjeden	[be'ʂedən]
onbescheiden (bn)	ubeskjeden	['ʉbeˌʂedən]

luiheid (de)	lathet (m)	['latˌhet]
lui (bn)	doven	['dʊvən]
luiwammes (de)	dovendyr (n)	['dʊvənˌdyr]

sluwheid (de)	list (m/f)	['list]
sluw (bn)	listig	['listi]
wantrouwen (het)	mistro (m/f)	['misˌtrɔ]
wantrouwig (bn)	mistroende	['misˌtrʊenə]

gulheid (de)	gavmildhet (m)	['gavmilˌhet]
gul (bn)	generøs	[ʂenə'røs]
talentrijk (bn)	talentfull	[ta'lentˌfʉl]
talent (het)	talent (n)	[ta'lent]

moedig (bn)	modig	['mʊdi]
moed (de)	mot (n)	['mʊt]
eerlijk (bn)	ærlig	['æːli]
eerlijkheid (de)	ærlighet (m)	['æːliˌhet]

| voorzichtig (bn) | forsiktig | [fɔ'ʂikti] |
| manhaftig (bn) | modig | ['mʊdi] |

ernstig (bn)	alvorlig	[al'vɔːli]
streng (bn)	streng	['strɛŋ]
resoluut (bn)	besluttsom	[be'ʂlʉt,sɔm]
onzeker, irresoluut (bn)	ubesluttsom	[ʉbe'ʂlʉt,sɔm]
schuchter (bn)	forsagt	['fɔ,ʂakt]
schuchterheid (de)	forsagthet (m)	['fɔʂakt,het]
vertrouwen (het)	tillit (m)	['tilit]
vertrouwen (ww)	å tro	[ɔ 'trʉ]
goedgelovig (bn)	tillitsfull	['tilits,fʉl]
oprecht (bw)	oppriktig	[ɔp'rikti]
oprecht (bn)	oppriktig	[ɔp'rikti]
oprechtheid (de)	oppriktighet (m)	[ɔp'rikti,het]
open (bn)	åpen	['ɔpən]
rustig (bn)	stille	['stilə]
openhartig (bn)	oppriktig	[ɔp'rikti]
naïef (bn)	naiv	[na'iv]
verstrooid (bn)	forstrødd	['fʉ,strød]
leuk, grappig (bn)	morsom	['muʂɔm]
gierigheid (de)	grådighet (m)	['groːdi,het]
gierig (bn)	grådig	['groːdi]
inhalig (bn)	gjerrig	['jæri]
kwaad (bn)	ond	['un]
koppig (bn)	hårdnakket	['hɔːr,nakət]
onaangenaam (bn)	ubehagelig	[ʉbe'hageli]
egoïst (de)	egoist (m)	[ɛgʉ'ist]
egoïstisch (bn)	egoistisk	[ɛgʉ'istisk]
lafaard (de)	feiging (m)	['fæjgiŋ]
laf (bn)	feig	['fæjg]

60. Slaap. Dromen

slapen (ww)	å sove	[ɔ 'sɔvə]
slaap (in ~ vallen)	søvn (m)	['sœvn]
droom (de)	drøm (m)	['drøm]
dromen (in de slaap)	å drømme	[ɔ 'drœmə]
slaperig (bn)	søvnig	['sœvni]
bed (het)	seng (m/f)	['sɛŋ]
matras (de)	madrass (m)	[ma'dras]
deken (de)	dyne (m/f)	['dynə]
kussen (het)	pute (m/f)	['pʉtə]
laken (het)	laken (n)	['lakən]
slapeloosheid (de)	søvnløshet (m)	['sœvnløs,het]
slapeloos (bn)	søvnløs	['sœvn,løs]
slaapmiddel (het)	sovetablett (n)	['sove,tab'let]
slaapmiddel innemen	å ta en sovetablett	[ɔ 'ta en 'sove,tab'let]
willen slapen	å være søvnig	[ɔ 'værə 'sœvni]

geeuwen (ww)	å gjespe	[ɔ 'jɛspə]
gaan slapen	å gå til sengs	[ɔ 'gɔ til 'sɛŋs]
het bed opmaken	å re opp sengen	[ɔ 're ɔp 'sɛŋən]
inslapen (ww)	å falle i søvn	[ɔ 'falə i 'sœvn]

nachtmerrie (de)	mareritt (n)	['marə̩rit]
gesnurk (het)	snork (m)	['snɔrk]
snurken (ww)	å snorke	[ɔ 'snɔrkə]

wekker (de)	vekkerklokka (m/f)	['vɛkər̩klɔka]
wekken (ww)	å vekke	[ɔ 'vɛkə]
wakker worden (ww)	å våkne	[ɔ 'vɔknə]
opstaan (ww)	å stå opp	[ɔ 'stɔ: ɔp]
zich wassen (ww)	å vaske seg	[ɔ 'vaskə sæj]

61. Humor. Gelach. Blijdschap

humor (de)	humor (m/n)	['humʊr]
gevoel (het) voor humor	sans (m) for humor	['sans fɔr 'humʊr]
plezier hebben (ww)	å more seg	[ɔ 'mʉrə sæj]
vrolijk (bn)	glad, munter	['glɑ], ['mʉntər]
pret (de), plezier (het)	munterhet (m)	['mʉntər̩het]

glimlach (de)	smil (m/n)	['smil]
glimlachen (ww)	å smile	[ɔ 'smilə]
beginnen te lachen (ww)	å begynne å skratte	[ɔ be'jinə ɔ 'skratə]
lachen (ww)	å le, å skratte	[ɔ 'le], [ɔ 'skratə]
lach (de)	latter (m), skratt (m/n)	['latər], ['skrat]

mop (de)	anekdote (m)	[anek'dɔtə]
grappig (een ~ verhaal)	morsom	['mʉsɔm]
grappig (~e clown)	morsom	['mʉsɔm]

grappen maken (ww)	å spøke	[ɔ 'spøkə]
grap (de)	skjemt, spøk (m)	['ʂɛmt], ['spøk]
blijheid (de)	glede (m/f)	['gledə]
blij zijn (ww)	å glede seg	[ɔ 'gledə sæj]
blij (bn)	glad	['glɑ]

62. Discussie, conversatie. Deel 1

| communicatie (de) | kommunikasjon (m) | [kʊmʉnikə'ʂʉn] |
| communiceren (ww) | å kommunisere | [ɔ kʊmʉni'serə] |

conversatie (de)	samtale (m)	['sam̩talə]
dialoog (de)	dialog (m)	[dia'lɔg]
discussie (de)	diskusjon (m)	[diskʉ'ʂʉn]
debat (het)	debatt (m)	[de'bat]
debatteren, twisten (ww)	å diskutere	[ɔ diskʉ'terə]

| gesprekspartner (de) | samtalepartner (m) | ['sam̩talə 'pa:[nər] |
| thema (het) | emne (n) | ['ɛmnə] |

standpunt (het)	synspunkt (n)	['syns,punt]
mening (de)	mening (m/f)	['meniŋ]
toespraak (de)	tale (m)	['talə]

bespreking (de)	diskusjon (m)	[disku'ʂʊn]
bespreken (spreken over)	å drøfte, å diskutere	[ɔ 'drœftə], [ɔ disku'terə]
gesprek (het)	samtale (m)	['sam,talə]
spreken (converseren)	å snakke, å samtale	[ɔ 'snakə], [ɔ 'sam,talə]
ontmoeting (de)	møte (n)	['møtə]
ontmoeten (ww)	å møtes	[ɔ 'møtəs]

spreekwoord (het)	ordspråk (n)	['u:r,sprɔk]
gezegde (het)	ordstev (n)	['u:r,stev]
raadsel (het)	gåte (m)	['go:tə]
een raadsel opgeven	å utgjøre en gåte	[ɔ ut'jørə en 'go:tə]
wachtwoord (het)	passord (n)	['pas,u:r]
geheim (het)	hemmelighet (m/f)	['hɛməli,het]

eed (de)	ed (m)	['ɛd]
zweren (een eed doen)	å sverge	[ɔ 'sværgə]
belofte (de)	løfte (n), loven (m)	['lœftə], ['lovən]
beloven (ww)	å love	[ɔ 'lovə]

advies (het)	råd (n)	['rɔd]
adviseren (ww)	å råde	[ɔ 'ro:də]
advies volgen (iemands ~)	å følge råd	[ɔ 'følə 'ro:d]
luisteren (gehoorzamen)	å adlyde	[ɔ 'ad,lydə]

nieuws (het)	nyhet (m)	['nyhet]
sensatie (de)	sensasjon (m)	[sɛnsa'ʂʊn]
informatie (de)	opplysninger (m/f pl)	['ɔp,lysniŋər]
conclusie (de)	slutning (m)	['slutniŋ]
stem (de)	røst (m/f), stemme (m)	['røst], ['stɛmə]
compliment (het)	kompliment (m)	[kumpli'maŋ]
vriendelijk (bn)	elskverdig	[ɛlsk'værdi]

woord (het)	ord (n)	['u:r]
zin (de), zinsdeel (het)	frase (m)	['frasə]
antwoord (het)	svar (n)	['svar]

| waarheid (de) | sannhet (m) | ['san,het] |
| leugen (de) | løgn (m/f) | ['løjn] |

gedachte (de)	tanke (m)	['tankə]
idee (de/het)	ide (m)	[i'de]
fantasie (de)	fantasi (m)	[fanta'si]

63. Discussie, conversatie. Deel 2

gerespecteerd (bn)	respektert	[rɛspɛk'tɛːʈ]
respecteren (ww)	å respektere	[ɔ rɛspɛk'terə]
respect (het)	respekt (m)	[rɛ'spɛkt]
Geachte ... (brief)	Kjære ...	['çærə ...]
voorstellen (Mag ik jullie ~)	å introdusere	[ɔ introdu'serə]

kennismaken (met …)	å stifte bekjentskap med …	[ɔ 'stiftə be'çɛn‚skap me …]
intentie (de)	hensikt (m)	['hɛn‚sikt]
intentie hebben (ww)	å ha til hensikt	[ɔ 'ha til 'hɛn‚sikt]
wens (de)	ønske (n)	['ønskə]
wensen (ww)	å ønske	[ɔ 'ønskə]

verbazing (de)	overraskelse (m/f)	['ɔvə‚raskəlsə]
verbazen (verwonderen)	å forundre	[ɔ fɔ'rʉndrə]
verbaasd zijn (ww)	å bli forundret	[ɔ 'bli fɔ'rʉndrət]

geven (ww)	å gi	[ɔ 'ji]
nemen (ww)	å ta	[ɔ 'ta]
teruggeven (ww)	å gi tilbake	[ɔ 'ji til'bakə]
retourneren (ww)	å returnere	[ɔ retʉr'nerə]

zich verontschuldigen	å unnskylde seg	[ɔ 'ʉn‚sylə sæj]
verontschuldiging (de)	unnskyldning (m/f)	['ʉn‚syldniŋ]
vergeven (ww)	å tilgi	[ɔ 'til‚ji]

spreken (ww)	å tale	[ɔ 'talə]
luisteren (ww)	å lye, å lytte	[ɔ 'lyə], [ɔ 'lʏtə]
aanhoren (ww)	å høre på	[ɔ 'hørə pɔ]
begrijpen (ww)	å forstå	[ɔ fɔ'ʂtɔ]

tonen (ww)	å vise	[ɔ 'visə]
kijken naar …	å se på …	[ɔ 'se pɔ …]
roepen (vragen te komen)	å kalle	[ɔ 'kalə]
afleiden (storen)	å distrahere	[ɔ distra'erə]
storen (lastigvallen)	å forstyrre	[ɔ fɔ'ʂtʏrə]
doorgeven (ww)	å rekke	[ɔ 'rɛkə]

verzoek (het)	begjæring (m/f)	[be'jæriŋ]
verzoeken (ww)	å be, å bede	[ɔ 'be], [ɔ 'bedə]
eis (de)	krav (n)	['krav]
eisen (met klem vragen)	å kreve	[ɔ 'krevə]

beledigen (beledigende namen geven)	å erte	[ɔ 'ɛːtə]
uitlachen (ww)	å håne	[ɔ 'hoːnə]
spot (de)	hån (m)	['hɔn]
bijnaam (de)	kallenavn, tilnavn (n)	['kalə‚navn], ['til‚navn]

zinspeling (de)	insinuasjon (m)	[insinʉa'ʂʊn]
zinspelen (ww)	å insinuere	[ɔ insinʉ'erə]
impliceren (duiden op)	å bety	[ɔ 'bety]

beschrijving (de)	beskrivelse (m)	[be'skrivəlsə]
beschrijven (ww)	å beskrive	[ɔ be'skrivə]
lof (de)	ros (m)	['rʊs]
loven (ww)	å rose, å berømme	[ɔ 'rʊsə], [ɔ be'rœmə]

teleurstelling (de)	skuffelse (m)	['skʉfəlsə]
teleurstellen (ww)	å skuffe	[ɔ 'skʉfə]
teleurgesteld zijn (ww)	å bli skuffet	[ɔ 'bli 'skʉfət]
veronderstelling (de)	antagelse (m)	[an'tagəlsə]
veronderstellen (ww)	å anta, å formode	[ɔ 'an‚ta], [ɔ fɔr'mʊdə]

| waarschuwing (de) | advarsel (m) | ['adˌvaʂəl] |
| waarschuwen (ww) | å advare | [ɔ 'adˌvɑrə] |

64. Discussie, conversatie. Deel 3

| aanpraten (ww) | å overtale | [ɔ 'ɔvəˌtɑlə] |
| kalmeren (kalm maken) | å berolige | [ɔ be'rulie] |

stilte (de)	taushet (m)	['tausˌhet]
zwijgen (ww)	å tie	[ɔ 'tie]
fluisteren (ww)	å hviske	[ɔ 'viskə]
gefluister (het)	hvisking (m/f)	['viskiŋ]

| open, eerlijk (bw) | oppriktig | [ɔp'rikti] |
| volgens mij … | etter min mening … | ['ɛtər min 'meniŋ …] |

detail (het)	detalj (m)	[de'talj]
gedetailleerd (bn)	detaljert	[detɑ'ljɛːt]
gedetailleerd (bw)	i detaljer	[i de'taljer]

| hint (de) | vink (n) | ['vink] |
| een hint geven | å gi et vink | [ɔ 'ji et 'vink] |

blik (de)	blikk (n)	['blik]
een kijkje nemen	å kaste et blikk	[ɔ 'kastə et 'blik]
strak (een ~ke blik)	stiv	['stiv]
knipperen (ww)	å blinke	[ɔ 'blinkə]
knipogen (ww)	å blinke	[ɔ 'blinkə]
knikken (ww)	å nikke	[ɔ 'nikə]

zucht (de)	sukk (n)	['sʉk]
zuchten (ww)	å sukke	[ɔ 'sʉkə]
huiveren (ww)	å gyse	[ɔ 'jisə]
gebaar (het)	gest (m)	['gɛst]
aanraken (ww)	å røre	[ɔ 'rørə]
grijpen (ww)	å gripe	[ɔ 'gripə]
een schouderklopje geven	å klappe	[ɔ 'klapə]

Kijk uit!	Pass på!	['pas 'pɔ]
Echt?	Virkelig?	['virkəli]
Bent je er zeker van?	Er du sikker?	[ɛr dʉ 'sikər]
Succes!	Lykke til!	['lʏkə til]
Juist, ja!	Jeg forstår!	['jæ fɔ'stoːr]
Wat jammer!	Det var synd!	[de var 'sʏn]

65. Overeenstemming. Weigering

instemming (het)	samtykke (n)	['samˌtʏkə]
instemmen (akkoord gaan)	å samtykke	[ɔ 'samˌtʏkə]
goedkeuring (de)	godkjennelse (m)	['guˌçɛnəlsə]
goedkeuren (ww)	å godkjenne	[ɔ 'guˌçɛnə]
weigering (de)	avslag (n)	['afˌslag]

weigeren (ww)	å vegre seg	[ɔ 'vɛgrə sæj]
Geweldig!	Det er fint!	['de ær 'fint]
Goed!	Godt!	['gɔt]
Akkoord!	OK! Enig!	[ɔ'kɛj], ['ɛni]

verboden (bn)	forbudt	[fɔr'bʉt]
het is verboden	det er forbudt	[de ær fɔr'bʉt]
het is onmogelijk	det er umulig	[de ær ʉ'mʉli]
onjuist (bn)	uriktig, ikke riktig	['ʉˌrikti], ['ikə ˌrikti]

afwijzen (ww)	å avslå	[ɔ 'afˌslɔ]
steunen	å støtte	[ɔ 'stœtə]
(een goed doel, enz.)		
aanvaarden (excuses ~)	å akseptere	[ɔ aksɛp'terə]

bevestigen (ww)	å bekrefte	[ɔ be'krɛftə]
bevestiging (de)	bekreftelse (m)	[be'krɛftəlsə]
toestemming (de)	tillatelse (m)	['tiˌlatəlsə]
toestaan (ww)	å tillate	[ɔ 'tiˌlatə]
beslissing (de)	beslutning (m)	[be'ʂlʉtniŋ]
z'n mond houden (ww)	å tie	[ɔ 'tie]

voorwaarde (de)	betingelse (m)	[be'tiŋəlsə]
smoes (de)	foregivende (n)	['fɔrəˌjivnə]
lof (de)	ros (m)	['rʊs]
loven (ww)	å rose, å berømme	[ɔ 'rʊsə], [ɔ be'rœmə]

66. Succes. Veel geluk. Mislukking

succes (het)	suksess (m)	[sʉk'sɛ]
succesvol (bw)	med suksess	[me sʉk'sɛ]
succesvol (bn)	vellykket	['velˌlʏkət]

geluk (het)	hell (n), lykke (m/f)	['hɛl], ['lʏkə]
Succes!	Lykke til!	['lʏkə til]
geluks- (bn)	heldig, lykkelig	['hɛldi], ['lʏkəli]
gelukkig (fortuinlijk)	heldig	['hɛldi]

mislukking (de)	mislykkelse, fiasko (m)	['misˌlʏkəlsə], [fi'askʉ]
tegenslag (de)	uhell (n), utur (m)	['ʉˌhɛl], ['ʉˌtʉr]
pech (de)	uhell (n)	['ʉˌhɛl]
zonder succes (bn)	mislykket	['misˌlʏkət]
catastrofe (de)	katastrofe (m)	[kata'strɔfə]

fierheid (de)	stolthet (m)	['stɔltˌhet]
fier (bn)	stolt	['stɔlt]
fier zijn (ww)	å være stolt	[ɔ 'værə 'stɔlt]

winnaar (de)	seierherre (m)	['sæjərˌhɛrə]
winnen (ww)	å seire, å vinne	[ɔ 'sæjrə], [ɔ 'vinə]
verliezen (ww)	å tape	[ɔ 'tapə]
poging (de)	forsøk (n)	['fɔ'ʂøk]
pogen, proberen (ww)	å prøve, å forsøke	[ɔ 'prøvə], [ɔ fɔ'ʂøkə]
kans (de)	sjanse (m)	['ʂansə]

67. Ruzies. Negatieve emoties

schreeuw (de)	skrik (n)	['skrik]
schreeuwen (ww)	å skrike	[ɔ 'skrikə]
beginnen te schreeuwen	å begynne å skrike	[ɔ be'jinə ɔ 'skrikə]

ruzie (de)	krangel (m)	['kraŋəl]
ruzie hebben (ww)	å krangle	[ɔ 'kraŋlə]
schandaal (het)	skandale (m)	[skan'dalə]
schandaal maken (ww)	å gjøre skandale	[ɔ 'jørə skan'dalə]
conflict (het)	konflikt (m)	[kʉn'flikt]
misverstand (het)	misforståelse (m)	[misfɔ'ṣtɔəlsə]

belediging (de)	fornærmelse (m)	[fɔ:'nærməlsə]
beledigen (met scheldwoorden)	å fornærme	[ɔ fɔ:'nærmə]
beledigd (bn)	fornærmet	[fɔ:'nærmət]
krenking (de)	fornærmelse (m)	[fɔ:'nærməlsə]
krenken (beledigen)	å fornærme	[ɔ fɔ:'nærmə]
gekwetst worden (ww)	å bli fornærmet	[ɔ 'bli fɔ:'nærmət]

verontwaardiging (de)	forargelse (m)	[fɔ'rargəlsə]
verontwaardigd zijn (ww)	å bli indignert	[ɔ 'bli indi'gnɛ:t]
klacht (de)	klage (m)	['klagə]
klagen (ww)	å klage	[ɔ 'klagə]

verontschuldiging (de)	unnskyldning (m/f)	['ʉn,syldniŋ]
zich verontschuldigen	å unnskylde seg	[ɔ 'ʉn,sylə sæj]
excuus vragen	å be om forlatelse	[ɔ 'be ɔm fɔ:'ḷatəlsə]

kritiek (de)	kritikk (m)	[kri'tik]
bekritiseren (ww)	å kritisere	[ɔ kriti'serə]
beschuldiging (de)	anklagelse (m)	['an,klagəlsə]
beschuldigen (ww)	å anklage	[ɔ 'an,klagə]

wraak (de)	hevn (m)	['hɛvn]
wreken (ww)	å hevne	[ɔ 'hɛvnə]
wraak nemen (ww)	å hevne	[ɔ 'hɛvnə]

minachting (de)	forakt (m)	[fɔ'rakt]
minachten (ww)	å forakte	[ɔ fɔ'raktə]
haat (de)	hat (n)	['hat]
haten (ww)	å hate	[ɔ 'hatə]

zenuwachtig (bn)	nervøs	[nær'vøs]
zenuwachtig zijn (ww)	å være nervøs	[ɔ 'værə nær'vøs]
boos (bn)	vred, sint	['vred], ['sint]
boos maken (ww)	å gjøre sint	[ɔ 'jørə ,sint]

vernedering (de)	ydmykelse (m)	['yd,mykəlsə]
vernederen (ww)	å ydmyke	[ɔ 'yd,mykə]
zich vernederen (ww)	å ydmyke seg	[ɔ 'yd,mykə sæj]

schok (de)	sjokk (n)	['ṣɔk]
schokken (ww)	å sjokkere	[ɔ ṣɔ'kerə]

| onaangenaamheid (de) | knipe (m/f) | ['knipə] |
| onaangenaam (bn) | ubehagelig | [ʉbe'hɑgeli] |

vrees (de)	redsel, frykt (m)	['rɛtsəl], ['frʏkt]
vreselijk (bijv. ~ onweer)	fryktelig	['frʏkteli]
eng (bn)	uhyggelig, skremmende	['ʉhygəli], ['skrɛmənə]
gruwel (de)	redsel (m)	['rɛtsəl]
vreselijk (~ nieuws)	forferdelig	[fɔr'færdəli]

beginnen te beven	å begynne å ryste	[ɔ be'jinə ɔ 'rystə]
huilen (wenen)	å gråte	[ɔ 'gro:tə]
beginnen te huilen (wenen)	å begynne å gråte	[ɔ be'jinə ɔ 'gro:tə]
traan (de)	tåre (m/f)	['to:rə]

schuld (~ geven aan)	skyld (m/f)	['syl]
schuldgevoel (het)	skyldfølelse (m)	['syl̟føləlsə]
schande (de)	skam, vanære (m/f)	['skɑm], ['vɑnærə]
protest (het)	protest (m)	[prʊ'tɛst]
stress (de)	stress (m/n)	['strɛs]

storen (lastigvallen)	å forstyrre	[ɔ fɔ'ṣtyrə]
kwaad zijn (ww)	å være sint	[ɔ 'værə ˌsint]
kwaad (bn)	vred, sint	['vred], ['sint]
beëindigen (een relatie ~)	å avbryte	[ɔ 'ɑvˌbrytə]
vloeken (ww)	å sverge	[ɔ 'sværgə]

schrikken (schrik krijgen)	å bli skremt	[ɔ 'bli 'skrɛmt]
slaan (iemand ~)	å slå	[ɔ 'slɔ]
vechten (ww)	å slåss	[ɔ 'ṣlɔs]

regelen (conflict)	å løse	[ɔ 'løsə]
ontevreden (bn)	misfornøyd, utilfreds	['misˌfɔ:'nøjd], ['ʉtilˌfrɛds]
woedend (bn)	rasende	['rɑsenə]

| Dat is niet goed! | Det er ikke bra! | [de ær ikə 'brɑ] |
| Dat is slecht! | Det er dårlig! | [de ær 'do:ḷi] |

Geneeskunde

68. Ziekten

ziekte (de)	**sykdom** (m)	['sʏk‚dɔm]
ziek zijn (ww)	**å være syk**	[ɔ 'værə 'syk]
gezondheid (de)	**helse** (m/f)	['hɛlsə]
snotneus (de)	**snue** (m)	['snʉə]
angina (de)	**angina** (m)	[an'gina]
verkoudheid (de)	**forkjølelse** (m)	[fɔr'çœləlsə]
verkouden raken (ww)	**å forkjøle seg**	[ɔ fɔr'çœlə sæj]
bronchitis (de)	**bronkitt** (m)	[brɔn'kit]
longontsteking (de)	**lungebetennelse** (m)	['lʉŋə be'tɛnəlsə]
griep (de)	**influensa** (m)	[inflʉ'ɛnsa]
bijziend (bn)	**nærsynt**	['næ‚sʏnt]
verziend (bn)	**langsynt**	['laŋsʏnt]
scheelheid (de)	**skjeløydhet** (m)	['ʂɛløjd‚het]
scheel (bn)	**skjeløyd**	['ʂɛl‚øjd]
grauwe staar (de)	**grå stær, katarakt** (m)	['grɔ ‚stær], [kata'rakt]
glaucoom (het)	**glaukom** (n)	[glaʊ'kɔm]
beroerte (de)	**hjerneslag** (n)	['jæːnə‚slag]
hartinfarct (het)	**infarkt** (n)	[in'farkt]
myocardiaal infarct (het)	**myokardieinfarkt** (n)	['miɔ'kardiə in'farkt]
verlamming (de)	**paralyse, lammelse** (m)	['para'lyse], ['laməlsə]
verlammen (ww)	**å lamme**	[ɔ 'lamə]
allergie (de)	**allergi** (m)	[alæːˈgi]
astma (de/het)	**astma** (m)	['astma]
diabetes (de)	**diabetes** (m)	[dia'betəs]
tandpijn (de)	**tannpine** (m/f)	['tan‚pinə]
tandbederf (het)	**karies** (m)	['karies]
diarree (de)	**diaré** (m)	[dia'rɛ]
constipatie (de)	**forstoppelse** (m)	[fɔ'ʂtɔpəlsə]
maagstoornis (de)	**magebesvær** (m)	['magə‚be'svær]
voedselvergiftiging (de)	**matforgiftning** (m/f)	['mat‚for'jiftniŋ]
voedselvergiftiging oplopen	**å få matforgiftning**	[ɔ 'fo mat‚for'jiftniŋ]
artritis (de)	**artritt** (m)	[aː'ʈrit]
rachitis (de)	**rakitt** (m)	[ra'kit]
reuma (het)	**revmatisme** (m)	[revma'tisme]
arteriosclerose (de)	**arteriosklerose** (m)	[aːˈʈeriʊsklə‚rʊsə]
gastritis (de)	**magekatarr, gastritt** (m)	['magəka‚tar], [‚ga'strit]
blindedarmontsteking (de)	**appendisitt** (m)	[apɛndi'sit]

galblaasontsteking (de)	galleblærebetennelse (m)	['galə‚blærə be'tɛnəlsə]
zweer (de)	magesår (n)	['magə‚sɔr]

mazelen (mv.)	meslinger (m pl)	['mɛs‚liŋər]
rodehond (de)	røde hunder (m pl)	['rødə 'hʉnər]
geelzucht (de)	gulsott (m/f)	['gʉl‚sʉt]
leverontsteking (de)	hepatitt (m)	[hepa'tit]

schizofrenie (de)	schizofreni (m)	[ʂisʉfre'ni]
dolheid (de)	rabies (m)	['rabiəs]
neurose (de)	nevrose (m)	[nev'rʉsə]
hersenschudding (de)	hjernerystelse (m)	['jæːnə‚rʏstəlsə]

kanker (de)	kreft, cancer (m)	['krɛft], ['kansər]
sclerose (de)	sklerose (m)	[skle'rʉsə]
multiple sclerose (de)	multippel sklerose (m)	[mʉl'tipəl skle'rʉsə]

alcoholisme (het)	alkoholisme (m)	[alkʉhʉ'lismə]
alcoholicus (de)	alkoholiker (m)	[alkʉ'hʉlikər]
syfilis (de)	syfilis (m)	['syfilis]
AIDS (de)	AIDS, aids (m)	['ɛjds]

tumor (de)	svulst, tumor (m)	['svʉlst], [tʉ'mʉr]
kwaadaardig (bn)	ondartet, malign	['ʉn‚aːtət], [ma'lign]
goedaardig (bn)	godartet	['gʉ‚aːtət]

koorts (de)	feber (m)	['febər]
malaria (de)	malaria (m)	[ma'laria]
gangreen (het)	koldbrann (m)	['kɔlbran]
zeeziekte (de)	sjøsyke (m)	['ʂø‚sykə]
epilepsie (de)	epilepsi (m)	[ɛpilep'si]

epidemie (de)	epidemi (m)	[ɛpide'mi]
tyfus (de)	tyfus (m)	['tyfʉs]
tuberculose (de)	tuberkulose (m)	[tubærkʉ'lʉsə]
cholera (de)	kolera (m)	['kʉlera]
pest (de)	pest (m)	['pɛst]

69. Symptomen. Behandelingen. Deel 1

symptoom (het)	symptom (n)	[sʏmp'tʉm]
temperatuur (de)	temperatur (m)	[tɛmpəra'tʉr]
verhoogde temperatuur (de)	høy temperatur (m)	['høj tɛmpəra'tʉr]
polsslag (de)	puls (m)	['pʉls]

duizeling (de)	svimmelhet (m)	['sviməl‚het]
heet (erg warm)	varm	['varm]
koude rillingen (mv.)	skjelving (m/f)	['ʂɛlviŋ]
bleek (bn)	blek	['blek]

hoest (de)	hoste (m)	['hʉstə]
hoesten (ww)	å hoste	[ɔ 'hʉstə]
niezen (ww)	å nyse	[ɔ 'nysə]
flauwte (de)	besvimelse (m)	[bɛ'sviməlsə]

flauwvallen (ww)	**å besvime**	[ɔ be'svimə]
blauwe plek (de)	**blåmerke** (n)	['blɔˌmærkə]
buil (de)	**bule** (m)	['bʉlə]
zich stoten (ww)	**å slå seg**	[ɔ 'ʂlɔ sæj]
kneuzing (de)	**blåmerke** (n)	['blɔˌmærkə]
kneuzen (gekneusd zijn)	**å slå seg**	[ɔ 'ʂlɔ sæj]
hinken (ww)	**å halte**	[ɔ 'haltə]
verstuiking (de)	**forvridning** (m)	[for'vridniŋ]
verstuiken (enkel, enz.)	**å forvri**	[ɔ for'vri]
breuk (de)	**brudd** (n), **fraktur** (m)	['brʉd], [frɑk'tʉr]
een breuk oplopen	**å få brudd**	[ɔ 'fɔ 'brʉd]
snijwond (de)	**skjæresår** (n)	['ʂæːrəˌsɔr]
zich snijden (ww)	**å skjære seg**	[ɔ 'ʂæːrə sæj]
bloeding (de)	**blødning** (m/f)	['blødniŋ]
brandwond (de)	**brannsår** (n)	['branˌsɔr]
zich branden (ww)	**å brenne seg**	[ɔ 'brɛnə sæj]
prikken (ww)	**å stikke**	[ɔ 'stikə]
zich prikken (ww)	**å stikke seg**	[ɔ 'stikə sæj]
blesseren (ww)	**å skade**	[ɔ 'skadə]
blessure (letsel)	**skade** (n)	['skadə]
wond (de)	**sår** (n)	['sɔr]
trauma (het)	**traume** (m)	['traʊmə]
IJlen (ww)	**å snakke i villelse**	[ɔ 'snakə i 'viləlsə]
stotteren (ww)	**å stamme**	[ɔ 'stamə]
zonnesteek (de)	**solstikk** (n)	['sʊlˌstik]

70. Symptomen. Behandelingen. Deel 2

pijn (de)	**smerte** (m)	['smæːʈə]
splinter (de)	**flis** (m/f)	['flis]
zweet (het)	**svette** (m)	['svɛtə]
zweten (ww)	**å svette**	[ɔ 'svɛtə]
braking (de)	**oppkast** (n)	['ɔpˌkast]
stuiptrekkingen (mv.)	**kramper** (m pl)	['krampər]
zwanger (bn)	**gravid**	[gra'vid]
geboren worden (ww)	**å fødes**	[ɔ 'fødə]
geboorte (de)	**fødsel** (m)	['føtsəl]
baren (ww)	**å føde**	[ɔ 'fødə]
abortus (de)	**abort** (m)	[a'bɔːʈ]
ademhaling (de)	**åndedrett** (n)	['ɔndəˌdrɛt]
inademing (de)	**innånding** (m/f)	['inˌɔniŋ]
uitademing (de)	**utånding** (m/f)	['ʉtˌɔndiŋ]
uitademen (ww)	**å puste ut**	[ɔ 'pʉstə ʉt]
inademen (ww)	**å ånde inn**	[ɔ 'ɔndə ˌin]
invalide (de)	**handikappet person** (m)	['handiˌkapət pæ'ʂʊn]
gehandicapte (de)	**krøpling** (m)	['krøpliŋ]

drugsverslaafde (de)	narkoman (m)	[narku'man]
doof (bn)	døv	['døv]
stom (bn)	stum	['stʉm]
doofstom (bn)	døvstum	['døf‚stʉm]

krankzinnig (bn)	gal	['gal]
krankzinnige (man)	gal mann (m)	['gal ‚man]
krankzinnige (vrouw)	gal kvinne (m/f)	['gal ‚kvinə]
krankzinnig worden	å bli sinnssyk	[ɔ 'bli 'sin‚syk]

gen (het)	gen (m)	['gen]
immuniteit (de)	immunitet (m)	[imʉni'tet]
erfelijk (bn)	arvelig	['arvəli]
aangeboren (bn)	medfødt	['me:‚føt]

virus (het)	virus (m)	['virʉs]
microbe (de)	mikrobe (m)	[mi'krʊbə]
bacterie (de)	bakterie (m)	[bak'teriə]
infectie (de)	infeksjon (m)	[infɛk'ʂʊn]

71. Symptomen. Behandelingen. Deel 3

ziekenhuis (het)	sykehus (n)	['sykə‚hʉs]
patiënt (de)	pasient (m)	[pasi'ɛnt]

diagnose (de)	diagnose (m)	[dia'gnʊsə]
genezing (de)	kur (m)	['kʉr]
medische behandeling (de)	behandling (m/f)	[be'handliŋ]
onder behandeling zijn	å bli behandlet	[ɔ 'bli be'handlət]
behandelen (ww)	å behandle	[ɔ be'handlə]
zorgen (zieken ~)	å skjøtte	[ɔ 'ʂøtə]
ziekenzorg (de)	sykepleie (m/f)	['sykə‚plæjə]

operatie (de)	operasjon (m)	[ɔpəra'ʂʊn]
verbinden (een arm ~)	å forbinde	[ɔ fɔr'binə]
verband (het)	forbinding (m)	[fɔr'biniŋ]

vaccin (het)	vaksinering (m/f)	[vaksi'neriŋ]
inenten (vaccineren)	å vaksinere	[ɔ vaksi'nerə]
injectie (de)	injeksjon (m), sprøyte (m/f)	[injɛk'ʂʊn], ['sprøjtə]
een injectie geven	å gi en sprøyte	[ɔ 'ji en 'sprøjtə]

aanval (de)	anfall (n)	['an‚fal]
amputatie (de)	amputasjon (m)	[ampʉta'ʂʊn]
amputeren (ww)	å amputere	[ɔ ampʉ'terə]
coma (het)	koma (m)	['kʊma]
in coma liggen	å ligge i koma	[ɔ 'ligə i 'kʊma]
intensieve zorg, ICU (de)	intensivavdeling (m/f)	['inten‚siv 'av‚deliŋ]

zich herstellen (ww)	å bli frisk	[ɔ 'bli 'frisk]
toestand (de)	tilstand (m)	['til‚stan]
bewustzijn (het)	bevissthet (m)	[be'vist‚het]
geheugen (het)	minne (n), hukommelse (m)	['minə], [hʉ'kɔməlsə]
trekken (een kies ~)	å trekke ut	[ɔ 'trɛkə ʉt]

| vulling (de) | **fylling** (m/f) | ['fʏliŋ] |
| vullen (ww) | **å plombere** | [ɔ plʊm'berə] |

| hypnose (de) | **hypnose** (m) | [hʏp'nʊsə] |
| hypnotiseren (ww) | **å hypnotisere** | [ɔ hʏpnʊti'serə] |

72. Artsen

dokter, arts (de)	**lege** (m)	['legə]
ziekenzuster (de)	**sykepleierske** (m/f)	['sykə‚plæjeṣkə]
lijfarts (de)	**personlig lege** (m)	[pæ'ṣʊnli 'legə]

tandarts (de)	**tannlege** (m)	['tan‚legə]
oogarts (de)	**øyelege** (m)	['øjə‚legə]
therapeut (de)	**terapeut** (m)	[terɑ'pɛut]
chirurg (de)	**kirurg** (m)	[çi'rʉrg]

psychiater (de)	**psykiater** (m)	[syki'atər]
pediater (de)	**barnelege** (m)	['bɑːɳə‚legə]
psycholoog (de)	**psykolog** (m)	[sykʊ'lɔg]
gynaecoloog (de)	**gynekolog** (m)	[gynekʊ'lɔg]
cardioloog (de)	**kardiolog** (m)	[kɑːdiʊ'lɔg]

73. Geneeskunde. Medicijnen. Accessoires

geneesmiddel (het)	**medisin** (m)	[medi'sin]
middel (het)	**middel** (n)	['midəl]
voorschrijven (ww)	**å ordinere**	[ɔ ɔrdi'nerə]
recept (het)	**resept** (m)	[re'sɛpt]

tablet (de/het)	**tablett** (m)	[tɑb'let]
zalf (de)	**salve** (m/f)	['sɑlvə]
ampul (de)	**ampulle** (m)	[ɑm'pʉlə]
drank (de)	**mikstur** (m)	[miks'tʉr]
siroop (de)	**sirup** (m)	['sirʉp]
pil (de)	**pille** (m/f)	['pilə]
poeder (de/het)	**pulver** (n)	['pʉlvər]

verband (het)	**gasbind** (n)	['gɑs‚bin]
watten (mv.)	**vatt** (m/n)	['vɑt]
jodium (het)	**jod** (m/n)	['ʉd]

pleister (de)	**plaster** (n)	['plɑstər]
pipet (de)	**pipette** (m)	[pi'pɛtə]
thermometer (de)	**termometer** (n)	[tɛrmʊ'metər]
spuit (de)	**sprøyte** (m/f)	['sprøjtə]

| rolstoel (de) | **rullestol** (m) | ['rʉlə‚stʊl] |
| krukken (mv.) | **krykker** (m/f pl) | ['krʏkər] |

| pijnstiller (de) | **smertestillende middel** (n) | ['smæːțə‚stilenə 'midəl] |
| laxeermiddel (het) | **laksativ** (n) | [lɑksɑ'tiv] |

spiritus (de)	sprit (m)	['sprit]
medicinale kruiden (mv.)	legeurter (m/f pl)	['legə‚ʉːʈər]
kruiden- (abn)	urte-	['ʉːʈə-]

74. Roken. Tabaksproducten

tabak (de)	˙tobakk (m)	[tʊ'bɑk]
sigaret (de)	sigarett (m)	[sigɑ'rɛt]
sigaar (de)	sigar (m)	[si'gɑr]
pijp (de)	pipe (m/f)	['pɪpə]
pakje (~ sigaretten)	pakke (m/f)	['pɑkə]

lucifers (mv.)	fyrstikker (m/f pl)	['fy‚ʂtikər]
luciferdoosje (het)	fyrstikkeske (m)	['fyʂtik‚ɛskə]
aansteker (de)	tenner (m)	['tɛnər]
asbak (de)	askebeger (n)	['ɑskə‚begər]
sigarettendoosje (het)	sigarettetui (n)	[sigɑ'rɛt ɛtʉ'i]

| sigarettenpijpje (het) | munnstykke (n) | ['mʉn‚stʏkə] |
| filter (de/het) | filter (n) | ['filtər] |

roken (ww)	å røyke	[ɔ 'røjkə]
een sigaret opsteken	å tenne en sigarett	[ɔ 'tɛnə en sigɑ'rɛt]
roken (het)	røyking, røkning (m)	['røjkiŋ], ['røkniŋ]
roker (de)	røyker (m)	['røjkər]

peuk (de)	stump (m)	['stʉmp]
rook (de)	røyk (m)	['røjk]
as (de)	aske (m/f)	['ɑskə]

HET MENSELIJKE LEEFGEBIED

Stad

75.   Stad. Het leven in de stad

stad (de)	**by** (m)	['by]
hoofdstad (de)	**hovedstad** (m)	['hʊvəd,stɑd]
dorp (het)	**landsby** (m)	['lɑns,by]
plattegrond (de)	**bykart** (n)	['by,kɑ:t]
centrum (ov. een stad)	**sentrum** (n)	['sɛntrum]
voorstad (de)	**forstad** (m)	['fɔ,stɑd]
voorstads- (abn)	**forstads-**	['fɔ,stɑds-]
randgemeente (de)	**utkant** (m)	['ʉt,kɑnt]
omgeving (de)	**omegner** (m pl)	['ɔm,æjnər]
blok (huizenblok)	**kvarter** (n)	[kvɑ:ʈer]
woonwijk (de)	**boligkvarter** (n)	['bʊli,kvɑ:'ʈer]
verkeer (het)	**trafikk** (m)	[trɑ'fik]
verkeerslicht (het)	**trafikklys** (n)	[trɑ'fik,lys]
openbaar vervoer (het)	**offentlig transport** (m)	['ɔfentli trɑns'pɔ:ʈ]
kruispunt (het)	**veikryss** (n)	['væjkrʏs]
zebrapad (oversteekplaats)	**fotgjengerovergang** (m)	['fʊtjɛŋər 'ɔvər,gɑŋ]
onderdoorgang (de)	**undergang** (m)	['ʉnər,gɑŋ]
oversteken (de straat ~)	**å gå over**	[ɔ 'gɔ 'ɔvər]
voetganger (de)	**fotgjenger** (m)	['fʊtjɛŋər]
trottoir (het)	**fortau** (n)	['fɔ:,tɑʊ]
brug (de)	**bro** (m/f)	['brʊ]
dijk (de)	**kai** (m/f)	['kɑj]
fontein (de)	**fontene** (m)	['fʊntnə]
allee (de)	**allé** (m)	[ɑ'le:]
park (het)	**park** (m)	['pɑrk]
boulevard (de)	**bulevard** (m)	[bule'vɑr]
plein (het)	**torg** (n)	['tɔr]
laan (de)	**aveny** (m)	[ave'ny]
straat (de)	**gate** (m/f)	['gɑtə]
zijstraat (de)	**sidegate** (m/f)	['sidə,gɑtə]
doodlopende straat (de)	**blindgate** (m/f)	['blin,gɑtə]
huis (het)	**hus** (n)	['hʉs]
gebouw (het)	**bygning** (m/f)	['bygniŋ]
wolkenkrabber (de)	**skyskraper** (m)	['sy,skrɑpər]
gevel (de)	**fasade** (m)	[fɑ'sɑdə]
dak (het)	**tak** (n)	['tɑk]

venster (het)	**vindu** (n)	['vindʉ]
boog (de)	**bue** (m)	['bʉ:ə]
pilaar (de)	**søyle** (m)	['søjlə]
hoek (ov. een gebouw)	**hjørne** (n)	['jœ:ɳə]

vitrine (de)	**utstillingsvindu** (n)	['ʉt‚stiliŋs 'vindʉ]
gevelreclame (de)	**skilt** (n)	['ʂilt]
affiche (de/het)	**plakat** (m)	[pla'kat]
reclameposter (de)	**reklameplakat** (m)	[rɛ'klamə‚pla'kat]
aanplakbord (het)	**reklametavle** (m/f)	[rɛ'klamə‚tavlə]

vuilnis (de/het)	**søppel** (m/f/n), **avfall** (n)	['sœpəl], ['ɑv‚fal]
vuilnisbak (de)	**søppelkasse** (m/f)	['sœpəl‚kasə]
afval weggooien (ww)	**å kaste søppel**	[ɔ 'kastə 'sœpəl]
stortplaats (de)	**søppelfylling** (m/f), **deponi** (n)	['sœpəl‚fʏliŋ], [‚depɔ'ni]

telefooncel (de)	**telefonboks** (m)	[tele'fʉn‚bɔks]
straatlicht (het)	**lyktestolpe** (m)	['lʏktə‚stɔlpə]
bank (de)	**benk** (m)	['bɛŋk]

politieagent (de)	**politi** (m)	[pʉli'ti]
politie (de)	**politi** (n)	[pʉli'ti]
zwerver (de)	**tigger** (m)	['tigər]
dakloze (de)	**hjemløs**	['jɛm‚løs]

76. Stedelijke instellingen

winkel (de)	**forretning, butikk** (m)	[fɔ'rɛtniŋ], [bʉ'tik]
apotheek (de)	**apotek** (n)	[apʉ'tek]
optiek (de)	**optikk** (m)	[ɔp'tik]
winkelcentrum (het)	**kjøpesenter** (n)	['çœpə‚sɛntər]
supermarkt (de)	**supermarked** (n)	['sʉpə‚market]

bakkerij (de)	**bakeri** (n)	[bake'ri]
bakker (de)	**baker** (m)	['bakər]
banketbakkerij (de)	**konditori** (n)	[kʉnditɔ'ri]
kruidenier (de)	**matbutikk** (m)	['matbʉ‚tik]
slagerij (de)	**slakterbutikk** (m)	['ʂlaktəbʉ‚tik]

groentewinkel (de)	**grønnsaksbutikk** (m)	['grœn‚saks bʉ'tik]
markt (de)	**marked** (n)	['markəd]

koffiehuis (het)	**kafé, kaffebar** (m)	[ka'fe], ['kafə‚bar]
restaurant (het)	**restaurant** (m)	[rɛstʉ'raŋ]
bar (de)	**pub** (m)	['pʉb]
pizzeria (de)	**pizzeria** (m)	[pitsə'ria]

kapperssalon (de/het)	**frisørsalong** (m)	[fri'sør sa‚lɔŋ]
postkantoor (het)	**post** (m)	['pɔst]
stomerij (de)	**renseri** (n)	[rɛnse'ri]
fotostudio (de)	**fotostudio** (n)	['fɔtɔ‚stʉdiɔ]

schoenwinkel (de)	**skobutikk** (m)	['skʉ‚bʉ'tik]
boekhandel (de)	**bokhandel** (m)	['bʉk‚handəl]

sportwinkel (de)	idrettsbutikk (m)	['idrɛts bʉ'tik]
kledingreparatie (de)	reparasjon (m) av klær	[repɑrɑ'ʂʉn ɑː ˌklær]
kledingverhuur (de)	leie (m/f) av klær	['læjə ɑː ˌklær]
videotheek (de)	filmutleie (m/f)	['filmˌʉt'læje]

circus (de/het)	sirkus (m/n)	['sirkʉs]
dierentuin (de)	zoo, dyrepark (m)	['sʊː], [dyrə'pɑrk]
bioscoop (de)	kino (m)	['çinʊ]
museum (het)	museum (n)	[mʉ'seum]
bibliotheek (de)	bibliotek (n)	[bibliʊ'tek]

theater (het)	teater (n)	[te'ɑtər]
opera (de)	opera (m)	['ʊpera]
nachtclub (de)	nattklubb (m)	['nɑtˌklʉb]
casino (het)	kasino (n)	[kɑ'sinʊ]

moskee (de)	moské (m)	[mʉ'ske]
synagoge (de)	synagoge (m)	[synɑ'gʊgə]
kathedraal (de)	katedral (m)	[kate'drɑl]
tempel (de)	tempel (n)	['tɛmpəl]
kerk (de)	kirke (m/f)	['çirkə]

instituut (het)	institutt (n)	[insti'tʉt]
universiteit (de)	universitet (n)	[ʉnivæʂi'tet]
school (de)	skole (m/f)	['skʊlə]

gemeentehuis (het)	prefektur (n)	[prɛfɛk'tʉr]
stadhuis (het)	rådhus (n)	['rɔdˌhʉs]
hotel (het)	hotell (n)	[hʊ'tɛl]
bank (de)	bank (m)	['bɑnk]

ambassade (de)	ambassade (m)	[ɑmbɑ'sɑdə]
reisbureau (het)	reisebyrå (n)	['ræjsə byˌro]
informatieloket (het)	opplysningskontor (n)	[ɔp'lʏsniŋs kʊn'tʉr]
wisselkantoor (het)	vekslingskontor (n)	['vɛkʂliŋs kʊn'tʉr]

metro (de)	tunnelbane, T-bane (m)	['tʉnəlˌbɑnə], ['tɛːˌbɑnə]
ziekenhuis (het)	sykehus (n)	['sykeˌhʉs]

benzinestation (het)	bensinstasjon (m)	[bɛn'sinˌstɑ'ʂʉn]
parking (de)	parkeringsplass (m)	[pɑr'keriŋsˌplɑs]

77. Stedelijk vervoer

bus, autobus (de)	buss (m)	['bʉs]
tram (de)	trikk (m)	['trik]
trolleybus (de)	trolleybuss (m)	['troliˌbʉs]
route (de)	rute (m/f)	['rʉtə]
nummer (busnummer, enz.)	nummer (n)	['nʉmər]

rijden met ...	å kjøre med ...	[ɔ 'çœːrə me ...]
stappen (in de bus ~)	å gå på ...	[ɔ 'gɔ pɔ ...]
afstappen (ww)	å gå av ...	[ɔ 'gɔ ɑː ...]
halte (de)	holdeplass (m)	['hɔləˌplɑs]

volgende halte (de)	**neste holdeplass** (m)	['nɛstə 'holə,plas]
eindpunt (het)	**endestasjon** (m)	['ɛnə,sta'ʂʊn]
dienstregeling (de)	**rutetabell** (m)	['rʉtə,ta'bɛl]
wachten (ww)	**å vente**	[ɔ 'vɛntə]
kaartje (het)	**billett** (m)	[bi'let]
reiskosten (de)	**billettpris** (m)	[bi'let,pris]
kassier (de)	**kasserer** (m)	[ka'serər]
kaartcontrole (de)	**billettkontroll** (m)	[bi'let kʊn,trɔl]
controleur (de)	**billett inspektør** (m)	[bi'let inspɛk'tør]
te laat zijn (ww)	**å komme for sent**	[ɔ 'komə fɔ'ʂɛnt]
missen (de bus ~)	**å komme for sent til ...**	[ɔ 'komə fɔ'ʂɛnt til ...]
zich haasten (ww)	**å skynde seg**	[ɔ 'ʂynə sæj]
taxi (de)	**drosje** (m/f), **taxi** (m)	['drɔʂɛ], ['taksi]
taxichauffeur (de)	**taxisjåfør** (m)	['taksi ʂɔ'før]
met de taxi (bw)	**med taxi**	[me 'taksi]
taxistandplaats (de)	**taxiholdeplass** (m)	['taksi 'holə,plas]
een taxi bestellen	**å taxi bestellen**	[ɔ 'taksi be'stɛlən]
een taxi nemen	**å ta taxi**	[ɔ 'ta ,taksi]
verkeer (het)	**trafikk** (m)	[tra'fik]
file (de)	**trafikkork** (m)	[tra'fik,kɔrk]
spitsuur (het)	**rushtid** (m/f)	['rʉʂ,tid]
parkeren (on.ww.)	**å parkere**	[ɔ par'kerə]
parkeren (ov.ww.)	**å parkere**	[ɔ par'kerə]
parking (de)	**parkeringsplass** (m)	[par'keriŋs,plas]
metro (de)	**tunnelbane, T-bane** (m)	['tʉnəl,banə], ['tɛ:,banə]
halte (bijv. kleine treinhalte)	**stasjon** (m)	[sta'ʂʊn]
de metro nemen	**å kjøre med T-bane**	[ɔ 'çœ:rə me 'tɛ:,banə]
trein (de)	**tog** (n)	['tɔg]
station (treinstation)	**togstasjon** (m)	['tɔg,sta'ʂʊn]

78. Bezienswaardigheden

monument (het)	**monument** (n)	[mɔnʉ'mɛnt]
vesting (de)	**festning** (m/f)	['fɛstnin]
paleis (het)	**palass** (n)	[pa'las]
kasteel (het)	**borg** (m)	['bɔrg]
toren (de)	**tårn** (n)	['tɔ:n]
mausoleum (het)	**mausoleum** (n)	[maʊsʊ'leum]
architectuur (de)	**arkitektur** (m)	[arkitɛk'tʉr]
middeleeuws (bn)	**middelalderlig**	['midəl,aldɛ:ļi]
oud (bn)	**gammel**	['gaməl]
nationaal (bn)	**nasjonal**	[naʂʊ'nal]
bekend (bn)	**kjent**	['çɛnt]
toerist (de)	**turist** (m)	[tʉ'rist]
gids (de)	**guide** (m)	['gajd]
rondleiding (de)	**utflukt** (m/f)	['ʉt,flʉkt]

| tonen (ww) | å vise | [ɔ 'visə] |
| vertellen (ww) | å fortelle | [ɔ fɔ:'tɛlə] |

vinden (ww)	å finne	[ɔ 'finə]
verdwalen (de weg kwijt zijn)	å gå seg bort	[ɔ 'gɔ sæj 'bʊ:t]
plattegrond (~ van de metro)	kart, linjekart (n)	['kɑ:t], ['linjə'kɑ:t]
plattegrond (~ van de stad)	kart (n)	['kɑ:t]

souvenir (het)	suvenir (m)	[sʉve'nir]
souvenirwinkel (de)	suvenirbutikk (m)	[sʉve'nir bʉ'tik]
een foto maken (ww)	å fotografere	[ɔ fɔtɔgrɑ'ferə]
zich laten fotograferen	å bli fotografert	[ɔ 'bli fɔtɔgrɑ'fɛ:t]

79. Winkelen

kopen (ww)	å kjøpe	[ɔ 'çœ:pə]
aankoop (de)	innkjøp (n)	['in‚çœp]
winkelen (ww)	å gå shopping	[ɔ 'gɔ ‚sɔpiŋ]
winkelen (het)	shopping (m)	['sɔpiŋ]

| open zijn (ov. een winkel, enz.) | å være åpen | [ɔ 'værə 'ɔpən] |
| gesloten zijn (ww) | å være stengt | [ɔ 'værə 'stɛŋt] |

schoeisel (het)	skotøy (n)	['skʊtøj]
kleren (mv.)	klær (n)	['klær]
cosmetica (de)	kosmetikk (m)	[kʊsme'tik]
voedingswaren (mv.)	matvarer (m/f pl)	['mɑt‚vɑrər]
geschenk (het)	gave (m/f)	['gɑvə]

| verkoper (de) | forselger (m) | [fɔ'sɛlər] |
| verkoopster (de) | forselger (m) | [fɔ'sɛlər] |

kassa (de)	kasse (m/f)	['kɑsə]
spiegel (de)	speil (n)	['spæjl]
toonbank (de)	disk (m)	['disk]
paskamer (de)	prøverom (n)	['prøvə‚rʊm]

aanpassen (ww)	å prøve	[ɔ 'prøvə]
passen (ov. kleren)	å passe	[ɔ 'pɑsə]
bevallen (prettig vinden)	å like	[ɔ 'likə]

prijs (de)	pris (m)	['pris]
prijskaartje (het)	prislapp (m)	['pris‚lɑp]
kosten (ww)	å koste	[ɔ 'kɔstə]
Hoeveel?	Hvor mye?	[vʊr 'mye]
korting (de)	rabatt (m)	[rɑ'bɑt]

niet duur (bn)	billig	['bili]
goedkoop (bn)	billig	['bili]
duur (bn)	dyr	['dyr]
Dat is duur.	Det er dyrt	[de ær 'dy:t]
verhuur (de)	utleie (m/f)	['ʉt‚læje]
huren (smoking, enz.)	å leie	[ɔ 'læjə]

| krediet (het) | kreditt (m) | [krɛ'dit] |
| op krediet (bw) | på kreditt | [pɔ krɛ'dit] |

80. Geld

geld (het)	penger (m pl)	['pɛŋər]
ruil (de)	veksling (m/f)	['vɛkˌsliŋ]
koers (de)	kurs (m)	['kʉʂ]
geldautomaat (de)	minibank (m)	['miniˌbɑnk]
muntstuk (de)	mynt (m)	['mʏnt]

| dollar (de) | dollar (m) | ['dɔlɑr] |
| euro (de) | euro (m) | ['ɛʉrʉ] |

lire (de)	lira (m)	['lire]
Duitse mark (de)	mark (m/f)	['mɑrk]
frank (de)	franc (m)	['frɑn]
pond sterling (het)	pund sterling (m)	['pʉn stɛː'[iŋ]
yen (de)	yen (m)	['jɛn]

schuld (geldbedrag)	skyld (m/f), gjeld (m)	['ʂyl], ['jɛl]
schuldenaar (de)	skyldner (m)	['ʂylnər]
uitlenen (ww)	å låne ut	[ɔ 'loːnə ʉt]
lenen (geld ~)	å låne	[ɔ 'loːnə]

bank (de)	bank (m)	['bɑnk]
bankrekening (de)	konto (m)	['kɔntʉ]
storten (ww)	å sette inn	[ɔ 'sɛtə in]
op rekening storten	å sette inn på kontoen	[ɔ 'sɛtə in pɔ 'kɔntʉən]
opnemen (ww)	å ta ut fra kontoen	[ɔ 'tɑ ʉt frɑ 'kɔntʉən]

kredietkaart (de)	kredittkort (n)	[krɛ'ditˌkɔːt]
baar geld (het)	kontanter (m pl)	[kʊn'tɑntər]
cheque (de)	sjekk (m)	['ʂɛk]
een cheque uitschrijven	å skrive en sjekk	[ɔ 'skrivə en 'ʂɛk]
chequeboekje (het)	sjekkbok (m/f)	['ʂɛkˌbʊk]

portefeuille (de)	lommebok (m)	['lʊməˌbʊk]
geldbeugel (de)	pung (m)	['pʉŋ]
safe (de)	safe, seif (m)	['sɛjf]

erfgenaam (de)	arving (m)	['ɑrviŋ]
erfenis (de)	arv (m)	['ɑrv]
fortuin (het)	formue (m)	['fɔrˌmʉə]

huur (de)	leie (m)	['læjə]
huurprijs (de)	husleie (m/f)	['hʉsˌlæjə]
huren (huis, kamer)	å leie	[ɔ 'læjə]

prijs (de)	pris (m)	['pris]
kostprijs (de)	kostnad (m)	['kɔstnɑd]
som (de)	sum (m)	['sʉm]
uitgeven (geld besteden)	å bruke	[ɔ 'brʉkə]
kosten (mv.)	utgifter (m/f pl)	['ʉtˌjiftər]

bezuinigen (ww)	å spare	[ɔ 'sparə]
zuinig (bn)	sparsom	['spaʂɔm]

betalen (ww)	å betale	[ɔ be'talə]
betaling (de)	betaling (m/f)	[be'taliŋ]
wisselgeld (het)	vekslepenger (pl)	['vɛkʂlə‚pɛŋər]

belasting (de)	skatt (m)	['skat]
boete (de)	bot (m/f)	['bʊt]
beboeten (bekeuren)	å bøtelegge	[ɔ 'bøtə‚legə]

81. Post. Postkantoor

postkantoor (het)	post (m)	['pɔst]
post (de)	post (m)	['pɔst]
postbode (de)	postbud (n)	['pɔst‚bʉd]
openingsuren (mv.)	åpningstider (m/f pl)	['ɔpniŋs‚tidər]

brief (de)	brev (n)	['brev]
aangetekende brief (de)	rekommandert brev (n)	[rekʊman'dɛːt ‚brev]
briefkaart (de)	postkort (n)	['pɔst‚kɔːt̜]
telegram (het)	telegram (n)	[tele'gram]
postpakket (het)	postpakke (m/f)	['pɔst‚pakə]
overschrijving (de)	pengeoverføring (m/f)	['pɛŋə ‚ʊvər‚føriŋ]

ontvangen (ww)	å motta	[ɔ 'mɔta]
sturen (zenden)	å sende	[ɔ 'sɛnə]
verzending (de)	avsending (m)	['af‚sɛniŋ]

adres (het)	adresse (m)	[a'drɛsə]
postcode (de)	postnummer (n)	['pɔst‚nʉmər]
verzender (de)	avsender (m)	['af‚sɛnər]
ontvanger (de)	mottaker (m)	['mɔt‚takər]

naam (de)	fornavn (n)	['fɔr‚navn]
achternaam (de)	etternavn (n)	['ɛtə‚ŋavn]

tarief (het)	tariff (m)	[ta'rif]
standaard (bn)	vanlig	['vanli]
zuinig (bn)	økonomisk	[økʊ'nɔmisk]

gewicht (het)	vekt (m)	['vɛkt]
afwegen (op de weegschaal)	å veie	[ɔ 'væjə]
envelop (de)	konvolutt (m)	[kʊnvʊ'lʉt]
postzegel (de)	frimerke (n)	['fri‚mærkə]
een postzegel plakken op	å sette på frimerke	[ɔ 'sɛtə pɔ 'fri‚mærkə]

Woning. Huis. Thuis

82. Huis. Woning

huis (het)	**hus** (n)	['hʉs]
thuis (bw)	**hjemme**	['jɛmə]
cour (de)	**gård** (m)	['gɔːr]
omheining (de)	**gjerde** (n)	['jærə]
baksteen (de)	**tegl** (n), **murstein** (m)	['tæjl], ['mʉˌstæjn]
van bakstenen	**tegl-**	['tæjl-]
steen (de)	**stein** (m)	['stæjn]
stenen (bn)	**stein-**	['stæjn-]
beton (het)	**betong** (m)	[be'tɔŋ]
van beton	**betong-**	[be'tɔŋ-]
nieuw (bn)	**ny**	['ny]
oud (bn)	**gammel**	['gaməl]
vervallen (bn)	**falleferdig**	['faləˌfæːɖi]
modern (bn)	**moderne**	[mʊ'dɛːŋə]
met veel verdiepingen	**fleretasjes-**	['flerɛˌtaʂɛs-]
hoog (bn)	**høy**	['høj]
verdieping (de)	**etasje** (m)	[ɛ'taʂə]
met een verdieping	**enetasjes**	['ɛnɛˌtaʂɛs]
laagste verdieping (de)	**første etasje** (m)	['fœʂtə ɛ'taʂə]
bovenverdieping (de)	**øverste etasje** (m)	['øvəʂtə ɛ'taʂə]
dak (het)	**tak** (n)	['tak]
schoorsteen (de)	**skorstein** (m/f)	['skɔˌstæjn]
dakpan (de)	**takstein** (m)	['takˌstæjn]
pannen- (abn)	**taksteins-**	['takˌstæjns-]
zolder (de)	**loft** (n)	['lɔft]
venster (het)	**vindu** (n)	['vindʉ]
glas (het)	**glass** (n)	['glas]
vensterbank (de)	**vinduskarm** (m)	['vindʉsˌkarm]
luiken (mv.)	**vinduslemmer** (m pl)	['vindʉsˌlemər]
muur (de)	**mur, vegg** (m)	['mʉr], ['vɛg]
balkon (het)	**balkong** (m)	[bal'kɔŋ]
regenpijp (de)	**nedløpsrør** (n)	['nedløpsˌrør]
boven (bw)	**oppe**	['ɔpə]
naar boven gaan (ww)	**å gå ovenpå**	[ɔ 'gɔ 'ɔvənˌpɔ]
afdalen (on.ww.)	**å gå ned**	[ɔ 'gɔ ne]
verhuizen (ww)	**å flytte**	[ɔ 'flʏtə]

83. Huis. Ingang. Lift

ingang (de)	**inngang** (m)	['in,gɑŋ]
trap (de)	**trapp** (m/f)	['trɑp]
treden (mv.)	**trinn** (n pl)	['trin]
trapleuning (de)	**gelender** (n)	[ge'lendər]
hal (de)	**hall, lobby** (m)	['hɑl], ['lɔbi]
postbus (de)	**postkasse** (m/f)	['pɔst,kɑsə]
vuilnisbak (de)	**søppelkasse** (m/f)	['sœpəl,kɑsə]
vuilniskoker (de)	**søppelsjakt** (m/f)	['sœpəl,sɑkt]
lift (de)	**heis** (m)	['hæjs]
goederenlift (de)	**lasteheis** (m)	['lɑstə'hæjs]
liftcabine (de)	**heiskorg** (m/f)	['hæjs,kɔrg]
de lift nemen	**å ta heisen**	[ɔ 'tɑ ,hæjsən]
appartement (het)	**leilighet** (m/f)	['læjli,het]
bewoners (mv.)	**beboere** (m pl)	[be'buerə]
buurman (de)	**nabo** (m)	['nɑbu]
buurvrouw (de)	**nabo** (m)	['nɑbu]
buren (mv.)	**naboer** (m pl)	['nɑbuər]

84. Huis. Deuren. Sloten

deur (de)	**dør** (m/f)	['dœr]
toegangspoort (de)	**grind** (m/f), **port** (m)	['grin], ['pɔːt]
deurkruk (de)	**dørhåndtak** (n)	['dœr,hɔntɑk]
ontsluiten (ontgrendelen)	**å låse opp**	[ɔ 'loːsə ɔp]
openen (ww)	**å åpne**	[ɔ 'ɔpnə]
sluiten (ww)	**å lukke**	[ɔ 'lukə]
sleutel (de)	**nøkkel** (m)	['nøkəl]
sleutelbos (de)	**knippe** (n)	['knipə]
knarsen (bijv. scharnier)	**å knirke**	[ɔ 'knirkə]
knarsgeluid (het)	**knirk** (m/n)	['knirk]
scharnier (het)	**hengsel** (m/n)	['hɛŋsel]
deurmat (de)	**dørmatte** (m/f)	['dœr,mɑtə]
slot (het)	**dørlås** (m/n)	['dœr,lɔs]
sleutelgat (het)	**nøkkelhull** (n)	['nøkəl,hul]
grendel (de)	**slå** (m/f)	['ʂlɔ]
schuif (de)	**slå** (m/f)	['ʂlɔ]
hangslot (het)	**hengelås** (m/n)	['hɛŋe,lɔs]
aanbellen (ww)	**å ringe**	[ɔ 'riŋə]
bel (geluid)	**ringing** (m/f)	['riŋiŋ]
deurbel (de)	**ringeklokke** (m/f)	['riŋe,klɔkə]
belknop (de)	**ringeklokke knapp** (m)	['riŋe,klɔkə 'knɑp]
geklop (het)	**kakking** (m/f)	['kɑkiŋ]
kloppen (ww)	**å kakke**	[ɔ 'kɑkə]

code (de)	**kode** (m)	['kʊdə]
cijferslot (het)	**kodelås** (m/n)	['kʊdə‚lɔs]
parlofoon (de)	**dørtelefon** (m)	['dœr‚tele'fʊn]
nummer (het)	**nummer** (n)	['nʉmər]
naambordje (het)	**dørskilt** (n)	['dœ‚ʂilt]
deurspion (de)	**kikhull** (n)	['çik‚hʉl]

85. Huis op het platteland

dorp (het)	**landsby** (m)	['lɑns‚by]
moestuin (de)	**kjøkkenhage** (m)	['çœkən‚hɑgə]
hek (het)	**gjerde** (n)	['jæɾə]
houten hekwerk (het)	**stakitt** (m/n)	[stɑ'kit]
tuinpoortje (het)	**port, stakittport** (m)	['pɔːt], [stɑ'kit‚pɔːt]

graanschuur (de)	**kornlåve** (m)	['kʊːn‚loːvə]
wortelkelder (de)	**jordkjeller** (m)	['ju:r‚çɛlər]
schuur (de)	**skur, skjul** (n)	['skʉr], ['ʂʉl]
waterput (de)	**brønn** (m)	['brœn]

kachel (de)	**ovn** (m)	['ɔvn]
de kachel stoken	**å fyre**	[ɔ 'fyrə]
brandhout (het)	**ved** (m)	['ve]
houtblok (het)	**vedstykke** (n), **vedskie** (f)	['vɛd‚stʏkə], ['vɛ‚ʂiə]

veranda (de)	**veranda** (m)	[væ'rɑndɑ]
terras (het)	**terrasse** (m)	[tɛ'rɑsə]
bordes (het)	**yttertrapp** (m/f)	['ytə‚trɑp]
schommel (de)	**gynge** (m/f)	['jiɳə]

86. Kasteel. Paleis

kasteel (het)	**borg** (m)	['bɔrg]
paleis (het)	**palass** (n)	[pɑ'lɑs]
vesting (de)	**festning** (m/f)	['fɛstniɳ]

ringmuur (de)	**mur** (m)	['mʉr]
toren (de)	**tårn** (n)	['tɔːɳ]
donjon (de)	**kjernetårn** (n)	['çæːɳə'tɔːɳ]

valhek (het)	**fallgitter** (n)	['fɑl‚gitər]
onderaardse gang (de)	**underjordisk gang** (m)	['ʉnər‚ju:rdisk 'gɑɳ]
slotgracht (de)	**vollgrav** (m/f)	['vɔl‚grɑv]

ketting (de)	**kjede** (m)	['çɛːdə]
schietgat (het)	**skyteskår** (n)	['ʂytə‚skɔr]

prachtig (bn)	**praktfull**	['prɑkt‚fʉl]
majestueus (bn)	**majestetisk**	[mɑje'stɛtisk]

onneembaar (bn)	**uinntakelig**	[ʉən'tɑkəli]
middeleeuws (bn)	**middelalderlig**	['midəl‚ɑldɛː‚li]

87. Appartement

appartement (het)	leilighet (m/f)	['læjli,het]
kamer (de)	rom (n)	['rʊm]
slaapkamer (de)	soverom (n)	['sɔve,rʊm]
eetkamer (de)	spisestue (m/f)	['spisə,stʉə]
salon (de)	dagligstue (m/f)	['dɑgli,stʉə]
studeerkamer (de)	arbeidsrom (n)	['ɑrbæjds,rʊm]
gang (de)	entré (m)	[ɑn'trɛː]
badkamer (de)	bad, baderom (n)	['bɑd], ['bɑdə,rʊm]
toilet (het)	toalett, WC (n)	[tʊɑ'let], [vɛ'sɛ]
plafond (het)	tak (n)	['tɑk]
vloer (de)	gulv (n)	['gʉlv]
hoek (de)	hjørne (n)	['jœ:ɳə]

88. Appartement. Schoonmaken

schoonmaken (ww)	å rydde	[ɔ 'rʏdə]
opbergen (in de kast, enz.)	å stue unna	[ɔ 'stʉə 'ʉnɑ]
stof (het)	støv (n)	['støv]
stoffig (bn)	støvet	['støvət]
stoffen (ww)	å tørke støv	[ɔ 'tœrkə 'støv]
stofzuiger (de)	støvsuger (m)	['støf,sʉgər]
stofzuigen (ww)	å støvsuge	[ɔ 'støf,sʉgə]
vegen (de vloer ~)	å sope, å feie	[ɔ 'sɔpə], [ɔ 'fæje]
veegsel (het)	søppel (m/f/n)	['sœpəl]
orde (de)	orden (m)	['ɔrdən]
wanorde (de)	uorden (m)	['ʉː,ɔrdən]
zwabber (de)	mopp (m)	['mɔp]
poetsdoek (de)	klut (m)	['klʉt]
veger (de)	feiekost (m)	['fæjə,kʉst]
stofblik (het)	feiebrett (n)	['fæjə,brɛt]

89. Meubels. Interieur

meubels (mv.)	møbler (n pl)	['møblər]
tafel (de)	bord (n)	['bʊr]
stoel (de)	stol (m)	['stʊl]
bed (het)	seng (m/f)	['sɛŋ]
bankstel (het)	sofa (m)	['sʉfɑ]
fauteuil (de)	lenestol (m)	['lenə,stʊl]
boekenkast (de)	bokskap (n)	['bʊk,skɑp]
boekenrek (het)	hylle (m/f)	['hʏlə]
kledingkast (de)	klesskap (n)	['kle,skɑp]
kapstok (de)	knaggbrett (n)	['knɑg,brɛt]

staande kapstok (de)	**stumtjener** (m)	['stʉmˌtjenər]
commode (de)	**kommode** (m)	[kʉ'mʉdə]
salontafeltje (het)	**kaffebord** (n)	['kɑfəˌbʉr]

spiegel (de)	**speil** (n)	['spæjl]
tapijt (het)	**teppe** (n)	['tɛpə]
tapijtje (het)	**lite teppe** (n)	['litə 'tɛpə]

haard (de)	**peis** (m), **ildsted** (n)	['pæjs], ['ilsted]
kaars (de)	**lys** (n)	['lys]
kandelaar (de)	**lysestake** (m)	['lysəˌstɑkə]

gordijnen (mv.)	**gardiner** (m/f pl)	[gɑ:'dinər]
behang (het)	**tapet** (n)	[ta'pet]
jaloezie (de)	**persienne** (m)	[pæşi'enə]

bureaulamp (de)	**bordlampe** (m/f)	['bʉrˌlampə]
wandlamp (de)	**vegglampe** (m/f)	['vɛgˌlampə]
staande lamp (de)	**gulvlampe** (m/f)	['gʉlvˌlampə]
luchter (de)	**lysekrone** (m/f)	['lysəˌkrʉnə]

poot (ov. een tafel, enz.)	**bein** (n)	['bæjn]
armleuning (de)	**armlene** (n)	['ɑrmˌlenə]
rugleuning (de)	**rygg** (m)	['rʏg]
la (de)	**skuff** (m)	['skʉf]

90. Beddengoed

beddengoed (het)	**sengetøy** (n)	['sɛŋəˌtøj]
kussen (het)	**pute** (m/f)	['pʉtə]
kussenovertrek (de)	**putevar, putetrekk** (n)	['pʉtəˌvar], ['pʉtəˌtrɛk]
deken (de)	**dyne** (m/f)	['dynə]
laken (het)	**laken** (n)	['lakən]
sprei (de)	**sengeteppe** (n)	['sɛŋəˌtɛpə]

91. Keuken

keuken (de)	**kjøkken** (n)	['çœkən]
gas (het)	**gass** (m)	['gas]
gasfornuis (het)	**gasskomfyr** (m)	['gas kɔmˌfyr]
elektrisch fornuis (het)	**elektrisk komfyr** (m)	[ɛ'lektrisk kɔmˌfyr]
oven (de)	**bakeovn** (m)	['bakəˌɔvn]
magnetronoven (de)	**mikrobølgeovn** (m)	['mikrʉˌbølgə'ɔvn]

koelkast (de)	**kjøleskap** (n)	['çœləˌskap]
diepvriezer (de)	**fryser** (m)	['frysər]
vaatwasmachine (de)	**oppvaskmaskin** (m)	['ɔpvask maˌşin]

vleesmolen (de)	**kjøttkvern** (m/f)	['çœtˌkvɛ:n]
vruchtenpers (de)	**juicepresse** (m/f)	['dʒʉsˌprɛsə]
toaster (de)	**brødrister** (m)	['brøˌristər]
mixer (de)	**mikser** (m)	['miksər]

koffiemachine (de)	**kaffetrakter** (m)	['kafə‚traktər]
koffiepot (de)	**kaffekanne** (m/f)	['kafə‚kanə]
koffiemolen (de)	**kaffekvern** (m/f)	['kafə‚kvɛːɳ]
fluitketel (de)	**tekjele** (m)	['te‚çelə]
theepot (de)	**tekanne** (m/f)	['te‚kanə]
deksel (de/het)	**lokk** (n)	['lɔk]
theezeefje (het)	**tesil** (m)	['te‚sil]
lepel (de)	**skje** (m)	['ʂe]
theelepeltje (het)	**teskje** (m)	['te‚ʂe]
eetlepel (de)	**spiseskje** (m)	['spisə‚ʂɛ]
vork (de)	**gaffel** (m)	['gafəl]
mes (het)	**kniv** (m)	['kniv]
vaatwerk (het)	**servise** (n)	[sær'visə]
bord (het)	**tallerken** (m)	[ta'lærkən]
schoteltje (het)	**tefat** (n)	['te‚fat]
likeurglas (het)	**shotglass** (n)	['ʂɔt‚glas]
glas (het)	**glass** (n)	['glas]
kopje (het)	**kopp** (m)	['kɔp]
suikerpot (de)	**sukkerskål** (m/f)	['sʉkər‚skɔl]
zoutvat (het)	**saltbøsse** (m/f)	['salt‚bøsə]
pepervat (het)	**pepperbøsse** (m/f)	['pɛpər‚bøsə]
boterschaaltje (het)	**smørkopp** (m)	['smœr‚kɔp]
steelpan (de)	**gryte** (m/f)	['grytə]
bakpan (de)	**steikepanne** (m/f)	['stæjkə‚panə]
pollepel (de)	**sleiv** (m/f)	['ʂlæjv]
vergiet (de/het)	**dørslag** (n)	['dœʂlag]
dienblad (het)	**brett** (n)	['brɛt]
fles (de)	**flaske** (m)	['flaskə]
glazen pot (de)	**glasskrukke** (m/f)	['glas‚krʉkə]
blik (conserven~)	**boks** (m)	['bɔks]
flesopener (de)	**flaskeåpner** (m)	['flaskə‚ɔpnər]
blikopener (de)	**konservåpner** (m)	['kʉnsəv‚ɔpnər]
kurkentrekker (de)	**korketrekker** (m)	['kɔrkə‚trɛkər]
filter (de/het)	**filter** (n)	['filtər]
filteren (ww)	**å filtrere**	[ɔ fil'trerə]
huisvuil (het)	**søppel** (m/f/n)	['sœpəl]
vuilnisemmer (de)	**søppelbøtte** (m/f)	['sœpəl‚bœtə]

92. Badkamer

badkamer (de)	**bad, baderom** (n)	['bad], ['badə‚rʊm]
water (het)	**vann** (n)	['van]
kraan (de)	**kran** (m/f)	['kran]
warm water (het)	**varmt vann** (n)	['varmt ‚van]
koud water (het)	**kaldt vann** (n)	['kalt van]

tandpasta (de)	tannpasta (m)	['tan‚pasta]
tanden poetsen (ww)	å pusse tennene	[ɔ 'pʉsə 'tɛnənə]
tandenborstel (de)	tannbørste (m)	['tan‚bœʂtə]
zich scheren (ww)	å barbere seg	[ɔ bar'berə sæj]
scheercrème (de)	barberskum (n)	[bar'bɛ‚skʉm]
scheermes (het)	høvel (m)	['høvəl]
wassen (ww)	å vaske	[ɔ 'vaskə]
een bad nemen	å vaske seg	[ɔ 'vaskə sæj]
douche (de)	dusj (m)	['dʉʂ]
een douche nemen	å ta en dusj	[ɔ 'ta en 'dʉʂ]
bad (het)	badekar (n)	['badə‚kar]
toiletpot (de)	toalettstol (m)	[tʉɑ'let‚stʉl]
wastafel (de)	vaskeservant (m)	['vaskə‚sɛr'vant]
zeep (de)	såpe (m/f)	['so:pə]
zeepbakje (het)	såpeskål (m/f)	['so:pə‚skɔl]
spons (de)	svamp (m)	['svamp]
shampoo (de)	sjampo (m)	['ʂam‚pʉ]
handdoek (de)	håndkle (n)	['hɔn‚kle]
badjas (de)	badekåpe (m/f)	['badə‚ko:pə]
was (bijv. handwas)	vask (m)	['vask]
wasmachine (de)	vaskemaskin (m)	['vaskə ma‚ʂin]
de was doen	å vaske tøy	[ɔ 'vaskə 'tøj]
waspoeder (de)	vaskepulver (n)	['vaskə‚pʉlvər]

93. Huishoudelijke apparaten

televisie (de)	TV (m), TV-apparat (n)	['tɛvɛ], ['tɛvɛ apa'rat]
cassettespeler (de)	båndopptaker (m)	['bɔn‚ɔptakər]
videorecorder (de)	video (m)	['videʉ]
radio (de)	radio (m)	['radiʉ]
speler (de)	spiller (m)	['spilər]
videoprojector (de)	videoprojektor (m)	['videʉ prɔ'jɛktɔr]
home theater systeem (het)	hjemmekino (m)	['jɛmə‚çinʉ]
DVD-speler (de)	DVD-spiller (m)	[deve'de ‚spilər]
versterker (de)	forsterker (m)	[fɔ'ʂtærkər]
spelconsole (de)	spillkonsoll (m)	['spil kʉn'sɔl]
videocamera (de)	videokamera (n)	['videʉ ‚kamera]
fotocamera (de)	kamera (n)	['kamera]
digitale camera (de)	digitalkamera (n)	[digi'tal ‚kamera]
stofzuiger (de)	støvsuger (m)	['støf‚sʉgər]
strijkijzer (het)	strykejern (n)	['strykə‚jæ:ŋ]
strijkplank (de)	strykebrett (n)	['strykə‚brɛt]
telefoon (de)	telefon (m)	[tele'fʉn]
mobieltje (het)	mobiltelefon (m)	[mʉ'bil tele'fʉn]

schrijfmachine (de)	skrivemaskin (m)	['skrivə ma͵ʂin]
naaimachine (de)	symaskin (m)	['si:ma͵ʂin]

microfoon (de)	mikrofon (m)	[mikrʊ'fʊn]
koptelefoon (de)	hodetelefoner (n pl)	['hɔdətelə͵fʊnər]
afstandsbediening (de)	fjernkontroll (m)	['fjæ:ŋ kʊn'trɔl]

CD (de)	CD-rom (m)	['sɛdɛ͵rʊm]
cassette (de)	kassett (m)	[ka'sɛt]
vinylplaat (de)	plate, skive (m/f)	['platə], ['ʂivə]

94. Reparaties. Renovatie

renovatie (de)	renovering (m/f)	[renʊ'veriŋ]
renoveren (ww)	å renovere	[ɔ renʊ'verə]
repareren (ww)	å reparere	[ɔ repa'rerə]
op orde brengen	å bringe orden	[ɔ 'briŋə 'ɔrdən]
overdoen (ww)	å gjøre om	[ɔ 'jørə ɔm]

verf (de)	maling (m/f)	['maliŋ]
verven (muur ~)	å male	[ɔ 'malə]
schilder (de)	maler (m)	['malər]
kwast (de)	pensel (m)	['pɛnsəl]

kalk (de)	kalkmaling (m/f)	['kalk͵maliŋ]
kalken (ww)	å hvitmale	[ɔ 'vit͵malə]

behang (het)	tapet (n)	[ta'pet]
behangen (ww)	å tapetsere	[ɔ tapet'serə]
lak (de/het)	ferniss (m)	['fæ:͵ŋis]
lakken (ww)	å lakkere	[ɔ la'kerə]

95. Loodgieterswerk

water (het)	vann (n)	['van]
warm water (het)	varmt vann (n)	['varmt ͵van]
koud water (het)	kaldt vann (n)	['kalt van]
kraan (de)	kran (m/f)	['kran]

druppel (de)	dråpe (m)	['dro:pə]
druppelen (ww)	å dryppe	[ɔ 'drʏpə]
lekken (een lek hebben)	å lekke	[ɔ 'lekə]
lekkage (de)	lekk (m)	['lek]
plasje (het)	pøl, pytt (m)	['pøl], ['pʏt]

buis, leiding (de)	rør (n)	['rør]
stopkraan (de)	ventil (m)	[vɛn'til]
verstopt raken (ww)	å bli tilstoppet	[ɔ 'bli til'stɔpət]

gereedschap (het)	verktøy (n pl)	['værk͵tøj]
Engelse sleutel (de)	skiftenøkkel (m)	['ʂiftə͵nøkəl]
losschroeven (ww)	å skru ut	[ɔ 'skrʉ ʉt]

aanschroeven (ww)	å skru fast	[ɔ 'skrʉ 'fast]
ontstoppen (riool, enz.)	å rense	[ɔ 'rɛnsə]
loodgieter (de)	rørlegger (m)	['rør‚legər]
kelder (de)	kjeller (m)	['çɛlər]
riolering (de)	avløp (n)	['av‚løp]

96. Brand. Vuurzee

vuur (het)	ild (m)	['il]
vlam (de)	flamme (m)	['flamə]
vonk (de)	gnist (m)	['gnist]
rook (de)	røyk (m)	['røjk]
fakkel (de)	fakkel (m)	['fakəl]
kampvuur (het)	bål (n)	['bɔl]

benzine (de)	bensin (m)	[bɛn'sin]
kerosine (de)	parafin (m)	[para'fin]
brandbaar (bn)	brennbar	['brɛn‚bar]
ontplofbaar (bn)	eksplosiv	['ɛksplʉ‚siv]
VERBODEN TE ROKEN!	RØYKING FORBUDT	['røjkiŋ for'bʉt]

veiligheid (de)	sikkerhet (m/f)	['sikər‚het]
gevaar (het)	fare (m)	['farə]
gevaarlijk (bn)	farlig	['faːli̯]

in brand vliegen (ww)	å ta fyr	[ɔ 'ta ‚fyr]
explosie (de)	eksplosjon (m)	[ɛksplʉ'ʂʉn]
in brand steken (ww)	å sette fyr	[ɔ 'sɛtə ‚fyr]
brandstichter (de)	brannstifter (m)	['bran‚stiftər]
brandstichting (de)	brannstiftelse (m)	['bran‚stiftəlsə]

vlammen (ww)	å flamme	[ɔ 'flamə]
branden (ww)	å brenne	[ɔ 'brɛnə]
afbranden (ww)	å brenne ned	[ɔ 'brɛnə ne]

de brandweer bellen	å ringe bransvesenet	[ɔ 'riŋə 'brans‚vesənə]
brandweerman (de)	brannmann (m)	['bran‚man]
brandweerwagen (de)	brannbil (m)	['bran‚bil]
brandweer (de)	brannkorps (n)	['bran‚korps]
uitschuifbare ladder (de)	teleskopstige (m)	['tele'skʉp‚stiːə]

brandslang (de)	slange (m)	['ʂlaŋə]
brandblusser (de)	brannslukker (n)	['bran‚ʂlʉkər]
helm (de)	hjelm (m)	['jɛlm]
sirene (de)	sirene (m/f)	[si'renə]

roepen (ww)	å skrike	[ɔ 'skrikə]
hulp roepen	å rope på hjelp	[ɔ 'rʉpe pɔ 'jɛlp]
redder (de)	redningsmann (m)	['rɛdniŋs‚man]
redden (ww)	å redde	[ɔ 'rɛdə]

aankomen (per auto, enz.)	å ankomme	[ɔ 'an‚komə]
blussen (ww)	å slokke	[ɔ 'ʂløkə]
water (het)	vann (n)	['van]

zand (het)	**sand** (m)	['san]
ruïnes (mv.)	**ruiner** (m pl)	[rʉ'inər]
instorten (gebouw, enz.)	**å falle sammen**	[ɔ 'falə 'samən]
ineenstorten (ww)	**å styrte ned**	[ɔ 'sty:ʈə ne]
inzakken (ww)	**å styrte inn**	[ɔ 'sty:ʈə in]
brokstuk (het)	**del** (m)	['del]
as (de)	**aske** (m/f)	['askə]
verstikken (ww)	**å kveles**	[ɔ 'kveləs]
omkomen (ww)	**å omkomme**	[ɔ 'ɔm‚kɔmə]

MENSELIJKE ACTIVITEITEN

Baan. Business. Deel 1

97. Bankieren

bank (de)	bank (m)	['bɑnk]
bankfiliaal (het)	avdeling (m)	['ɑv͵deliŋ]
bankbediende (de)	konsulent (m)	[kʊnsʉ'lent]
manager (de)	forstander (m)	[fɔ'ṣtɑndər]
bankrekening (de)	bankkonto (m)	['bɑnk͵kɔntʊ]
rekeningnummer (het)	kontonummer (n)	['kɔntʊ͵nʉmər]
lopende rekening (de)	sjekkonto (m)	['ṣɛk͵kɔntʊ]
spaarrekening (de)	sparekonto (m)	['spɑrə͵kɔntʊ]
een rekening openen	å åpne en konto	[ɔ 'ɔpnə en 'kɔntʊ]
de rekening sluiten	å lukke kontoen	[ɔ 'lʉkə 'kɔntʊən]
op rekening storten	å sette inn på kontoen	[ɔ 'sɛtə in pɔ 'kɔntʊən]
opnemen (ww)	å ta ut fra kontoen	[ɔ 'tɑ ʉt frɑ 'kɔntʊən]
storting (de)	innskudd (n)	['in͵skʉd]
een storting maken	å sette inn	[ɔ 'sɛtə in]
overschrijving (de)	overføring (m/f)	['ɔvər͵føriŋ]
een overschrijving maken	å overføre	[ɔ 'ɔvər͵førə]
som (de)	sum (m)	['sʉm]
Hoeveel?	Hvor mye?	[vʊr 'mye]
handtekening (de)	underskrift (m/f)	['ʉnə͵skrift]
ondertekenen (ww)	å underskrive	[ɔ 'ʉnə͵skrivə]
kredietkaart (de)	kredittkort (n)	[krɛ'dit͵kɔːʈ]
code (de)	kode (m)	['kʊdə]
kredietkaartnummer (het)	kreditkortnummer (n)	[krɛ'dit͵kɔːʈ 'nʉmər]
geldautomaat (de)	minibank (m)	['mini͵bɑnk]
cheque (de)	sjekk (m)	['ṣɛk]
een cheque uitschrijven	å skrive en sjekk	[ɔ 'skrivə en 'ṣɛk]
chequeboekje (het)	sjekkbok (m/f)	['ṣɛk͵bʊk]
lening, krediet (de)	lån (n)	['lɔn]
een lening aanvragen	å søke om lån	[ɔ ͵søkə ɔm 'lɔn]
een lening nemen	å få lån	[ɔ 'fɔ 'lɔn]
een lening verlenen	å gi lån	[ɔ 'ji 'lɔn]
garantie (de)	garanti (m)	[gɑrɑn'ti]

98. Telefoon. Telefoongesprek

telefoon (de)	telefon (m)	[tele'fʊn]
mobieltje (het)	mobiltelefon (m)	[mʊ'bil tele'fʊn]
antwoordapparaat (het)	telefonsvarer (m)	[tele'fʊn,svarər]
bellen (ww)	å ringe	[ɔ 'riŋə]
belletje (telefoontje)	telefonsamtale (m)	[tele'fʊn 'sam,talə]
een nummer draaien	å slå et nummer	[ɔ 'şlɔ et 'nʉmər]
Hallo!	Hallo!	[ha'lʊ]
vragen (ww)	å spørre	[ɔ 'spørə]
antwoorden (ww)	å svare	[ɔ 'svarə]
horen (ww)	å høre	[ɔ 'hørə]
goed (bw)	godt	['gɔt]
slecht (bw)	dårlig	['do:ļi]
storingen (mv.)	støy (m)	['støj]
hoorn (de)	telefonrør (n)	[tele'fʊn,rør]
opnemen (ww)	å ta telefonen	[ɔ 'ta tele'fʊnən]
ophangen (ww)	å legge på røret	[ɔ 'legə pɔ 'rørə]
bezet (bn)	opptatt	['ɔp,tat]
overgaan (ww)	å ringe	[ɔ 'riŋə]
telefoonboek (het)	telefonkatalog (m)	[tele'fʊn kata'lɔg]
lokaal (bn)	lokal-	[lɔ'kal-]
lokaal gesprek (het)	lokalsamtale (m)	[lɔ'kal 'sam,talə]
interlokaal (bn)	riks-	['riks-]
interlokaal gesprek (het)	rikssamtale (m)	['riks 'sam,talə]
buitenlands (bn)	internasjonal	['intɛ:ŋaşʊ,nal]
buitenlands gesprek (het)	internasjonal samtale (m)	['intɛ:ŋaşʊ,nal 'sam,talə]

99. Mobiele telefoon

mobieltje (het)	mobiltelefon (m)	[mʊ'bil tele'fʊn]
scherm (het)	skjerm (m)	['şærm]
toets, knop (de)	knapp (m)	['knap]
simkaart (de)	SIM-kort (n)	['sim,kɔ:t]
batterij (de)	batteri (n)	[batɛ'ri]
leeg zijn (ww)	å bli utladet	[ɔ 'bli 'ʉt,ladət]
acculader (de)	lader (m)	['ladər]
menu (het)	meny (m)	[me'ny]
instellingen (mv.)	innstillinger (m/f pl)	['in,stiliŋər]
melodie (beltoon)	melodi (m)	[melɔ'di]
selecteren (ww)	å velge	[ɔ 'vɛlgə]
rekenmachine (de)	regnemaskin (m)	['rɛjnə ma,şin]
voicemail (de)	telefonsvarer (m)	[tele'fʊn,svarər]
wekker (de)	vekkerklokka (m/f)	['vɛkər,klɔka]

contacten (mv.)	kontakter (m pl)	[kʊn'taktər]
SMS-bericht (het)	SMS-beskjed (m)	[ɛsɛm'ɛs bɛˌʂɛ]
abonnee (de)	abonnent (m)	[abɔ'nɛnt]

100. Schrijfbehoeften

| balpen (de) | kulepenn (m) | ['kʉːləˌpɛn] |
| vulpen (de) | fyllepenn (m) | ['fʏləˌpɛn] |

potlood (het)	blyant (m)	['blyˌant]
marker (de)	merkepenn (m)	['mærkəˌpɛn]
viltstift (de)	tusjpenn (m)	['tʉʂˌpɛn]

| notitieboekje (het) | notatbok (m/f) | [nʊ'tatˌbʊk] |
| agenda (boekje) | dagbok (m/f) | ['dɑgˌbʊk] |

liniaal (de/het)	linjal (m)	[li'njɑl]
rekenmachine (de)	regnemaskin (m)	['rɛjnə mɑˌʂin]
gom (de)	viskelær (n)	['viskəˌlær]
punaise (de)	tegnestift (m)	['tæjnəˌstift]
paperclip (de)	binders (m)	['bindɛʂ]

lijm (de)	lim (n)	['lim]
nietmachine (de)	stiftemaskin (m)	['stiftə mɑˌʂin]
perforator (de)	hullemaskin (m)	['hʉlə mɑˌʂin]
potloodslijper (de)	blyantspisser (m)	['blyantˌspisər]

Baan. Business. Deel 2

101. Massamedia

krant (de)	avis (m/f)	[a'vis]
tijdschrift (het)	magasin, tidsskrift (n)	[maga'sin], ['tid‚skrift]
pers (gedrukte media)	presse (m/f)	['prɛsə]
radio (de)	radio (m)	['radiʉ]
radiostation (het)	radiostasjon (m)	['radiʉˌsta'ʂʊn]
televisie (de)	televisjon (m)	['televiˌʂʊn]
presentator (de)	programleder (m)	[prʉ'gramˌledər]
nieuwslezer (de)	nyhetsoppleser (m)	['nyhets'ɔpˌlesər]
commentator (de)	kommentator (m)	[kʊmən'tatʊr]
journalist (de)	journalist (m)	[ʂuːˌɳa'list]
correspondent (de)	korrespondent (m)	[kʊrespɔn'dɛnt]
fotocorrespondent (de)	pressefotograf (m)	['prɛsə fotoˈgraf]
reporter (de)	reporter (m)	[re'pɔːʈər]
redacteur (de)	redaktør (m)	[rɛdak'tør]
chef-redacteur (de)	sjefredaktør (m)	['ʂɛf rɛdak'tør]
zich abonneren op	å abonnere	[ɔ abɔ'nerə]
abonnement (het)	abonnement (n)	[abɔnə'maŋ]
abonnee (de)	abonnent (m)	[abɔ'nɛnt]
lezen (ww)	å lese	[ɔ 'lesə]
lezer (de)	leser (m)	['lesər]
oplage (de)	opplag (n)	['ɔpˌlag]
maand-, maandelijks (bn)	månedlig	['moːnədli]
wekelijks (bn)	ukentlig	['ʉkəntli]
nummer (het)	nummer (n)	['nʉmər]
vers (~ van de pers)	ny, fersk	['ny], ['fæʂk]
kop (de)	overskrift (m)	['ɔvəˌskrift]
korte artikel (het)	notis (m)	[nʊ'tis]
rubriek (de)	rubrikk (m)	[rʉ'brik]
artikel (het)	artikkel (m)	[aː'ʈikəl]
pagina (de)	side (m/f)	['sidə]
reportage (de)	reportasje (m)	[repɔ'ʈaʂə]
gebeurtenis (de)	hendelse (m)	['hɛndəlsə]
sensatie (de)	sensasjon (m)	[sɛnsa'ʂʊn]
schandaal (het)	skandale (m)	[skan'dalə]
schandalig (bn)	skandaløs	[skanda'løs]
groot (~ schandaal, enz.)	stor	['stʊr]
programma (het)	program (n)	[prʉ'gram]
interview (het)	intervju (n)	[intə'vjʉː]

| live uitzending (de) | direktesending (m/f) | [di'rɛktəˌsɛniŋ] |
| kanaal (het) | kanal (m) | [ka'nal] |

102. Landbouw

landbouw (de)	landbruk (n)	['lanˌbrʉk]
boer (de)	bonde (m)	['bɔnə]
boerin (de)	bondekone (m/f)	['bɔnəˌkʉnə]
landbouwer (de)	gårdbruker, bonde (m)	['gɔːrˌbrʉkər], ['bɔnə]

| tractor (de) | traktor (m) | ['traktʉr] |
| maaidorser (de) | skurtresker (m) | ['skʉːˌtrɛskər] |

ploeg (de)	plog (m)	['plug]
ploegen (ww)	å pløye	[ɔ 'pløjə]
akkerland (het)	pløyemark (m/f)	['pløjəˌmark]
voor (de)	fure (m)	['fʉrə]

zaaien (ww)	å så	[ɔ 'sɔ]
zaaimachine (de)	såmaskin (m)	['soːmaˌsin]
zaaien (het)	såing (m/f)	['soːiŋ]

| zeis (de) | ljå (m) | ['ljoː] |
| maaien (ww) | å meie, å slå | [ɔ 'mæjə], [ɔ 'slɔ] |

| schop (de) | spade (m) | ['spadə] |
| spitten (ww) | å grave | [ɔ 'gravə] |

schoffel (de)	hakke (m/f)	['hakə]
wieden (ww)	å hakke	[ɔ 'hakə]
onkruid (het)	ugras (n)	[ʉ'gras]

gieter (de)	vannkanne (f)	['vanˌkanə]
begieten (water geven)	å vanne	[ɔ 'vanə]
bewatering (de)	vanning (m/f)	['vaniŋ]

| riek, hooivork (de) | greip (m) | ['græjp] |
| hark (de) | rive (m/f) | ['rivə] |

meststof (de)	gjødsel (m/f)	['jøtsəl]
bemesten (ww)	å gjødsle	['ɔ 'jøtslə]
mest (de)	møkk (m/f)	['møk]

veld (het)	åker (m)	['oːker]
wei (de)	eng (m/f)	['ɛŋ]
moestuin (de)	kjøkkenhage (m)	['çœkənˌhagə]
boomgaard (de)	frukthage (m)	['frʉktˌhagə]

weiden (ww)	å beite	[ɔ 'bæjtə]
herder (de)	gjeter, hyrde (m)	['jetər], ['hʏrdə]
weiland (de)	beite (n), beitemark (m/f)	['bæjtə], ['bæjtəˌmark]

| veehouderij (de) | husdyrhold (n) | ['hʉsdyrˌhɔl] |
| schapenteelt (de) | sauehold (n) | ['saʊəˌhɔl] |

plantage (de)	plantasje (m)	[plan'taʂə]
rijtje (het)	rad (m/f)	['rad]
broeikas (de)	drivhus (n)	['driv‚hʉs]

| droogte (de) | tørke (m/f) | ['tœrkə] |
| droog (bn) | tørr | ['tœr] |

graan (het)	korn (n)	['kʉːŋ]
graangewassen (mv.)	cerealer (n pl)	[sere'alər]
oogsten (ww)	å høste	[ɔ 'høstə]

molenaar (de)	møller (m)	['mølər]
molen (de)	mølle (m/f)	['mølə]
malen (graan ~)	å male	[ɔ 'malə]
bloem (bijv. tarwebloem)	mel (n)	['mel]
stro (het)	halm (m)	['halm]

103. Gebouw. Bouwproces

bouwplaats (de)	byggeplass (m)	['bʏɡə‚plas]
bouwen (ww)	å bygge	[ɔ 'bʏɡə]
bouwvakker (de)	bygningsarbeider (m)	['bʏɡniŋs 'ar‚bæjər]

project (het)	prosjekt (n)	[prʉ'ʂɛkt]
architect (de)	arkitekt (m)	[arki'tɛkt]
arbeider (de)	arbeider (m)	['ar‚bæjdər]

fundering (de)	fundament (n)	[fʉnda'mɛnt]
dak (het)	tak (n)	['tak]
heipaal (de)	pæl (m)	['pæl]
muur (de)	mur, vegg (m)	['mʉr], ['vɛɡ]

| betonstaal (het) | armeringsjern (n) | [ar'meriŋs'jæːŋ] |
| steigers (mv.) | stillas (n) | [sti'las] |

beton (het)	betong (m)	[be'toŋ]
graniet (het)	granitt (m)	[gra'nit]
steen (de)	stein (m)	['stæjn]
baksteen (de)	tegl (n), murstein (m)	['tæjl], ['mʉ‚stæjn]

zand (het)	sand (m)	['san]
cement (de/het)	sement (m)	[se'mɛnt]
pleister (het)	puss (m)	['pʉs]
pleisteren (ww)	å pusse	[ɔ 'pʉsə]
verf (de)	maling (m/f)	['maliŋ]
verven (muur ~)	å male	[ɔ 'malə]
ton (de)	tønne (m)	['tœnə]

kraan (de)	heisekran (m/f)	['hæjsə‚kran]
heffen, hijsen (ww)	å løfte	[ɔ 'lœftə]
neerlaten (ww)	å heise ned	[ɔ 'hæjsə ne]

| bulldozer (de) | bulldoser (m) | ['bʉl‚dʉsər] |
| graafmachine (de) | gravemaskin (m) | ['gravə ma'ʂin] |

graafbak (de)	skuffe (m/f)	['skʉfə]
graven (tunnel, enz.)	å grave	[ɔ 'grɑvə]
helm (de)	hjelm (m)	['jɛlm]

Beroepen en ambachten

104. Zoeken naar werk. Ontslag

baan (de)	arbeid (n), jobb (m)	['arbæj], ['job]
werknemers (mv.)	ansatte (pl)	['an‚satə]
personeel (het)	personale (n)	[pæʂʉ'nalə]
carrière (de)	karriere (m)	[kari'ɛrə]
vooruitzichten (mv.)	utsikter (m pl)	['ʉt‚siktər]
meesterschap (het)	mesterskap (n)	['mɛstæ‚ʂkap]
keuze (de)	utvelgelse (m)	['ʉt‚vɛlgəlsə]
uitzendbureau (het)	rekrutteringsbyrå (n)	['rekrʉ‚teriŋs by‚ro]
CV, curriculum vitae (het)	CV (m/n)	['sɛvɛ]
sollicitatiegesprek (het)	jobbintervju (n)	['job ‚intər'vjʉ]
vacature (de)	vakanse (m)	['vakansə]
salaris (het)	lønn (m/f)	['lœn]
vaste salaris (het)	fastlønn (m/f)	['fast‚lœn]
loon (het)	betaling (m/f)	[be'taliŋ]
betrekking (de)	stilling (m/f)	['stiliŋ]
taak, plicht (de)	plikt (m/f)	['plikt]
takenpakket (het)	arbeidsplikter (m/f pl)	['arbæjds‚pliktər]
bezig (~ zijn)	opptatt	['ɔp‚tat]
ontslagen (ww)	å avskjedige	[ɔ 'af‚ʂedigə]
ontslag (het)	avskjedigelse (m)	['afʂe‚digəlsə]
werkloosheid (de)	arbeidsløshet (m)	['arbæjdsløs‚het]
werkloze (de)	arbeidsløs (m)	['arbæjds‚løs]
pensioen (het)	pensjon (m)	[pan'ʂʉn]
met pensioen gaan	å gå av med pensjon	[ɔ 'gɔ a: me pan'ʂʉn]

105. Zakenmensen

directeur (de)	direktør (m)	[dirɛk'tør]
beheerder (de)	forstander (m)	[fo'ʂtandər]
hoofd (het)	boss (m)	['bɔs]
baas (de)	overordnet (m)	['ɔvər‚ɔrdnet]
superieuren (mv.)	overordnede (pl)	['ɔvər‚ɔrdnedə]
president (de)	president (m)	[prɛsi'dɛnt]
voorzitter (de)	styreformann (m)	['styrə‚fɔrmann]
adjunct (de)	stedfortreder (m)	['stedfɔ:‚tredər]
assistent (de)	assistent (m)	[asi'stɛnt]

| secretaris (de) | sekretær (m) | [sɛkrə'tær] |
| persoonlijke assistent (de) | privatsekretær (m) | [pri'vɑt sɛkrə'tær] |

zakenman (de)	forretningsmann (m)	[fɔ'rɛtniŋs,mɑn]
ondernemer (de)	entreprenør (m)	[ɛntreprə'nør]
oprichter (de)	grunnlegger (m)	['grʉn,legər]
oprichten	å grunnlegge, å stifte	[ɔ 'grʉn,legə], [ɔ 'stiftə]
(een nieuw bedrijf ~)		

stichter (de)	stifter (m)	['stiftər]
partner (de)	partner (m)	['pɑːʈnər]
aandeelhouder (de)	aksjonær (m)	[ɑkʂu'nær]

miljonair (de)	millionær (m)	[milju'nær]
miljardair (de)	milliardær (m)	[milja:'dær]
eigenaar (de)	eier (m)	['æejər]
landeigenaar (de)	jordeier (m)	['ju:r,æejər]

klant (de)	kunde (m)	['kʉndə]
vaste klant (de)	fast kunde (m)	[,fɑst 'kʉndə]
koper (de)	kjøper (m)	['çœːpər]
bezoeker (de)	besøkende (m)	[be'søkenə]
professioneel (de)	yrkesmann (m)	['yrkəs,mɑn]
expert (de)	ekspert (m)	[ɛks'pæ:ʈ]
specialist (de)	spesialist (m)	[spesiɑ'list]

| bankier (de) | bankier (m) | [bɑnki'e] |
| makelaar (de) | mekler, megler (m) | ['mɛklər] |

kassier (de)	kasserer (m)	[kɑ'serər]
boekhouder (de)	regnskapsfører (m)	['rɛjnskɑps,førər]
bewaker (de)	sikkerhetsvakt (m/f)	['sikərhɛts,vɑkt]

investeerder (de)	investor (m)	[in'vɛstʉr]
schuldenaar (de)	skyldner (m)	['ʂylnər]
crediteur (de)	kreditor (m)	['krɛditʉr]
lener (de)	låntaker (m)	['lɔn,tɑkər]

| importeur (de) | importør (m) | [impɔ:'ʈør] |
| exporteur (de) | eksportør (m) | [ɛkspɔ:'ʈør] |

producent (de)	produsent (m)	[prʉdʉ'sɛnt]
distributeur (de)	distributør (m)	[distribʉ'tør]
bemiddelaar (de)	mellommann (m)	['mɛlɔ,mɑn]

adviseur, consulent (de)	konsulent (m)	[kʉnsʉ'lent]
vertegenwoordiger (de)	representant (m)	[represɛn'tɑnt]
agent (de)	agent (m)	[ɑ'gɛnt]
verzekeringsagent (de)	forsikringsagent (m)	[fɔ'ʂikriŋs ɑ'gɛnt]

106. Dienstverlenende beroepen

| kok (de) | kokk (m) | ['kʉk] |
| chef-kok (de) | sjefkokk (m) | ['ʂɛf,kʉk] |

bakker (de)	baker (m)	['bakər]
barman (de)	bartender (m)	['ba:ˌtɛndər]
kelner, ober (de)	servitør (m)	['særvi'tør]
serveerster (de)	servitrise (m/f)	[særvi'trisə]

advocaat (de)	advokat (m)	[advʊ'kat]
jurist (de)	jurist (m)	[jʉ'rist]
notaris (de)	notar (m)	[nʊ'tar]

elektricien (de)	elektriker (m)	[ɛ'lektrikər]
loodgieter (de)	rørlegger (m)	['rørˌlegər]
timmerman (de)	tømmermann (m)	['tœmərˌman]

masseur (de)	massør (m)	[ma'sør]
masseuse (de)	massøse (m)	[ma'søsə]
dokter, arts (de)	lege (m)	['legə]

taxichauffeur (de)	taxisjåfør (m)	['taksi ʂɔ'før]
chauffeur (de)	sjåfør (m)	[ʂɔ'før]
koerier (de)	bud (n)	['bʉd]

kamermeisje (het)	stuepike (m/f)	['stʉəˌpikə]
bewaker (de)	sikkerhetsvakt (m/f)	['sikərhɛtsˌvakt]
stewardess (de)	flyvertinne (m/f)	[flyvɛ:'ˌtinə]

meester (de)	lærer (m)	['lærər]
bibliothecaris (de)	bibliotekar (m)	[bibliʊ'tekar]
vertaler (de)	oversetter (m)	['ɔvəˌsɛtər]
tolk (de)	tolk (m)	['tɔlk]
gids (de)	guide (m)	['gajd]

kapper (de)	frisør (m)	[fri'sør]
postbode (de)	postbud (n)	['pɔstˌbʉd]
verkoper (de)	forselger (m)	[fɔ'ʂɛlər]

tuinman (de)	gartner (m)	['ga:ʈnər]
huisbediende (de)	tjener (m)	['tjenər]
dienstmeisje (het)	tjenestepike (m/f)	['tjenɛstəˌpikə]
schoonmaakster (de)	vaskedame (m/f)	['vaskəˌdamə]

107. Militaire beroepen en rangen

soldaat (rang)	menig (m)	['meni]
sergeant (de)	sersjant (m)	[sær'ʂant]
luitenant (de)	løytnant (m)	['løjtˌnant]
kapitein (de)	kaptein (m)	[kap'tæjn]

majoor (de)	major (m)	[ma'jɔr]
kolonel (de)	oberst (m)	['ʊbɛst]
generaal (de)	general (m)	[gene'ral]
maarschalk (de)	marskalk (m)	['marʂal]
admiraal (de)	admiral (m)	[admi'ral]
militair (de)	militær (m)	[mili'tær]
soldaat (de)	soldat (m)	[sʊl'dat]

| officier (de) | offiser (m) | [ɔfi'sɛr] |
| commandant (de) | befalshaver (m) | [be'fals,havər] |

grenswachter (de)	grensevakt (m/f)	['grɛnsə,vakt]
marconist (de)	radiooperatør (m)	['radiʊ ʊpəra'tør]
verkenner (de)	oppklaringssoldat (m)	['ɔp,klariŋ sʊl'dat]
sappeur (de)	pioner (m)	[piʊ'ner]
schutter (de)	skytter (m)	['ʂytər]
stuurman (de)	styrmann (m)	['styr,man]

108. Ambtenaren. Priesters

| koning (de) | konge (m) | ['kʊŋə] |
| koningin (de) | dronning (m/f) | ['drɔniŋ] |

| prins (de) | prins (m) | ['prins] |
| prinses (de) | prinsesse (m/f) | [prin'sɛsə] |

| tsaar (de) | tsar (m) | ['tsar] |
| tsarina (de) | tsarina (m) | [tsa'rina] |

president (de)	president (m)	[prɛsi'dɛnt]
minister (de)	minister (m)	[mi'nistər]
eerste minister (de)	statsminister (m)	['stats mi'nistər]
senator (de)	senator (m)	[se'natʊr]

diplomaat (de)	diplomat (m)	[diplʊ'mat]
consul (de)	konsul (m)	['kʊn,sʉl]
ambassadeur (de)	ambassadør (m)	[ambasa'dør]
adviseur (de)	rådgiver (m)	['rɔd jivər]

ambtenaar (de)	embetsmann (m)	['ɛmbets,man]
prefect (de)	prefekt (m)	[prɛ'fɛkt]
burgemeester (de)	borgermester (m)	[borgər'mɛstər]

| rechter (de) | dommer (m) | ['dɔmər] |
| aanklager (de) | anklager (m) | ['an,klagər] |

missionaris (de)	misjonær (m)	[miʂʊ'nær]
monnik (de)	munk (m)	['mʉnk]
abt (de)	abbed (m)	['abed]
rabbi, rabbijn (de)	rabbiner (m)	[ra'binər]

vizier (de)	vesir (m)	[vɛ'sir]
sjah (de)	sjah (m)	['ʂa]
sjeik (de)	sjeik (m)	['ʂæjk]

109. Agrarische beroepen

imker (de)	birøkter (m)	['bi,røktər]
herder (de)	gjeter, hyrde (m)	['jetər], ['hʏrdə]
landbouwkundige (de)	agronom (m)	[agrʊ'nʊm]

| veehouder (de) | husdyrholder (m) | ['hʉsdyr‚hɔldər] |
| dierenarts (de) | dyrlege, veterinær (m) | ['dyr‚legə], [vetəri'nær] |

landbouwer (de)	gårdbruker, bonde (m)	['gɔːr‚brʉkər], ['bɔnə]
wijnmaker (de)	vinmaker (m)	['vin‚makər]
zoöloog (de)	zoolog (m)	[sʉ:'lɔg]
cowboy (de)	cowboy (m)	['kaw‚bɔj]

110. Kunst beroepen

| acteur (de) | skuespiller (m) | ['skʉe‚spilər] |
| actrice (de) | skuespillerinne (m/f) | ['skʉe‚spilə'rinə] |

| zanger (de) | sanger (m) | ['saŋər] |
| zangeres (de) | sangerinne (m/f) | [saŋə'rinə] |

| danser (de) | danser (m) | ['dansər] |
| danseres (de) | danserinne (m/f) | [danse'rinə] |

| artiest (mann.) | skuespiller (m) | ['skʉe‚spilər] |
| artiest (vrouw.) | skuespillerinne (m/f) | ['skʉe‚spilə'rinə] |

muzikant (de)	musiker (m)	['mʉsikər]
pianist (de)	pianist (m)	[pia'nist]
gitarist (de)	gitarspiller (m)	[gi'tar‚spilər]

orkestdirigent (de)	dirigent (m)	[diri'gɛnt]
componist (de)	komponist (m)	[kʉmpʉ'nist]
impresario (de)	impresario (m)	[impre'sariʉ]

filmregisseur (de)	regissør (m)	[rɛsi'sør]
filmproducent (de)	produsent (m)	[prʉdʉ'sɛnt]
scenarioschrijver (de)	manusforfatter (m)	['manʉs for'fatər]
criticus (de)	kritiker (m)	['kritikər]

schrijver (de)	forfatter (m)	[for'fatər]
dichter (de)	poet, dikter (m)	['pɔɛt], ['diktər]
beeldhouwer (de)	skulptør (m)	[skʉlp'tør]
kunstenaar (de)	kunstner (m)	['kʉnstnər]

jongleur (de)	sjonglør (m)	[sɔŋ'lør]
clown (de)	klovn (m)	['klɔvn]
acrobaat (de)	akrobat (m)	[akrʉ'bat]
goochelaar (de)	tryllekunstner (m)	['trʏlə‚kʉnstnər]

111. Verschillende beroepen

dokter, arts (de)	lege (m)	['legə]
ziekenzuster (de)	sykepleierske (m/f)	['sykə‚plæjeʂkə]
psychiater (de)	psykiater (m)	[syki'atər]
tandarts (de)	tannlege (m)	['tan‚legə]
chirurg (de)	kirurg (m)	[çi'rʉrg]

astronaut (de)	astronaut (m)	[astrʊ'naʊt]
astronoom (de)	astronom (m)	[astrʊ'nʊm]

chauffeur (de)	fører (m)	['fører]
machinist (de)	lokfører (m)	['lʊk‚fører]
mecanicien (de)	mekaniker (m)	[me'kanikər]

mijnwerker (de)	gruvearbeider (m)	['grʊvə'ar‚bæjdər]
arbeider (de)	arbeider (m)	['ar‚bæjdər]
bankwerker (de)	låsesmed (m)	['lo:sə‚sme]
houtbewerker (de)	snekker (m)	['snɛkər]
draaier (de)	dreier (m)	['dræjər]
bouwvakker (de)	bygningsarbeider (m)	['bʏgniŋs 'ar‚bæjər]
lasser (de)	sveiser (m)	['svæjsər]

professor (de)	professor (m)	[prʊ'fɛsʊr]
architect (de)	arkitekt (m)	[arki'tɛkt]
historicus (de)	historiker (m)	[hi'stʊrikər]
wetenschapper (de)	vitenskapsmann (m)	['vitən‚skaps man]
fysicus (de)	fysiker (m)	['fysikər]
scheikundige (de)	kjemiker (m)	['çemikər]

archeoloog (de)	arkeolog (m)	[‚arkeʊ'lɔg]
geoloog (de)	geolog (m)	[geʊ'lɔg]
onderzoeker (de)	forsker (m)	['fɔşkər]

babysitter (de)	babysitter (m)	['bɛby‚sitər]
leraar, pedagoog (de)	lærer, pedagog (m)	[lærər], [peda'gɔg]

redacteur (de)	redaktør (m)	[rɛdak'tør]
chef-redacteur (de)	sjefredaktør (m)	['şɛf rɛdak'tør]
correspondent (de)	korrespondent (m)	[kʊrespɔn'dɛnt]
typiste (de)	maskinskriverske (m)	[ma'şin ‚skrivɛşkə]

designer (de)	designer (m)	[de'sajnər]
computerexpert (de)	dataekspert (m)	['data ɛks'pɛːt]
programmeur (de)	programmerer (m)	[prʊgra'merər]
ingenieur (de)	ingeniør (m)	[inşə'njør]

matroos (de)	sjømann (m)	['şø‚man]
zeeman (de)	matros (m)	[ma'trʊs]
redder (de)	redningsmann (m)	['rɛdniŋs‚man]

brandweerman (de)	brannmann (m)	['bran‚man]
politieagent (de)	politi (m)	[pʊli'ti]
nachtwaker (de)	nattvakt (m)	['nat‚vakt]
detective (de)	detektiv (m)	[detɛk'tiv]

douanier (de)	tollbetjent (m)	['tɔlbe‚tjɛnt]
lijfwacht (de)	livvakt (m/f)	['liv‚vakt]
gevangenisbewaker (de)	fangevokter (m)	['faŋə‚vɔktər]
inspecteur (de)	inspektør (m)	[inspɛk'tør]

sportman (de)	idrettsmann (m)	['idrɛts‚man]
trainer (de)	trener (m)	['trenər]
slager, beenhouwer (de)	slakter (m)	['şlaktər]

schoenlapper (de)	**skomaker** (m)	['skʉˌmakər]
handelaar (de)	**handelsmann** (m)	['handəlsˌman]
lader (de)	**lastearbeider** (m)	['lastə'arˌbæjdər]

kledingstilist (de)	**moteskaper** (m)	['mʉtəˌskapər]
model (het)	**modell** (m)	[mʉ'dɛl]

112. Beroepen. Sociale status

scholier (de)	**skolegutt** (m)	['skʉləˌgʉt]
student (de)	**student** (m)	[stʉ'dɛnt]

filosoof (de)	**filosof** (m)	[filu'sʊf]
econoom (de)	**økonom** (m)	[økʉ'nʊm]
uitvinder (de)	**oppfinner** (m)	['ɔpˌfinər]

werkloze (de)	**arbeidsløs** (m)	['arbæjdsˌløs]
gepensioneerde (de)	**pensjonist** (m)	[panşʉ'nist]
spion (de)	**spion** (m)	[spi'un]

gedetineerde (de)	**fange** (m)	['faŋə]
staker (de)	**streiker** (m)	['stræjkər]
bureaucraat (de)	**byråkrat** (m)	[byrɔ'krat]
reiziger (de)	**reisende** (m)	['ræjsenə]

homoseksueel (de)	**homofil** (m)	['hʊmʉˌfil]
hacker (computerkraker)	**hacker** (m)	['hakər]
hippie (de)	**hippie** (m)	['hipi]

bandiet (de)	**banditt** (m)	[ban'dit]
huurmoordenaar (de)	**leiemorder** (m)	['læjeˌmʉrdər]
drugsverslaafde (de)	**narkoman** (m)	[narkʉ'man]
drugshandelaar (de)	**narkolanger** (m)	['narkɔˌlaŋər]
prostituee (de)	**prostituert** (m)	[prʊstitʉ'e:t]
pooier (de)	**hallik** (m)	['halik]

tovenaar (de)	**trollmann** (m)	['trɔlˌman]
tovenares (de)	**trollkjerring** (m/f)	['trɔlˌçæriŋ]
piraat (de)	**pirat, sjørøver** (m)	['pi'rat], ['şøˌrøvər]
slaaf (de)	**slave** (m)	['slavə]
samoerai (de)	**samurai** (m)	[samʉ'raj]
wilde (de)	**villmann** (m)	['vilˌman]

Sport

113. Soorten sporten. Sporters

sportman (de)	idrettsmann (m)	['idrɛts‚man]
soort sport (de/het)	idrettsgren (m/f)	['idrɛts‚gren]
basketbal (het)	basketball (m)	['basketbal]
basketbalspeler (de)	basketballspiller (m)	['basketbal‚spilər]
baseball (het)	baseball (m)	['bɛjsbɔl]
baseballspeler (de)	baseballspiller (m)	['bɛjsbɔl‚spilər]
voetbal (het)	fotball (m)	['fʊtbal]
voetballer (de)	fotballspiller (m)	['fʊtbal‚spilər]
doelman (de)	målmann (m)	['moːl‚man]
hockey (het)	ishockey (m)	['is‚hɔki]
hockeyspeler (de)	ishockeyspiller (m)	['is‚hɔki 'spilər]
volleybal (het)	volleyball (m)	['vɔlibal]
volleybalspeler (de)	volleyballspiller (m)	['vɔlibal‚spilər]
boksen (het)	boksing (m)	['bɔksiŋ]
bokser (de)	bokser (m)	['bɔksər]
worstelen (het)	bryting (m/f)	['brytiŋ]
worstelaar (de)	bryter (m)	['brytər]
karate (de)	karate (m)	[ka'ratə]
karateka (de)	karateutøver (m)	[ka'ratə 'ʉ‚tøvər]
judo (de)	judo (m)	['jʉdɔ]
judoka (de)	judobryter (m)	['jʉdɔ‚brytər]
tennis (het)	tennis (m)	['tɛnis]
tennisspeler (de)	tennisspiller (m)	['tɛnis‚spilər]
zwemmen (het)	svømming (m/f)	['svœmiŋ]
zwemmer (de)	svømmer (m)	['svœmər]
schermen (het)	fekting (m)	['fɛktiŋ]
schermer (de)	fekter (m)	['fɛktər]
schaak (het)	sjakk (m)	['ʂak]
schaker (de)	sjakkspiller (m)	['ʂak‚spilər]
alpinisme (het)	alpinisme (m)	[alpi'nismə]
alpinist (de)	alpinist (m)	[alpi'nist]
hardlopen (het)	løp (n)	['løp]

renner (de)	**løper** (m)	['løpər]
atletiek (de)	**friidrett** (m)	['fri: 'i‚drɛt]
atleet (de)	**atlet** (m)	[at'let]
paardensport (de)	**ridesport** (m)	['ridə‚spɔ:t]
ruiter (de)	**rytter** (m)	['rʏtər]
kunstschaatsen (het)	**kunstløp** (n)	['kʉnst‚løp]
kunstschaatser (de)	**kunstløper** (m)	['kʉnst‚løpər]
kunstschaatsster (de)	**kunstløperske** (m/f)	['kʉnst‚løpəşkə]
gewichtheffen (het)	**vektløfting** (m/f)	['vɛkt‚lœftiŋ]
gewichtheffer (de)	**vektløfter** (m)	['vɛkt‚lœftər]
autoraces (mv.)	**billøp** (m), **bilrace** (n)	['bil‚løp], ['bil‚ras]
coureur (de)	**racerfører** (m)	['resə‚førər]
wielersport (de)	**sykkelsport** (m)	['sʏkəl‚spɔ:t]
wielrenner (de)	**syklist** (m)	[sʏk'list]
verspringen (het)	**lengdehopp** (n pl)	['leŋdə‚hɔp]
polsstokspringen (het)	**stavhopp** (n)	['stav‚hɔp]
verspringer (de)	**hopper** (m)	['hɔpər]

114. Soorten sporten. Diversen

Amerikaans voetbal (het)	**amerikansk fotball** (m)	[ameri'kansk 'futbal]
badminton (het)	**badminton** (m)	['bɛdmintɔn]
biatlon (de)	**skiskyting** (m/f)	['şi‚sytiŋ]
biljart (het)	**biljard** (m)	[bil'ja:d]
bobsleeën (het)	**bobsleigh** (m)	['bɔbslej]
bodybuilding (de)	**kroppsbygging** (m/f)	['krɔps‚bygiŋ]
waterpolo (het)	**vannpolo** (m)	['van‚pulʉ]
handbal (de)	**håndball** (m)	['hɔn‚bal]
golf (het)	**golf** (m)	['gɔlf]
roeisport (de)	**roing** (m/f)	['rʉiŋ]
duiken (het)	**dykking** (m/f)	['dʏkiŋ]
langlaufen (het)	**langrenn** (n), **skirenn** (n)	['laŋ‚rɛn], ['şi‚rɛn]
tafeltennis (het)	**bordtennis** (m)	['bur‚tɛnis]
zeilen (het)	**seiling** (m/f)	['sæjliŋ]
rally (de)	**rally** (n)	['rɛli]
rugby (het)	**rugby** (m)	['rygbi]
snowboarden (het)	**snøbrett** (n)	['snø‚brɛt]
boogschieten (het)	**bueskyting** (m/f)	['bʉ:ə‚sytiŋ]

115. Fitnessruimte

lange halter (de)	**vektstang** (m/f)	['vɛkt‚staŋ]
halters (mv.)	**manualer** (m pl)	['manʉ‚alər]

training machine (de)	treningsapparat (n)	['treniŋs apɑ'rɑt]
hometrainer (de)	trimsykkel (m)	['trim,sʏkəl]
loopband (de)	løpebånd (n)	['løpə,bɔ:n]

rekstok (de)	svingstang (m/f)	['sviŋstɑŋ]
brug (de) gelijke leggers	barre (m)	['bɑrə]
paardsprong (de)	hest (m)	['hɛst]
mat (de)	matte (m/f)	['mɑtə]

springtouw (het)	hoppetau (n)	['hɔpə,tɑʊ]
aerobics (de)	aerobic (m)	[ɑɛ'rɔbik]
yoga (de)	yoga (m)	['jogɑ]

116. Sporten. Diversen

Olympische Spelen (mv.)	de olympiske leker	[de u'lʏmpiskə 'lekər]
winnaar (de)	seierherre (m)	['sæjər,hɛrə]
overwinnen (ww)	å vinne, å seire	[ɔ 'vinə], [ɔ 'sæjrə]
winnen (ww)	å vinne	[ɔ 'vinə]

leider (de)	leder (m)	['ledər]
leiden (ww)	å lede	[ɔ 'ledə]

eerste plaats (de)	førsteplass (m)	['fœʂtə,plɑs]
tweede plaats (de)	annenplass (m)	['ɑnən,plɑs]
derde plaats (de)	tredjeplass (m)	['trɛdjə,plɑs]

medaille (de)	medalje (m)	[me'dɑljə]
trofee (de)	trofé (m/n)	[tro'fe]
beker (de)	pokal (m)	[po'kɑl]
prijs (de)	pris (m)	['pris]
hoofdprijs (de)	hovedpris (m)	['hʊvəd,pris]

record (het)	rekord (m)	[re'kɔrd]
een record breken	å sette rekord	[ɔ 'sɛtə re'kɔrd]

finale (de)	finale (m)	[fi'nɑlə]
finale (bn)	finale-	[fi'nɑlə-]

kampioen (de)	mester (m)	['mɛstər]
kampioenschap (het)	mesterskap (n)	['mɛstæ,skɑp]

stadion (het)	stadion (m/n)	['stɑdiɔn]
tribune (de)	tribune (m)	[tri'bʉnə]
fan, supporter (de)	fan (m)	['fæn]
tegenstander (de)	motstander (m)	['mʊt,stɑnər]

start (de)	start (m)	['stɑːʈ]
finish (de)	mål (n), målstrek (m)	['mɔːl], ['mɔːl,strek]

nederlaag (de)	nederlag (n)	['nedə,lɑg]
verliezen (ww)	å tape	[ɔ 'tɑpə]
rechter (de)	dommer (m)	['dɔmər]
jury (de)	jury (m)	['jʉry]

stand (~ is 3-1)	resultat (n)	[resʉl'tɑt]
gelijkspel (het)	uavgjort (m)	[ʉ:av'jɔ:t]
in gelijk spel eindigen	å spille uavgjort	[ɔ 'spilə ʉ:av'jɔ:t]
punt (het)	poeng (n)	[pɔ'ɛŋ]
uitslag (de)	resultat (n)	[resʉl'tɑt]

periode (de)	periode (m)	[pæri'ʊdə]
pauze (de)	halvtid (m)	['hɑl̩tid]

doping (de)	doping (m)	['dʊpiŋ]
straffen (ww)	å straffe	[ɔ 'strɑfə]
diskwalificeren (ww)	å diskvalifisere	[ɔ 'diskvɑlifi̩serə]

toestel (het)	redskap (m/n)	['rɛd̩skɑp]
speer (de)	spyd (n)	['spyd]
kogel (de)	kule (m/f)	['kʉ:lə]
bal (de)	kule (m/f), ball (m)	['kʉ:lə], ['bɑl]

doel (het)	mål (n)	['mol]
schietkaart (de)	målskive (m/f)	['mo:l̩sivə]
schieten (ww)	å skyte	[ɔ 'sytə]
precies (bijv. precieze schot)	fulltreffer	['fʉl̩trɛfər]

trainer, coach (de)	trener (m)	['trenər]
trainen (ww)	å trene	[ɔ 'trenə]
zich trainen (ww)	å trene	[ɔ 'trenə]
training (de)	trening (m/f)	['treniŋ]

gymnastiekzaal (de)	idrettssal (m)	['idrɛts̩sɑl]
oefening (de)	øvelse (m)	['øvəlsə]
opwarming (de)	oppvarming (m/f)	['ɔp̩vɑrmiŋ]

Onderwijs

117. School

school (de)	skole (m/f)	['skʉlə]
schooldirecteur (de)	rektor (m)	['rektʉr]
leerling (de)	elev (m)	[e'lev]
leerlinge (de)	elev (m)	[e'lev]
scholier (de)	skolegutt (m)	['skʉlə‚gʉt]
scholiere (de)	skolepike (m)	['skʉlə‚pikə]
leren (lesgeven)	å undervise	[ɔ 'ʉnər‚visə]
studeren (bijv. een taal ~)	å lære	[ɔ 'lærə]
van buiten leren	å lære utenat	[ɔ 'lærə 'ʉtənat]
leren (bijv. ~ tellen)	å lære	[ɔ 'lærə]
in school zijn	å gå på skolen	[ɔ 'gɔ pɔ 'skʉlən]
(schooljongen zijn)		
naar school gaan	å gå på skolen	[ɔ 'gɔ pɔ 'skʉlən]
alfabet (het)	alfabet (n)	[alfa'bet]
vak (schoolvak)	fag (n)	['fag]
klaslokaal (het)	klasserom (m/f)	['klasə‚rʉm]
les (de)	time (m)	['timə]
pauze (de)	frikvarter (n)	['frikvɑːˌʈər]
bel (de)	skoleklokke (m/f)	['skʉlə‚klɔkə]
schooltafel (de)	skolepult (m)	['skʉlə‚pʉlt]
schoolbord (het)	tavle (m/f)	['tɑvlə]
cijfer (het)	karakter (m)	[karak'ter]
goed cijfer (het)	god karakter (m)	['gʉ karak'ter]
slecht cijfer (het)	dårlig karakter (m)	['doːˌli karak'ter]
een cijfer geven	å gi en karakter	[ɔ 'ji en karak'ter]
fout (de)	feil (m)	['fæjl]
fouten maken	å gjøre feil	[ɔ 'jørə ‚fæjl]
corrigeren (fouten ~)	å rette	[ɔ 'rɛtə]
spiekbriefje (het)	fuskelapp (m)	['fʉskə‚lɑp]
huiswerk (het)	lekser (m/f pl)	['leksər]
oefening (de)	øvelse (m)	['øvəlsə]
aanwezig zijn (ww)	å være til stede	[ɔ 'værə til 'stedə]
absent zijn (ww)	å være fraværende	[ɔ 'værə 'fra‚værənə]
school verzuimen	å skulke skolen	[ɔ 'skʉlke 'skʉlən]
bestraffen (een stout kind ~)	å straffe	[ɔ 'strafə]
bestraffing (de)	straff, avstraffelse (m)	['strɑf], ['ɑf‚strɑfəlsə]

gedrag (het)	oppførsel (m)	['ɔp,fœʂəl]
cijferlijst (de)	karakterbok (m/f)	[karak'ter,bʊk]
potlood (het)	blyant (m)	['bly,ant]
gom (de)	viskelær (n)	['viskə,lær]
krijt (het)	kritt (n)	['krit]
pennendoos (de)	pennal (n)	[pɛ'nal]

boekentas (de)	skoleveske (m/f)	['skʊlə,vɛskə]
pen (de)	penn (m)	['pɛn]
schrift (de)	skrivebok (m/f)	['skrivə,bʊk]
leerboek (het)	lærebok (m/f)	['lærə,bʊk]
passer (de)	passer (m)	['pasər]

technisch tekenen (ww)	å tegne	[ɔ 'tæjnə]
technische tekening (de)	teknisk tegning (m/f)	['tɛknisk ,tæjniŋ]

gedicht (het)	dikt (n)	['dikt]
van buiten (bw)	utenat	['ʉtən,at]
van buiten leren	å lære utenat	[ɔ 'lære 'ʉtənat]

vakantie (de)	skoleferie (m)	['skʊlə,fɛriə]
met vakantie zijn	å være på ferie	[ɔ 'værə pɔ 'fɛriə]
vakantie doorbrengen	å tilbringe ferien	[ɔ 'til,briŋə 'fɛriən]

toets (schriftelijke ~)	prøve (m/f)	['prøvə]
opstel (het)	essay (n)	[ɛ'sɛj]
dictee (het)	diktat (m)	[dik'tat]
examen (het)	eksamen (m)	[ɛk'samən]
examen afleggen	å ta eksamen	[ɔ 'ta ɛk'samən]
experiment (het)	forsøk (n)	['fɔ'søk]

118. Hogeschool. Universiteit

academie (de)	akademi (n)	[akade'mi]
universiteit (de)	universitet (n)	[ʉnivæʂi'tet]
faculteit (de)	fakultet (n)	[fakʉl'tet]

student (de)	student (m)	[stʉ'dɛnt]
studente (de)	kvinnelig student (m)	['kvinəli stʉ'dɛnt]
leraar (de)	lærer, foreleser (m)	['lærər], ['fʊrə,lesər]

collegezaal (de)	auditorium (n)	[,aʊdi'tʊrium]
afgestudeerde (de)	alumn (m)	[a'lʉmn]

diploma (het)	diplom (n)	[di'plʊm]
dissertatie (de)	avhandling (m/f)	['av,handliŋ]

onderzoek (het)	studie (m)	['stʉdiə]
laboratorium (het)	laboratorium (n)	[labʊra'tɔrium]

college (het)	forelesning (m)	['fɔrə,lesniŋ]
medestudent (de)	studiekamerat (m)	['stʉdiə kamə,rat]
studiebeurs (de)	stipendium (n)	[sti'pɛndium]
academische graad (de)	akademisk grad (m)	[aka'demisk ,grad]

119. Wetenschappen. Disciplines

wiskunde (de)	matematikk (m)	[matəma'tik]
algebra (de)	algebra (m)	['algə‚bra]
meetkunde (de)	geometri (m)	[geʊme'tri]

astronomie (de)	astronomi (m)	[astrʊnʊ'mi]
biologie (de)	biologi (m)	[biʊlʊ'gi]
geografie (de)	geografi (m)	[geʊgra'fi]
geologie (de)	geologi (m)	[geʊlʊ'gi]
geschiedenis (de)	historie (m/f)	[hi'stʊriə]

geneeskunde (de)	medisin (m)	[medi'sin]
pedagogiek (de)	pedagogikk (m)	[pedagʊ'gik]
rechten (mv.)	rett (m)	['rɛt]

fysica, natuurkunde (de)	fysikk (m)	[fy'sik]
scheikunde (de)	kjemi (m)	[çe'mi]
filosofie (de)	filosofi (m)	[filʊsʊ'fi]
psychologie (de)	psykologi (m)	[sikʊlʊ'gi]

120. Schrift. Spelling

grammatica (de)	grammatikk (m)	[grama'tik]
vocabulaire (het)	ordforråd (n)	['uːrfʊ‚rɔd]
fonetiek (de)	fonetikk (m)	[fʊne'tik]

zelfstandig naamwoord (het)	substantiv (n)	['sʉbstan‚tiv]
bijvoeglijk naamwoord (het)	adjektiv (n)	['adjɛk‚tiv]
werkwoord (het)	verb (n)	['værb]
bijwoord (het)	adverb (n)	[ad'væːb]

voornaamwoord (het)	pronomen (n)	[prʊ'nʉmən]
tussenwerpsel (het)	interjeksjon (m)	[interjɛk'ʂʊn]
voorzetsel (het)	preposisjon (m)	[prɛpʊsi'ʂʊn]

stam (de)	rot (m/f)	['rʊt]
achtervoegsel (het)	endelse (m)	['ɛnəlsə]
voorvoegsel (het)	prefiks (n)	[prɛ'fiks]
lettergreep (de)	stavelse (m)	['stavəlsə]
achtervoegsel (het)	suffiks (n)	[sʉ'fiks]

| nadruk (de) | betoning (m), trykk (n) | ['be'tɔniŋ], ['trʏk] |
| afkappingsteken (het) | apostrof (m) | [apʊ'strɔf] |

punt (de)	punktum (n)	['pʉnktum]
komma (de/het)	komma (n)	['kɔma]
puntkomma (de)	semikolon (n)	[‚semikʊ'lɔn]
dubbelpunt (de)	kolon (n)	['kʊlɔn]
beletselteken (het)	tre prikker (m pl)	['tre 'prikər]

| vraagteken (het) | spørsmålstegn (n) | ['spœşmɔls‚tæjn] |
| uitroepteken (het) | utropstegn (n) | ['ʉtrʊps‚tæjn] |

aanhalingstekens (mv.)	anførselstegn (n pl)	[an'fœşɛls‚tejn]
tussen aanhalingstekens (bw)	i anførselstegn	[i an'fœşɛls‚tejn]
haakjes (mv.)	parentes (m)	[parɛn'tes]
tussen haakjes (bw)	i parentes	[i parɛn'tes]

streepje (het)	bindestrek (m)	['binə‚strek]
gedachtestreepje (het)	tankestrek (m)	['tankə‚strek]
spatie	mellomrom (n)	['mɛlɔm‚rʊm]
(~ tussen twee woorden)		

letter (de)	bokstav (m)	['bʊkstav]
hoofdletter (de)	stor bokstav (m)	['stʊr 'bʊkstav]

klinker (de)	vokal (m)	[vʊ'kal]
medeklinker (de)	konsonant (m)	[kʊnsʊ'nant]

zin (de)	setning (m)	['sɛtniŋ]
onderwerp (het)	subjekt (n)	[sʉb'jɛkt]
gezegde (het)	predikat (n)	[prɛdi'kat]

regel (in een tekst)	linje (m)	['linjə]
op een nieuwe regel (bw)	på ny linje	[pɔ ny 'linjə]
alinea (de)	avsnitt (n)	['af‚snit]

woord (het)	ord (n)	['uːr]
woordgroep (de)	ordgruppe (m/f)	['uːr‚grʉpə]
uitdrukking (de)	uttrykk (n)	['ʉt‚trʏk]
synoniem (het)	synonym (n)	[synʊ'nym]
antoniem (het)	antonym (n)	[antʊ'nym]

regel (de)	regel (m)	['rɛgəl]
uitzondering (de)	unntak (n)	['ʉn‚tak]
correct (bijv. ~e spelling)	riktig	['rikti]

vervoeging, conjugatie (de)	bøyning (m/f)	['bøjniŋ]
verbuiging, declinatie (de)	bøyning (m/f)	['bøjniŋ]
naamval (de)	kasus (m)	['kasʉs]
vraag (de)	spørsmål (n)	['spœş‚mol]
onderstrepen (ww)	å understreke	[ɔ 'ʉnə‚strekə]
stippellijn (de)	prikket linje (m)	['prikət 'linjə]

121. Vreemde talen

taal (de)	språk (n)	['sprɔk]
vreemd (bn)	fremmed-	['fremə-]
vreemde taal (de)	fremmedspråk (n)	['fremed‚sprɔk]
leren (bijv. van buiten ~)	å studere	[ɔ stʉ'derə]
studeren (Nederlands ~)	å lære	[ɔ 'lærə]

lezen (ww)	å lese	[ɔ 'lesə]
spreken (ww)	å tale	[ɔ 'talə]
begrijpen (ww)	å forstå	[ɔ fɔ'ştɔ]
schrijven (ww)	å skrive	[ɔ 'skrivə]
snel (bw)	fort	['fuːt]

| langzaam (bw) | langsomt | ['laŋsɔmt] |
| vloeiend (bw) | flytende | ['flytnə] |

regels (mv.)	regler (m pl)	['rɛglər]
grammatica (de)	grammatikk (m)	[grɑmɑ'tik]
vocabulaire (het)	ordforråd (n)	['uːrfʊ‚rɔd]
fonetiek (de)	fonetikk (m)	[fʊne'tik]

leerboek (het)	lærebok (m/f)	['læːrə‚bʊk]
woordenboek (het)	ordbok (m/f)	['uːr‚bʊk]
leerboek (het) voor zelfstudie	lærebok (m/f) for selvstudium	['læːrə‚bʊk fɔ 'sel‚stʉdium]
taalgids (de)	parlør (m)	[pɑ:'ɭør]

cassette (de)	kassett (m)	[kɑ'sɛt]
videocassette (de)	videokassett (m)	['videʊ kɑ'sɛt]
CD (de)	CD-rom (m)	['sɛdɛ‚rʊm]
DVD (de)	DVD (m)	[deve'de]

alfabet (het)	alfabet (n)	[ɑlfɑ'bet]
spellen (ww)	å stave	[ɔ 'stɑvə]
uitspraak (de)	uttale (m)	['ʉt‚tɑlə]

accent (het)	aksent (m)	[ɑk'sɑŋ]
met een accent (bw)	med aksent	[me ɑk'sɑŋ]
zonder accent (bw)	uten aksent	['ʉtən ɑk'sɑŋ]

| woord (het) | ord (n) | ['uːr] |
| betekenis (de) | betydning (m) | [be'tʏdniŋ] |

cursus (de)	kurs (n)	['kʉş]
zich inschrijven (ww)	å anmelde seg	[ɔ 'ɑn‚mɛlə sæj]
leraar (de)	lærer (m)	['læːrər]

vertaling (een ~ maken)	oversettelse (m)	['ɔvə‚şɛtəlsə]
vertaling (tekst)	oversettelse (m)	['ɔvə‚şɛtəlsə]
vertaler (de)	oversetter (m)	['ɔvə‚şɛtər]
tolk (de)	tolk (m)	['tɔlk]

| polyglot (de) | polyglott (m) | [pʊlʏ'glɔt] |
| geheugen (het) | minne (n), hukommelse (m) | ['minə], [hʉ'kɔməlsə] |

122. Sprookjesfiguren

Sinterklaas (de)	Julenissen	['jʉlə‚nisən]
Assepoester (de)	Askepott	['ɑskə‚pɔt]
zeemeermin (de)	havfrue (m/f)	['hɑv‚frʉə]
Neptunus (de)	Neptun	[nɛp'tʉn]

magiër, tovenaar (de)	trollmann (m)	['trɔl‚mɑn]
goede heks (de)	fe (m)	['fe]
magisch (bn)	trylle-	['trʏlə-]
toverstokje (het)	tryllestav (m)	['trʏlə‚stɑv]
sprookje (het)	eventyr (n)	['ɛvən‚tyr]

wonder (het)	mirakel (n)	[mi'rakəl]
dwerg (de)	gnom, dverg (m)	['gnʊm], ['dvɛrg]
veranderen in ... (anders worden)	å forvandle seg til ...	[ɔ fɔr'vandlə sæj til ...]

geest (de)	spøkelse (n)	['spøkəlsə]
spook (het)	fantom (m)	[fan'tɔm]
monster (het)	monster (n)	['mɔnstər]
draak (de)	drage (m)	['dragə]
reus (de)	gigant (m)	[gi'gant]

123. Dierenriem

Ram (de)	Væren (m)	['væərən]
Stier (de)	Tyren (m)	['tyrən]
Tweelingen (mv.)	Tvillingene (m pl)	['tviliŋənə]
Kreeft (de)	Krepsen (m)	['krɛpsən]
Leeuw (de)	Løven (m)	['løvən]
Maagd (de)	Jomfruen (m)	['ʉmfrʉən]

Weegschaal (de)	Vekten (m)	['vɛktən]
Schorpioen (de)	Skorpionen	[skɔrpi'ʊnən]
Boogschutter (de)	Skytten (m)	['ʂytən]
Steenbok (de)	Steinbukken (m)	['stæjn,bʉkən]
Waterman (de)	Vannmannen (m)	['van,manən]
Vissen (mv.)	Fiskene (pl)	['fiskenə]

karakter (het)	karakter (m)	[karak'ter]
karaktertrekken (mv.)	karaktertrekk (n pl)	[karak'ter,trɛk]
gedrag (het)	oppførsel (m)	['ɔp,fœʂəl]
waarzeggen (ww)	å spå	[ɔ 'spɔ]
waarzegster (de)	spåkone (m/f)	['spo:,kɔnə]
horoscoop (de)	horoskop (n)	[hʊrʊ'skɔp]

Kunst

124. Theater

theater (het)	teater (n)	[te'atər]
opera (de)	opera (m)	['ʊpera]
operette (de)	operette (m)	[ʊpe'rɛtə]
ballet (het)	ballett (m)	[ba'let]

affiche (de/het)	plakat (m)	[pla'kat]
theatergezelschap (het)	teatertrupp (m)	[te'atər,trʉp]
tournee (de)	turné (m)	[tʉr'ne:]
op tournee zijn	å være på turné	[ɔ 'værə pɔ tʉr'ne:]
repeteren (ww)	å repetere	[ɔ repe'terə]
repetitie (de)	repetisjon (m)	[repeti'ʂʊn]
repertoire (het)	repertoar (n)	[repæ:tʊ'ar]

voorstelling (de)	forestilling (m/f)	['forə,stiliŋ]
spektakel (het)	teaterstykke (n)	[te'atər,stʏkə]
toneelstuk (het)	skuespill (n)	['skʉə,spil]

biljet (het)	billett (m)	[bi'let]
kassa (de)	billettluke (m/f)	[bi'let,lʉkə]
foyer (de)	lobby, foajé (m)	['lɔbi], [fʊa'je]
garderobe (de)	garderobe (m)	[ga:də'rʊbə]
garderobe nummer (het)	garderobemerke (n)	[ga:də'rʊbə 'mærkə]
verrekijker (de)	kikkert (m)	['çikɛ:t]
plaatsaanwijzer (de)	plassanviser (m)	['plas an,visər]

parterre (de)	parkett (m)	[par'kɛt]
balkon (het)	balkong (m)	[bal'kɔŋ]
gouden rang (de)	første losjerad (m)	['fœʂtə ,lʉʂerad]
loge (de)	losje (m)	['lʉʂə]
rij (de)	rad (m/f)	['rad]
plaats (de)	plass (m)	['plas]

publiek (het)	publikum (n)	['pʉblikum]
kijker (de)	tilskuer (m)	['til,skʉər]
klappen (ww)	å klappe	[ɔ 'klapə]
applaus (het)	applaus (m)	[a'plaʊs]
ovatie (de)	bifall (n)	['bi,fal]

toneel (op het ~ staan)	scene (m)	['se:nə]
gordijn, doek (het)	teppe (n)	['tɛpə]
toneeldecor (het)	dekorasjon (m)	[dekʊra'ʂʊn]
backstage (de)	kulisser (m pl)	[kʉ'lisər]

scène (de)	scene (m)	['se:nə]
bedrijf (het)	akt (m)	['akt]
pauze (de)	mellomakt (m)	['mɛlɔm,akt]

125. Bioscoop

acteur (de)	skuespiller (m)	['skʉəˌspilər]
actrice (de)	skuespillerinne (m/f)	['skʉəˌspilə'rinə]

bioscoop (de)	filmindustri (m)	['film indʉ'stri]
speelfilm (de)	film (m)	['film]
aflevering (de)	del (m)	['del]

detectivefilm (de)	kriminalfilm (m)	[krimi'nalˌfilm]
actiefilm (de)	actionfilm (m)	['ɛkʂənˌfilm]
avonturenfilm (de)	eventyrfilm (m)	['ɛvəntyrˌfilm]
sciencefictionfilm (de)	Sci-Fi film (m)	['sajˌfaj film]
griezelfilm (de)	skrekkfilm (m)	['skrɛkˌfilm]

komedie (de)	komedie (m)	['kʉ'mediə]
melodrama (het)	melodrama (n)	[melɔ'dramɑ]
drama (het)	drama (n)	['dramɑ]

speelfilm (de)	spillefilm (m)	['spiləˌfilm]
documentaire (de)	dokumentarfilm (m)	[dɔkʉmɛn'tɑr ˌfilm]
tekenfilm (de)	tegnefilm (m)	['tæjnəˌfilm]
stomme film (de)	stumfilm (m)	['stʉmˌfilm]

rol (de)	rolle (m/f)	['rɔlə]
hoofdrol (de)	hovedrolle (m)	['hʉvədˌrɔlə]
spelen (ww)	å spille	[ɔ 'spilə]

filmster (de)	filmstjerne (m)	['filmˌstjæːŋə]
bekend (bn)	kjent	['çɛnt]
beroemd (bn)	berømt	[be'rømt]
populair (bn)	populær	[pʉpʉ'lær]

scenario (het)	manus (n)	['manʉs]
scenarioschrijver (de)	manusforfatter (m)	['manʉs fɔr'fatər]
regisseur (de)	regissør (m)	[rɛʂi'sør]
filmproducent (de)	produsent (m)	[prʉdʉ'sɛnt]
assistent (de)	assistent (m)	[asi'stɛnt]
cameraman (de)	kameramann (m)	['kameraˌman]
stuntman (de)	stuntmann (m)	['stantˌman]
stuntdubbel (de)	stand-in (m)	[ˌstand'in]

een film maken	å spille inn en film	[ɔ 'spilə in en 'film]
auditie (de)	prøve (m/f)	['prøvə]
opnamen (mv.)	opptak (n)	['ɔpˌtak]
filmploeg (de)	filmteam (n)	['filmˌtim]
filmset (de)	opptaksplass (m)	['ɔptaksˌplas]
filmcamera (de)	filmkamera (n)	['filmˌkamera]

bioscoop (de)	kino (m)	['çinʉ]
scherm (het)	filmduk (m)	['filmˌdʉk]
een film vertonen	å vise en film	[ɔ 'visə en 'film]

geluidsspoor (de)	lydspor (n)	['lydˌspʉr]
speciale effecten (mv.)	spesialeffekter (m pl)	['spesi'al e'fɛktər]

ondertiteling (de)	**undertekster** (m/f)	['ʉnə‚tɛkstər]
voortiteling, aftiteling (de)	**rulletekst** (m)	['rʉlə‚tɛkst]
vertaling (de)	**oversettelse** (m)	['ɔvə‚sɛtəlsə]

126. Schilderij

kunst (de)	**kunst** (m)	['kʉnst]
schone kunsten (mv.)	**de skjønne kunster**	[də 'ʂønə 'kʉnstər]
kunstgalerie (de)	**kunstgalleri** (n)	['kʉnst gale'ri]
kunsttentoonstelling (de)	**maleriutstilling** (m/f)	[‚male'ri ʉt‚stiliŋ]
schilderkunst (de)	**malerkunst** (m)	['malər‚kʉnst]
grafiek (de)	**grafikk** (m)	[gra'fik]
abstracte kunst (de)	**abstrakt kunst** (m)	[ab'strakt 'kʉnst]
impressionisme (het)	**impresjonisme** (m)	[imprɛʂʉ'nismə]
schilderij (het)	**maleri** (m/f)	[‚male'ri]
tekening (de)	**tegning** (m/f)	['tæjniŋ]
poster (de)	**plakat, poster** (m)	['pla‚kat], ['pɔstər]
illustratie (de)	**illustrasjon** (m)	[ilʉstra'ʂʉn]
miniatuur (de)	**miniatyr** (m)	[minia'tyr]
kopie (de)	**kopi** (m)	[kʉ'pi]
reproductie (de)	**reproduksjon** (m)	[reprʉdʉk'ʂʉn]
mozaïek (het)	**mosaikk** (m)	[mʉsa'ik]
gebrandschilderd glas (het)	**glassmaleri** (n)	['glas‚male'ri]
fresco (het)	**freske** (m)	['frɛskə]
gravure (de)	**gravyr** (m)	[gra'vyr]
buste (de)	**byste** (m)	['bʏstə]
beeldhouwwerk (het)	**skulptur** (m)	[skʉlp'tʉr]
beeld (bronzen ~)	**statue** (m)	['statʉə]
gips (het)	**gips** (m)	['jips]
gipsen (bn)	**gips-**	['jips-]
portret (het)	**portrett** (n)	[pɔ:'trɛt]
zelfportret (het)	**selvportrett** (n)	['sɛl‚pɔ:'trɛt]
landschap (het)	**landskapsmaleri** (n)	['lanskaps‚male'ri]
stilleven (het)	**stilleben** (n)	['stil‚lebən]
karikatuur (de)	**karikatur** (m)	[karika'tʉr]
schets (de)	**skisse** (m/f)	['ʂisə]
verf (de)	**maling** (m/f)	['maliŋ]
aquarel (de)	**akvarell** (m)	[akva'rɛl]
olieverf (de)	**olje** (m)	['ɔljə]
potlood (het)	**blyant** (m)	['bly‚ant]
Oostindische inkt (de)	**tusj** (m/n)	['tʉʂ]
houtskool (de)	**kull** (n)	['kʉl]
tekenen (met krijt)	**å tegne**	[ɔ 'tæjnə]
schilderen (ww)	**å male**	[ɔ 'malə]
poseren (ww)	**å posere**	[ɔ pɔ'serə]
naaktmodel (man)	**modell** (m)	[mʉ'dɛl]

naaktmodel (vrouw)	modell (m)	[mʊ'dɛl]
kunstenaar (de)	kunstner (m)	['kʉnstnər]
kunstwerk (het)	kunstverk (n)	['kʉnst‚værk]
meesterwerk (het)	mesterverk (n)	['mɛstɛr‚værk]
studio, werkruimte (de)	atelier (n)	[ate'lje]

schildersdoek (het)	kanvas (m/n), lerret (n)	['kanvas], ['leret]
schildersezel (de)	staffeli (n)	[stɑfe'li]
palet (het)	palett (m)	[pɑ'let]

lijst (een vergulde ~)	ramme (m/f)	['ramə]
restauratie (de)	restaurering (m)	[rɛstaʊ'reriŋ]
restaureren (ww)	å restaurere	[ɔ rɛstaʊ'rerə]

127. Literatuur & Poëzie

literatuur (de)	litteratur (m)	[litəra'tʉr]
auteur (de)	forfatter (m)	[fɔr'fatər]
pseudoniem (het)	pseudonym (n)	[sewdʊ'nym]

boek (het)	bok (m/f)	['bʊk]
boekdeel (het)	bind (n)	['bin]
inhoudsopgave (de)	innholdsfortegnelse (m)	['inhɔls fɔ:'ʈæjnəlsə]
pagina (de)	side (m/f)	['sidə]
hoofdpersoon (de)	hovedperson (m)	['hʊvəd pæ'ʂʊn]
handtekening (de)	autograf (m)	[aʊtʊ'graf]

verhaal (het)	novelle (m/f)	[nʊ'vɛlə]
novelle (de)	kortroman (m)	['kʊːʈ rʊ‚man]
roman (de)	roman (m)	[rʊ'man]
werk (literatuur)	verk (n)	['værk]
fabel (de)	fabel (m)	['fabəl]
detectiveroman (de)	kriminalroman (m)	[krimi'nal rʊ‚man]

gedicht (het)	dikt (n)	['dikt]
poëzie (de)	poesi (m)	[pɔɛ'si]
epos (het)	epos (n)	['ɛpɔs]
dichter (de)	poet, dikter (m)	['pɔɛt], ['diktər]

fictie (de)	skjønnlitteratur (m)	['ʂøn litera'tʉr]
sciencefiction (de)	science fiction (m)	['sajəns ‚fikʂn]
avonturenroman (de)	eventyr (n pl)	['ɛvən‚tyr]
opvoedkundige literatuur (de)	undervisningslitteratur (m)	['ʉnər‚visniŋs litera'tʉr]
kinderliteratuur (de)	barnelitteratur (m)	['baːʈə litera'tʉr]

128. Circus

circus (de/het)	sirkus (m/n)	['sirkʉs]
chapiteau circus (de/het)	ambulerende sirkus (n)	['ambʉ‚lerɛnə 'sirkʉs]
programma (het)	program (n)	[prʊ'gram]
voorstelling (de)	forestilling (m/f)	['fɔrə‚stiliŋ]
nummer (circus ~)	nummer (n)	['nʉmər]

arena (de)	manesje, arena (m)	[ma'neşe], [a'rena]
pantomime (de)	pantomime (m)	[pantu'mime]
clown (de)	klovn (m)	['klɔvn]

acrobaat (de)	akrobat (m)	[akru'bat]
acrobatiek (de)	akrobatikk (m)	[akruba'tik]
gymnast (de)	gymnast (m)	[gym'nast]
gymnastiek (de)	gymnastikk (m)	[gymna'stik]
salto (de)	salto (m)	['saltu]

sterke man (de)	atlet (m)	[at'let]
temmer (de)	dyretemmer (m)	['dyre‚temer]
ruiter (de)	rytter (m)	['rʏter]
assistent (de)	assistent (m)	[asi'stɛnt]

stunt (de)	trikk, triks (n)	['trik], ['triks]
goocheltruc (de)	trylletriks (n)	['trʏle‚triks]
goochelaar (de)	tryllekunstner (m)	['trʏle‚kʉnstner]

jongleur (de)	sjonglør (m)	[şɔŋ'lør]
jongleren (ww)	å sjonglere	[ɔ 'şɔŋ‚lere]
dierentrainer (de)	dressør (m)	[drɛ'sør]
dressuur (de)	dressur (m)	[drɛ'sʉr]
dresseren (ww)	å dressere	[ɔ drɛ'sere]

129. Muziek. Popmuziek

muziek (de)	musikk (m)	[mʉ'sik]
muzikant (de)	musiker (m)	['mʉsiker]
muziekinstrument (het)	musikkinstrument (n)	[mʉ'sik instrʉ'mɛnt]
spelen (bijv. gitaar ~)	å spille ...	[ɔ 'spile ...]

gitaar (de)	gitar (m)	['gi‚tar]
viool (de)	fiolin (m)	[fiʉ'lin]
cello (de)	cello (m)	['sɛlʉ]
contrabas (de)	kontrabass (m)	['kʉntra‚bas]
harp (de)	harpe (m)	['harpe]

piano (de)	piano (n)	[pi'anʉ]
vleugel (de)	flygel (n)	['flygel]
orgel (het)	orgel (n)	['ɔrgel]

blaasinstrumenten (mv.)	blåseinstrumenter (n pl)	['blo:se instrʉ'mɛnter]
hobo (de)	obo (m)	[ʉ'bʉ]
saxofoon (de)	saksofon (m)	[saksʉ'fʉn]
klarinet (de)	klarinett (m)	[klari'nɛt]
fluit (de)	fløyte (m)	['fløjte]
trompet (de)	trompet (m)	[trʉm'pet]

accordeon (de/het)	trekkspill (n)	['trɛk‚spil]
trommel (de)	tromme (m)	['trʉme]

duet (het)	duett (m)	[dʉ'ɛt]
trio (het)	trio (m)	['triʉ]

kwartet (het)	**kvartett** (m)	[kvɑːˈtɛt]
koor (het)	**kor** (n)	[ˈkʊr]
orkest (het)	**orkester** (n)	[ɔrˈkɛstər]

popmuziek (de)	**popmusikk** (m)	[ˈpɔp mʉˈsik]
rockmuziek (de)	**rockmusikk** (m)	[ˈrɔk mʉˈsik]
rockgroep (de)	**rockeband** (n)	[ˈrɔkəˌbɛnd]
jazz (de)	**jazz** (m)	[ˈjas]

idool (het)	**idol** (n)	[iˈdʊl]
bewonderaar (de)	**beundrer** (m)	[beˈʉndrər]

concert (het)	**konsert** (m)	[kʊnˈsæːt]
symfonie (de)	**symfoni** (m)	[sʏmfʊˈni]
compositie (de)	**komposisjon** (m)	[kʊmpʊziˈʂʊn]
componeren (muziek ~)	**å komponere**	[ɔ kʊmpʉˈnerə]

zang (de)	**synging** (m/f)	[ˈsʏŋiŋ]
lied (het)	**sang** (m)	[ˈsɑŋ]
melodie (de)	**melodi** (m)	[melɔˈdi]
ritme (het)	**rytme** (m)	[ˈrʏtmə]
blues (de)	**blues** (m)	[ˈblʉs]

bladmuziek (de)	**noter** (m pl)	[ˈnʊtər]
dirigeerstok (baton)	**taktstokk** (m)	[ˈtɑktˌstɔk]
strijkstok (de)	**bue, boge** (m)	[ˈbʉːə], [ˈbɔgə]
snaar (de)	**streng** (m)	[ˈstrɛŋ]
koffer (de)	**futteral** (n), **kasse** (m/f)	[ˈfʉteˈrɑl], [ˈkɑsə]

Rusten. Entertainment. Reizen

130. Trip. Reizen

toerisme (het)	**turisme** (m)	[tʉ'rismə]
toerist (de)	**turist** (m)	[tʉ'rist]
reis (de)	**reise** (m/f)	['ræjsə]
avontuur (het)	**eventyr** (n)	['ɛvənˌtyr]
tocht (de)	**tripp** (m)	['trip]
vakantie (de)	**ferie** (m)	['fɛriə]
met vakantie zijn	**å være på ferie**	[ɔ 'værə pɔ 'fɛriə]
rust (de)	**hvile** (m/f)	['vilə]
trein (de)	**tog** (n)	['tɔg]
met de trein	**med tog**	[me 'tɔg]
vliegtuig (het)	**fly** (n)	['fly]
met het vliegtuig	**med fly**	[me 'fly]
met de auto	**med bil**	[me 'bil]
per schip (bw)	**med skip**	[me 'ʂip]
bagage (de)	**bagasje** (m)	[bɑ'gɑʂə]
valies (de)	**koffert** (m)	['kʊfɛːt]
bagagekarretje (het)	**bagasjetralle** (m/f)	[bɑ'gɑʂəˌtrɑlə]
paspoort (het)	**pass** (n)	['pɑs]
visum (het)	**visum** (n)	['visʉm]
kaartje (het)	**billett** (m)	[bi'let]
vliegticket (het)	**flybillett** (m)	['fly bi'let]
reisgids (de)	**reisehåndbok** (m/f)	['ræjsəˌhɔnbʊk]
kaart (de)	**kart** (n)	['kɑːt]
gebied (landelijk ~)	**område** (n)	['ɔmˌroːdə]
plaats (de)	**sted** (n)	['sted]
exotisch (bn)	**eksotisk**	[ɛk'sʉtisk]
verwonderlijk (bn)	**forunderlig**	[fo'rʉndeːli]
groep (de)	**gruppe** (m)	['grʉpə]
rondleiding (de)	**utflukt** (m/f)	['ʉtˌflʉkt]
gids (de)	**guide** (m)	['gɑjd]

131. Hotel

hotel (het)	**hotell** (n)	[hʊ'tɛl]
motel (het)	**motell** (n)	[mʊ'tɛl]
3-sterren	**trestjernet**	['treˌstjæːŋə]
5-sterren	**femstjernet**	['fɛmˌstjæːŋə]

overnachten (ww)	å bo	[ɔ 'bʊ]
kamer (de)	rom (n)	['rʊm]
eenpersoonskamer (de)	enkeltrom (n)	['ɛnkelt‚rʊm]
tweepersoonskamer (de)	dobbeltrom (n)	['dɔbelt‚rʊm]
een kamer reserveren	å reservere rom	[ɔ resɛr'verə 'rʊm]

| halfpension (het) | halvpensjon (m) | ['hal pan‚sʊn] |
| volpension (het) | fullpensjon (m) | ['fʉl pan‚sʊn] |

met badkamer	med badekar	[me 'badə‚kar]
met douche	med dusj	[me 'dʉʂ]
satelliet-tv (de)	satellitt-TV (m)	[satɛ'lit 'tɛvɛ]
airconditioner (de)	klimaanlegg (n)	['klima'an‚leg]
handdoek (de)	håndkle (n)	['hɔn‚kle]
sleutel (de)	nøkkel (m)	['nøkəl]

administrateur (de)	administrator (m)	[admini'strɑ:tʊr]
kamermeisje (het)	stuepike (m/f)	['stʉə‚pikə]
piccolo (de)	pikkolo (m)	['pikɔlɔ]
portier (de)	portier (m)	[pɔ:'tje]

restaurant (het)	restaurant (m)	[rɛstʊ'raŋ]
bar (de)	bar (m)	['bar]
ontbijt (het)	frokost (m)	['frʊkɔst]
avondeten (het)	middag (m)	['mi‚da]
buffet (het)	buffet (m)	[bʉ'fɛ]

| hal (de) | hall, lobby (m) | ['hal], ['lɔbi] |
| lift (de) | heis (m) | ['hæjs] |

| NIET STOREN | VENNLIGST IKKE FORSTYRR! | ['vɛnligt ikə fɔ'ʂtyr] |
| VERBODEN TE ROKEN! | RØYKING FORBUDT | ['røjkiŋ fɔr'bʉt] |

132. Boeken. Lezen

boek (het)	bok (m/f)	['bʊk]
auteur (de)	forfatter (m)	[fɔr'fatər]
schrijver (de)	forfatter (m)	[fɔr'fatər]
schrijven (een boek)	å skrive	[ɔ 'skrivə]

lezer (de)	leser (m)	['lesər]
lezen (ww)	å lese	[ɔ 'lesə]
lezen (het)	lesning (m/f)	['lesniŋ]

| stil (~ lezen) | for seg selv | [fɔr sæj 'sɛl] |
| hardop (~ lezen) | høyt | ['højt] |

uitgeven (boek ~)	å publisere	[ɔ pʉbli'serə]
uitgeven (het)	publisering (m/f)	[pʉbli'seriŋ]
uitgever (de)	forlegger (m)	['fɔ:‚legər]
uitgeverij (de)	forlag (n)	['fɔ:lag]
verschijnen (bijv. boek)	å komme ut	[ɔ 'kɔmə ʉt]
verschijnen (het)	utgivelse (m)	['ʉtjivəlsə]

oplage (de)	opplag (n)	['ɔp‚lag]
boekhandel (de)	bokhandel (m)	['bʊk‚handəl]
bibliotheek (de)	bibliotek (n)	[bibliʊ'tek]

novelle (de)	kortroman (m)	['kʊːʈ rʊ‚man]
verhaal (het)	novelle (m/f)	[nʊ'vɛlə]
roman (de)	roman (m)	[rʊ'man]
detectiveroman (de)	kriminalroman (m)	[krimi'nal rʊ‚man]

memoires (mv.)	memoarer (pl)	[memʊ'arər]
legende (de)	legende (m)	['le'gɛndə]
mythe (de)	myte (m)	['myːtə]

gedichten (mv.)	dikt (n pl)	['dikt]
autobiografie (de)	selvbiografi (m)	['sɛl‚biʊgra'fi]
bloemlezing (de)	utvalgte verker (n pl)	['ʉt‚valgtə 'værkər]
sciencefiction (de)	science fiction (m)	['sajəns ‚fikʂn]
naam (de)	tittel (m)	['titəl]
inleiding (de)	innledning (m)	['in‚ledniŋ]
voorblad (het)	tittelblad (n)	['titəl‚bla]

hoofdstuk (het)	kapitel (n)	[ka'pitəl]
fragment (het)	utdrag (n)	['ʉt‚drag]
episode (de)	episode (m)	[ɛpi'sʉdə]

intrige (de)	handling (m/f)	['handliŋ]
inhoud (de)	innhold (n)	['in‚hɔl]
inhoudsopgave (de)	innholdsfortegnelse (m)	['inhɔls fɔː'ʈæjnəlsə]
hoofdpersonage (het)	hovedperson (m)	['hʊvəd pæ'ʂʊn]

boekdeel (het)	bind (n)	['bin]
omslag (de/het)	omslag (n)	['ɔm‚slag]
boekband (de)	bokbind (n)	['bʊk‚bin]
bladwijzer (de)	bokmerke (n)	['bʊk‚mærkə]

pagina (de)	side (m/f)	['sidə]
bladeren (ww)	å bla	[ɔ 'bla]
marges (mv.)	marger (m pl)	['margər]
annotatie (de)	annotering (n)	[anʊ'teriŋ]
opmerking (de)	anmerkning (m)	['an‚mærkniŋ]

tekst (de)	tekst (m/f)	['tɛkst]
lettertype (het)	skrift, font (m)	['skrift], ['fɔnt]
drukfout (de)	trykkfeil (m)	['trʏk‚fæjl]

vertaling (de)	oversettelse (m)	['ɔvə‚sɛtəlsə]
vertalen (ww)	å oversette	[ɔ 'ɔvə‚sɛtə]
origineel (het)	original (m)	[ɔrigi'nal]

beroemd (bn)	berømt	[be'rømt]
onbekend (bn)	ukjent	['ʉ‚çɛnt]
interessant (bn)	interessant	[intere'san]
bestseller (de)	bestselger (m)	['bɛst‚sɛlər]
woordenboek (het)	ordbok (m/f)	['uːr‚bʊk]
leerboek (het)	lærebok (m/f)	['lærə‚bʊk]
encyclopedie (de)	encyklopedi (m)	[ɛnsʏklɔpe'di]

133. Jacht. Vissen

jacht (de)	jakt (m/f)	['jakt]
jagen (ww)	å jage	[ɔ 'jagə]
jager (de)	jeger (m)	['jɛːgər]

schieten (ww)	å skyte	[ɔ 'sytə]
geweer (het)	gevær (n)	[ge'vær]
patroon (de)	patron (m)	[pɑ'trʊn]
hagel (de)	hagl (n)	['hɑgl]

val (de)	saks (m/f)	['sɑks]
valstrik (de)	felle (m/f)	['fɛlə]
in de val trappen	å fanges i felle	[ɔ 'fɑŋəs i 'fɛlə]
een val zetten	å sette opp felle	[ɔ 'sɛtə ɔp 'fɛlə]

stroper (de)	tyvskytter (m)	['tyf,sytər]
wild (het)	vilt (n)	['vilt]
jachthond (de)	jakthund (m)	['jakt,hʉn]
safari (de)	safari (m)	[sɑ'fɑri]
opgezet dier (het)	utstoppet dyr (n)	['ʉt,stɔpet ,dyr]

visser (de)	fisker (m)	['fiskər]
visvangst (de)	fiske (n)	['fiskə]
vissen (ww)	å fiske	[ɔ 'fiskə]

hengel (de)	fiskestang (m/f)	['fiskə,stɑŋ]
vislijn (de)	fiskesnøre (n)	['fiskə,snøre]
haak (de)	krok (m)	['krʊk]
dobber (de)	dupp (m)	['dʉp]
aas (het)	agn (m)	['ɑŋn]

de hengel uitwerpen	å kaste ut	[ɔ 'kɑstə ʉt]
bijten (ov. de vissen)	å bite	[ɔ 'bitə]
vangst (de)	fangst (m)	['fɑŋst]
wak (het)	hull (n) i isen	['hʉl i ,isən]

net (het)	nett (n)	['nɛt]
boot (de)	båt (m)	['bɔt]
vissen met netten	å fiske med nett	[ɔ 'fiskə me 'nɛt]
het net uitwerpen	å kaste nettet	[ɔ 'kɑstə 'nɛtə]
het net binnenhalen	å hale opp nettet	[ɔ 'hɑlə ɔp 'nɛtə]
in het net vallen	å bli fanget i nett	[ɔ 'bli 'fɑŋət i 'nɛt]

walvisvangst (de)	hvalfanger (m)	['vɑl,fɑŋər]
walvisvaarder (de)	hvalbåt (m)	['vɑl,bɔt]
harpoen (de)	harpun (m)	[hɑr'pʉn]

134. Spellen. Biljart

biljart (het)	biljard (m)	[bil'jaːɖ]
biljartzaal (de)	biljardsalong (m)	[bil'jaːɖsɑ,lɔŋ]
biljartbal (de)	biljardkule (m/f)	[bil'jaːɖ,kʉːlə]

een bal in het gat jagen	å støte en kule	[ɔ 'støtə en 'kʉːlə]
keu (de)	kø (m)	['kø]
gat (het)	hull (n)	['hʉl]

135. Spellen. Speelkaarten

ruiten (mv.)	ruter (m pl)	['rʉtər]
schoppen (mv.)	spar (m pl)	['spɑr]
klaveren (mv.)	hjerter (m)	['jæːter]
harten (mv.)	kløver (m)	['kløvər]

aas (de)	ess (n)	['ɛs]
koning (de)	konge (m)	['kʊŋə]
dame (de)	dame (m/f)	['dɑmə]
boer (de)	knekt (m)	['knɛkt]

speelkaart (de)	kort (n)	['kɔːt]
kaarten (mv.)	kort (n pl)	['kɔːt]
troef (de)	trumf (m)	['trʉmf]
pak (het) kaarten	kortstokk (m)	['kɔːtˌstɔk]

punt (bijv. vijftig ~en)	poeng (n)	[pɔ'ɛŋ]
uitdelen (kaarten ~)	å gi, å dele ut	[ɔ 'jiˌ], [ɔ 'delə ʉt]
schudden (de kaarten ~)	å blande	[ɔ 'blɑnə]
beurt (de)	trekk (n)	['trɛk]
valsspeler (de)	falskspiller (m)	['fɑlskˌspilər]

136. Rusten. Spellen. Diversen

wandelen (on.ww.)	å spasere	[ɔ spɑ'serə]
wandeling (de)	spasertur (m)	[spɑ'sɛːˌtʉr]
trip (per auto)	kjøretur (m)	['çœːrəˌtʉr]
avontuur (het)	eventyr (n)	['ɛvənˌtyr]
picknick (de)	piknik (m)	['piknik]

spel (het)	spill (n)	['spil]
speler (de)	spiller (m)	['spilər]
partij (de)	parti (n)	[pɑː'ʈi]

collectioneur (de)	samler (m)	['sɑmlər]
collectioneren (ww)	å samle	[ɔ 'sɑmlə]
collectie (de)	samling (m/f)	['sɑmliŋ]

kruiswoordraadsel (het)	kryssord (n)	['krʏsˌʊːr]
hippodroom (de)	travbane (m)	['trɑvˌbɑnə]
discotheek (de)	diskotek (n)	[diskʊ'tek]

| sauna (de) | sauna (m) | ['sɑʊnɑ] |
| loterij (de) | lotteri (n) | [lɔte'ri] |

| trektocht (kampeertocht) | campingtur (m) | ['kɑmpiŋˌtʉr] |
| kamp (het) | leir (m) | ['læjr] |

tent (de)	**telt** (n)	['tɛlt]
kompas (het)	**kompass** (m/n)	[kʊm'pɑs]
rugzaktoerist (de)	**camper** (m)	['kɑmpər]
bekijken (een film ~)	**å se på**	[ɔ 'se pɔ]
kijker (televisie~)	**TV-seer** (m)	['tɛvɛ ˌseːər]
televisie-uitzending (de)	**TV-show** (n)	['tɛvɛ ˌɕɔːw]

137. Fotografie

fotocamera (de)	**kamera** (n)	['kɑmera]
foto (de)	**foto, fotografi** (n)	['fɔtɔ], ['fɔtɔgrɑ'fi]
fotograaf (de)	**fotograf** (m)	[fɔtɔ'grɑf]
fotostudio (de)	**fotostudio** (n)	['fɔtɔˌstʉdiɔ]
fotoalbum (het)	**fotoalbum** (n)	['fɔtɔˌɑlbʉm]
lens (de), objectief (het)	**objektiv** (n)	[ɔbjɛk'tiv]
telelens (de)	**teleobjektiv** (n)	['teleɔbjek'tiv]
filter (de/het)	**filter** (n)	['filtər]
lens (de)	**linse** (m/f)	['linsə]
optiek (de)	**optikk** (m)	[ɔp'tik]
diafragma (het)	**blender** (m)	['blenər]
belichtingstijd (de)	**eksponeringstid** (m/f)	[ɛkspʉ'neriŋsˌtid]
zoeker (de)	**søker** (m)	['søkər]
digitale camera (de)	**digitalkamera** (n)	[digi'tɑl ˌkɑmera]
statief (het)	**stativ** (m)	[stɑ'tiv]
flits (de)	**blits** (m)	['blits]
fotograferen (ww)	**å fotografere**	[ɔ fɔtɔgrɑ'ferə]
kieken (foto's maken)	**å ta bilder**	[ɔ 'tɑ 'bildər]
zich laten fotograferen	**å bli fotografert**	[ɔ 'bli fɔtɔgrɑ'fɛːt]
focus (de)	**fokus** (n)	['fɔkʉs]
scherpstellen (ww)	**å stille skarphet**	[ɔ 'stilə 'skɑrpˌhet]
scherp (bn)	**skarp**	['skɑrp]
scherpte (de)	**skarphet** (m)	['skɑrpˌhet]
contrast (het)	**kontrast** (m)	[kʊn'trɑst]
contrastrijk (bn)	**kontrast-**	[kʊn'trɑst-]
kiekje (het)	**bilde** (n)	['bildə]
negatief (het)	**negativ** (m/n)	['negɑˌtiv]
filmpje (het)	**film** (m)	['film]
beeld (frame)	**bilde** (n)	['bildə]
afdrukken (foto's ~)	**å skrive ut**	[ɔ skrivə ʉt]

138. Strand. Zwemmen

strand (het)	**badestrand** (m/f)	['bɑdəˌstrɑn]
zand (het)	**sand** (m)	['sɑn]

leeg (~ strand)	øde	['ødə]
bruine kleur (de)	solbrenthet (m)	['sʊlbrɛnt‚het]
zonnebaden (ww)	å sole seg	[ɔ 'sʊlə sæj]
gebruind (bn)	solbrent	['sʊl‚brɛnt]
zonnecrème (de)	solkrem (m)	['sʊl‚krɛm]

bikini (de)	bikini (m)	[bi'kini]
badpak (het)	badedrakt (m/f)	['badə‚drakt]
zwembroek (de)	badebukser (m/f)	['badə‚bʉksər]

zwembad (het)	svømmebasseng (n)	['svœmə‚ba'sɛŋ]
zwemmen (ww)	å svømme	[ɔ 'svœmə]
douche (de)	dusj (m)	['dʉʂ]
zich omkleden (ww)	å kle seg om	[ɔ 'kle sæj ‚ɔm]
handdoek (de)	håndkle (n)	['hɔn‚kle]

boot (de)	båt (m)	['bɔt]
motorboot (de)	motorbåt (m)	['mɔtʊr‚bot]

waterski's (mv.)	vannski (m pl)	['van‚ʂi]
waterfiets (de)	pedalbåt (m)	['pe'dal‚bɔt]
surfen (het)	surfing (m/f)	['sørfiŋ]
surfer (de)	surfer (m)	['sørfər]

scuba, aqualong (de)	scuba (n)	['skʉba]
zwemvliezen (mv.)	svømmeføtter (m pl)	['svœmə‚fœtər]
duikmasker (het)	maske (m/f)	['maskə]
duiker (de)	dykker (m)	['dykər]
duiken (ww)	å dykke	[ɔ 'dykə]
onder water (bw)	under vannet	['ʉnər 'vanə]

parasol (de)	parasoll (m)	[para'sɔl]
ligstoel (de)	liggestol (m)	['ligə‚stʊl]
zonnebril (de)	solbriller (m pl)	['sʊl‚brilər]
luchtmatras (de/het)	luftmadrass (m)	['lʉftma‚dras]

spelen (ww)	å leke	[ɔ 'lekə]
gaan zwemmen (ww)	å bade	[ɔ 'badə]

bal (de)	ball (m)	['bal]
opblazen (oppompen)	å blåse opp	[ɔ 'blɔːsə ɔp]
lucht-, opblaasbare (bn)	luft-, oppblåsbar	['lʉft-], [ɔp'blɔːsbar]

golf (hoge ~)	bølge (m)	['bølgə]
boei (de)	bøye (m)	['bøjə]
verdrinken (ww)	å drukne	[ɔ 'drʉknə]

redden (ww)	å redde	[ɔ 'rɛdə]
reddingsvest (de)	redningsvest (m)	['rɛdniŋs‚vɛst]
waarnemen (ww)	å observere	[ɔ ɔbsɛr'verə]
redder (de)	badevakt (m/f)	['badə‚vakt]

TECHNISCHE APPARATUUR. VERVOER

Technische apparatuur

139. Computer

computer (de)	datamaskin (m)	['data ma‚ʂin]
laptop (de)	bærbar, laptop (m)	['bær‚bar], ['laptɔp]
aanzetten (ww)	å slå på	[ɔ 'ʂlɔ pɔ]
uitzetten (ww)	å slå av	[ɔ 'ʂlɔ aː]
toetsenbord (het)	tastatur (n)	[tasta'tʉr]
toets (enter~)	tast (m)	['tast]
muis (de)	mus (m/f)	['mʉs]
muismat (de)	musematte (m/f)	['mʉsə‚matə]
knopje (het)	knapp (m)	['knap]
cursor (de)	markør (m)	[mar'kør]
monitor (de)	monitor (m)	['mɔnitɔr]
scherm (het)	skjerm (m)	['ʂærm]
harde schijf (de)	harddisk (m)	['har‚disk]
volume (het)	harddiskkapasitet (m)	['har‚disk kapasi'tet]
van de harde schijf		
geheugen (het)	minne (n)	['minə]
RAM-geheugen (het)	hovedminne (n)	['hɔvəd‚minə]
bestand (het)	fil (m)	['fil]
folder (de)	mappe (m/f)	['mapə]
openen (ww)	å åpne	[ɔ 'ɔpnə]
sluiten (ww)	å lukke	[ɔ 'lʉkə]
opslaan (ww)	å lagre	[ɔ 'lagrə]
verwijderen (wissen)	å slette, å fjerne	[ɔ 'ʂletə], [ɔ 'fjæːɳə]
kopiëren (ww)	å kopiere	[ɔ kʉ'pjerə]
sorteren (ww)	å sortere	[ɔ sɔː'terə]
overplaatsen (ww)	å overføre	[ɔ 'ɔvər‚førə]
programma (het)	program (n)	[prʉ'gram]
software (de)	programvare (m/f)	[prʉ'gram‚varə]
programmeur (de)	programmerer (m)	[prʉgra'merər]
programmeren (ww)	å programmere	[ɔ prʉgra'merə]
hacker (computerkraker)	hacker (m)	['hakər]
wachtwoord (het)	passord (n)	['pas‚uːr]
virus (het)	virus (m)	['virʉs]
ontdekken (virus ~)	å oppdage	[ɔ 'ɔp‚dagə]

| byte (de) | byte (m) | ['bɑjt] |
| megabyte (de) | megabyte (m) | ['megaˌbɑjt] |

| data (de) | data (m pl) | ['dɑta] |
| databank (de) | database (m) | ['dɑtaˌbasə] |

kabel (USB-~, enz.)	kabel (m)	['kɑbəl]
afsluiten (ww)	å koble fra	[ɔ 'kɔblə frɑ]
aansluiten op (ww)	å koble	[ɔ 'kɔblə]

140. Internet. E-mail

internet (het)	Internett	['intəˌnɛt]
browser (de)	nettleser (m)	['nɛtˌlesər]
zoekmachine (de)	søkemotor (m)	['søkəˌmotʊr]
internetprovider (de)	leverandør (m)	[levəran'dør]

webmaster (de)	webmaster (m)	['vɛbˌmɑstər]
website (de)	webside, hjemmeside (m/f)	['vɛbˌsidə], ['jɛməˌsidə]
webpagina (de)	nettside (m)	['nɛtˌsidə]

| adres (het) | adresse (m) | [a'drɛsə] |
| adresboek (het) | adressebok (f) | [a'drɛsəˌbʊk] |

postvak (het)	postkasse (m/f)	['pɔstˌkasə]
post (de)	post (m)	['pɔst]
vol (~ postvak)	full	['fʉl]

bericht (het)	melding (m/f)	['mɛliŋ]
binnenkomende berichten (mv.)	innkommende meldinger	['inˌkɔmenə 'mɛliŋər]
uitgaande berichten (mv.)	utgående meldinger	['ʉtˌgɔenə 'mɛliŋər]
verzender (de)	avsender (m)	['ɑfˌsɛnər]
verzenden (ww)	å sende	[ɔ 'sɛnə]
verzending (de)	avsending (m)	['ɑfˌsɛniŋ]

| ontvanger (de) | mottaker (m) | ['mɔtˌtɑkər] |
| ontvangen (ww) | å motta | [ɔ 'mɔtɑ] |

| correspondentie (de) | korrespondanse (m) | [kʊrespɔn'dɑnsə] |
| corresponderen (met ...) | å brevveksle | [ɔ 'brɛvˌvɛkslə] |

bestand (het)	fil (m)	['fil]
downloaden (ww)	å laste ned	[ɔ 'lɑstə 'ne]
creëren (ww)	å opprette	[ɔ 'ɔpˌrɛtə]
verwijderen (een bestand ~)	å slette, å fjerne	[ɔ 'ʂletə], [ɔ 'fjæːɳə]
verwijderd (bn)	slettet	['ʂletət]

verbinding (de)	forbindelse (m)	[fɔr'binəlsə]
snelheid (de)	hastighet (m/f)	['hɑstiˌhet]
modem (de)	modem (n)	['mʊ'dɛm]
toegang (de)	tilgang (m)	['tilˌgɑŋ]
poort (de)	port (m)	['pɔːt]
aansluiting (de)	tilkobling (m/f)	['tilˌkɔbliŋ]

zich aansluiten (ww)	å koble	[ɔ 'kɔblə]
selecteren (ww)	å velge	[ɔ 'vɛlgə]
zoeken (ww)	å søke etter ...	[ɔ 'søkə ˌɛtər ...]

Vervoer

141. Vliegtuig

vliegtuig (het)	fly (n)	['fly]
vliegticket (het)	flybillett (m)	['fly bi'let]
luchtvaartmaatschappij (de)	flyselskap (n)	['flysəl‚skap]
luchthaven (de)	flyplass (m)	['fly‚plas]
supersonisch (bn)	overlyds-	['ɔvə‚lyds-]
gezagvoerder (de)	kaptein (m)	[kap'tæjn]
bemanning (de)	besetning (m/f)	[be'sɛtniŋ]
piloot (de)	pilot (m)	[pi'lɔt]
stewardess (de)	flyvertinne (m/f)	[flyvɛ:'tinə]
stuurman (de)	styrmann (m)	['styr‚man]
vleugels (mv.)	vinger (m pl)	['viŋər]
staart (de)	hale (m)	['halə]
cabine (de)	cockpit, førerkabin (m)	['kɔkpit], ['førərka‚bin]
motor (de)	motor (m)	['mɔtʉr]
landingsgestel (het)	landingshjul (n)	['laniŋs‚jʉl]
turbine (de)	turbin (m)	[tʉr'bin]
propeller (de)	propell (m)	[prʉ'pɛl]
zwarte doos (de)	svart boks (m)	['sva:ʈ bɔks]
stuur (het)	ratt (n)	['rat]
brandstof (de)	brensel (n)	['brɛnsəl]
veiligheidskaart (de)	sikkerhetsbrosjyre (m)	['sikərhɛts‚brɔ'ʂyrə]
zuurstofmasker (het)	oksygenmaske (m/f)	['ɔksygən‚maskə]
uniform (het)	uniform (m)	[ʉni'fɔrm]
reddingsvest (de)	redningsvest (m)	['rɛdniŋs‚vɛst]
parachute (de)	fallskjerm (m)	['fal‚ʂærm]
opstijgen (het)	start (m)	['sta:ʈ]
opstijgen (ww)	å løfte	[ɔ 'lœftə]
startbaan (de)	startbane (m)	['sta:ʈ‚banə]
zicht (het)	siktbarhet (m)	['siktbar‚het]
vlucht (de)	flyging (m/f)	['flygiŋ]
hoogte (de)	høyde (m)	['højdə]
luchtzak (de)	lufthull (n)	['lʉft‚hʉl]
plaats (de)	plass (m)	['plas]
koptelefoon (de)	hodetelefoner (n pl)	['hodətelə‚fʉnər]
tafeltje (het)	klappbord (n)	['klap‚bʉr]
venster (het)	vindu (n)	['vindʉ]
gangpad (het)	midtgang (m)	['mit‚gaŋ]

142. Trein

trein (de)	**tog** (n)	['tɔg]
elektrische trein (de)	**lokaltog** (n)	[lɔ'kal͵tɔg]
sneltrein (de)	**ekspresstog** (n)	[ɛks'prɛs͵tɔg]
diesellocomotief (de)	**diesellokomotiv** (n)	['disəl lʊkɔmɔ'tiv]
locomotief (de)	**damplokomotiv** (n)	['damp lʊkɔmɔ'tiv]

rijtuig (het)	**vogn** (m)	['vɔŋn]
restauratierijtuig (het)	**restaurantvogn** (m/f)	[rɛstʉ'raŋ͵vɔŋn]

rails (mv.)	**skinner** (m/f pl)	['ʂinər]
spoorweg (de)	**jernbane** (m)	['jæːn͵banə]
dwarsligger (de)	**sville** (m/f)	['svilə]

perron (het)	**perrong, plattform** (m/f)	[pɛ'rɔŋ], ['platfɔrm]
spoor (het)	**spor** (n)	['spʊr]
semafoor (de)	**semafor** (m)	[sema'fʊr]
halte (bijv. kleine treinhalte)	**stasjon** (m)	[sta'ʂʊn]

machinist (de)	**lokfører** (m)	['lʊk͵førər]
kruier (de)	**bærer** (m)	['bærər]
conducteur (de)	**betjent** (m)	['be'tjɛnt]
passagier (de)	**passasjer** (m)	[pasa'ʂɛr]
controleur (de)	**billett inspektør** (m)	[bi'let inspɛk'tør]

gang (in een trein)	**korridor** (m)	[kʉri'dɔr]
noodrem (de)	**nødbrems** (m)	['nød͵brɛms]

coupé (de)	**kupé** (m)	[kʉ'pe]
bed (slaapplaats)	**køye** (m/f)	['køjə]
bovenste bed (het)	**overkøye** (m/f)	['ɔvər͵køjə]
onderste bed (het)	**underkøye** (m/f)	['ʉnər͵køjə]
beddengoed (het)	**sengetøy** (n)	['sɛŋə͵tøj]

kaartje (het)	**billett** (m)	[bi'let]
dienstregeling (de)	**rutetabell** (m)	['rʉtə͵ta'bɛl]
informatiebord (het)	**informasjonstavle** (m/f)	[informa'ʂʊns ͵tavlə]

vertrekken	**å avgå**	[ɔ 'avgɔ]
(De trein vertrekt ...)		
vertrek (ov. een trein)	**avgang** (m)	['av͵gaŋ]
aankomen (ov. de treinen)	**å ankomme**	[ɔ 'an͵kɔmə]
aankomst (de)	**ankomst** (m)	['an͵kɔmst]

aankomen per trein	**å ankomme med toget**	[ɔ 'an͵kɔmə me 'tɔge]
in de trein stappen	**å gå på toget**	[ɔ 'gɔ pɔ 'tɔge]
uit de trein stappen	**å gå av toget**	[ɔ 'gɔ a: 'tɔge]

treinwrak (het)	**togulykke** (m/n)	['tɔg ʉ'lʏkə]
ontspoord zijn	**å spore av**	[ɔ 'spʊrə a:]
locomotief (de)	**damplokomotiv** (n)	['damp lʊkɔmɔ'tiv]
stoker (de)	**fyrbøter** (m)	['fyr͵bøtər]
stookplaats (de)	**fyrrom** (n)	['fyr͵rʊm]
steenkool (de)	**kull** (n)	['kʉl]

143. Schip

| schip (het) | skip (n) | ['ṣip] |
| vaartuig (het) | fartøy (n) | ['fɑːˌʈøj] |

stoomboot (de)	dampskip (n)	['dɑmpˌṣip]
motorschip (het)	elvebåt (m)	['ɛlvəˌbɔt]
lijnschip (het)	cruiseskip (n)	['krʉsˌṣip]
kruiser (de)	krysser (m)	['krʏsər]

jacht (het)	jakt (m/f)	['jakt]
sleepboot (de)	bukserbåt (m)	[bʉk'serˌbɔt]
duwbak (de)	lastepram (m)	['lɑstəˌprɑm]
ferryboot (de)	ferje, ferge (m/f)	['færjə], ['færgə]

| zeilboot (de) | seilbåt (n) | ['sæjlˌbɔt] |
| brigantijn (de) | brigantin (m) | [brigɑn'tin] |

| IJsbreker (de) | isbryter (m) | ['isˌbrytər] |
| duikboot (de) | ubåt (m) | ['ʉːˌbɔt] |

boot (de)	båt (m)	['bɔt]
sloep (de)	jolle (m/f)	['jɔlə]
reddingssloep (de)	livbåt (m)	['livˌbɔt]
motorboot (de)	motorbåt (m)	['mɔtʉrˌbɔt]

kapitein (de)	kaptein (m)	[kɑp'tæjn]
zeeman (de)	matros (m)	[mɑ'trʊs]
matroos (de)	sjømann (m)	['ṣøˌmɑn]
bemanning (de)	besetning (m/f)	[be'sɛtniŋ]

bootsman (de)	båtsmann (m)	['bɔsˌmɑn]
scheepsjongen (de)	skipsgutt, jungmann (m)	['ṣipsˌgʉt], ['jʉŋˌmɑn]
kok (de)	kokk (m)	['kʊk]
scheepsarts (de)	skipslege (m)	['ṣipsˌlegə]

dek (het)	dekk (n)	['dɛk]
mast (de)	mast (m/f)	['mɑst]
zeil (het)	seil (n)	['sæjl]

ruim (het)	lasterom (n)	['lɑstəˌrʊm]
voorsteven (de)	baug (m)	['bæu]
achtersteven (de)	akterende (m)	['ɑktəˌrɛnə]
roeispaan (de)	åre (m)	['oːrə]
schroef (de)	propell (m)	[prʊ'pɛl]

kajuit (de)	hytte (m)	['hʏte]
officierskamer (de)	offisersmesse (m/f)	[ɔfi'sɛrsˌmɛsə]
machinekamer (de)	maskinrom (n)	[mɑ'ṣinˌrʊm]
brug (de)	kommandobro (m/f)	[kɔ'mɑndʉˌbrʊ]
radiokamer (de)	radiorom (m)	['rɑdiʉˌrʊm]
radiogolf (de)	bølge (m)	['bølgə]
logboek (het)	loggbok (m/f)	['lɔgˌbʊk]
verrekijker (de)	langkikkert (m)	['lɑŋˌkikeːʈ]
klok (de)	klokke (m/f)	['klɔkə]

vlag (de)	flagg (n)	['flag]
kabel (de)	trosse (m/f)	['trʊsə]
knoop (de)	knute (m)	['knʉtə]

| trapleuning (de) | rekkverk (n) | ['rɛkˌværk] |
| trap (de) | landgang (m) | ['lanˌgaŋ] |

anker (het)	anker (n)	['ankər]
het anker lichten	å lette anker	[ɔ 'letə 'ankər]
het anker neerlaten	å kaste anker	[ɔ 'kastə 'ankər]
ankerketting (de)	ankerkjetting (m)	['ankərˌçɛtiŋ]

haven (bijv. containerhaven)	havn (m/f)	['havn]
kaai (de)	kai (m/f)	['kaj]
aanleggen (ww)	å fortøye	[ɔ fɔ:'tøjə]
wegvaren (ww)	å kaste loss	[ɔ 'kastə lɔs]

reis (de)	reise (m/f)	['ræjsə]
cruise (de)	cruise (n)	['krʉs]
koers (de)	kurs (m)	['kʉʂ]
route (de)	rute (m/f)	['rʉtə]

vaarwater (het)	seilrende (m)	['sæjlˌrɛnə]
zandbank (de)	grunne (m/f)	['grʉnə]
stranden (ww)	å gå på grunn	[ɔ 'gɔ pɔ 'grʉn]

storm (de)	storm (m)	['stɔrm]
signaal (het)	signal (n)	[siŋ'nal]
zinken (ov. een boot)	å synke	[ɔ 'sʏnkə]
Man overboord!	Mann over bord!	['man ˌɔvər 'bʊr]
SOS (noodsignaal)	SOS (n)	[ɛsʊ'ɛs]
reddingsboei (de)	livbøye (m/f)	['livˌbøjə]

144. Vliegveld

luchthaven (de)	flyplass (m)	['flyˌplas]
vliegtuig (het)	fly (n)	['fly]
luchtvaartmaatschappij (de)	flyselskap (n)	['flysəlˌskap]
luchtverkeersleider (de)	flygeleder (m)	['flygəˌledər]

vertrek (het)	avgang (m)	['avˌgaŋ]
aankomst (de)	ankomst (m)	['anˌkɔmst]
aankomen (per vliegtuig)	å ankomme	[ɔ 'anˌkɔmə]

| vertrektijd (de) | avgangstid (m/f) | ['avgaŋsˌtid] |
| aankomstuur (het) | ankomsttid (m/f) | [an'kɔmsˌtid] |

| vertraagd zijn (ww) | å bli forsinket | [ɔ 'bli fɔ'ʂinkət] |
| vluchtvertraging (de) | avgangsforsinkelse (m) | ['avgaŋs fɔ'ʂinkəlsə] |

informatiebord (het)	informasjonstavle (m/f)	[infɔrma'ʂʊns ˌtavlə]
informatie (de)	informasjon (m)	[infɔrma'ʂʊn]
aankondigen (ww)	å meddele	[ɔ 'mɛdˌdelə]
vlucht (bijv. KLM ~)	fly (n)	['fly]

| douane (de) | toll (m) | ['tɔl] |
| douanier (de) | tollbetjent (m) | ['tɔlbe‚tjɛnt] |

douaneaangifte (de)	tolldeklarasjon (m)	['tɔldɛklara'şʊn]
invullen (douaneaangifte ~)	å utfylle	[ɔ 'ʉt‚fʏlə]
een douaneaangifte invullen	å utfylle en tolldeklarasjon	[ɔ 'ʉt‚fʏlə en 'tɔldɛklara‚şʊn]
paspoortcontrole (de)	passkontroll (m)	['paskʊn‚trɔl]

bagage (de)	bagasje (m)	[ba'gaşə]
handbagage (de)	håndbagasje (m)	['hɔn‚ba'gaşə]
bagagekarretje (het)	bagasjetralle (m/f)	[ba'gaşə‚tralə]

landing (de)	landing (m)	['laniŋ]
landingsbaan (de)	landingsbane (m)	['laniŋs‚banə]
landen (ww)	å lande	[ɔ 'lanə]
vliegtuigtrap (de)	trapp (m/f)	['trap]

inchecken (het)	innsjekking (m/f)	['in‚şɛkiŋ]
incheckbalie (de)	innsjekkingsskranke (m)	['in‚şɛkiŋs ‚skrankə]
inchecken (ww)	å sjekke inn	[ɔ 'şɛkə in]
instapkaart (de)	boardingkort (n)	['bɔːɖiŋ‚kɔːt]
gate (de)	gate (m/f)	['gejt]

transit (de)	transitt (m)	[tran'sit]
wachten (ww)	å vente	[ɔ 'vɛntə]
wachtzaal (de)	ventehall (m)	['vɛntə‚hal]
begeleiden (uitwuiven)	å ta avskjed	[ɔ 'ta 'af‚şɛd]
afscheid nemen (ww)	å si farvel	[ɔ 'si far'vɛl]

145. Fiets. Motorfiets

fiets (de)	sykkel (m)	['sʏkəl]
bromfiets (de)	skooter (m)	['skutər]
motorfiets (de)	motorsykkel (m)	['motʊr‚sʏkəl]

met de fiets rijden	å sykle	[ɔ 'sʏklə]
stuur (het)	styre (n)	['styrə]
pedaal (de/het)	pedal (m)	[pe'dal]
remmen (mv.)	bremser (m pl)	['brɛmsər]
fietszadel (de/het)	sete (n)	['setə]

pomp (de)	pumpe (m/f)	['pʉmpə]
bagagedrager (de)	bagasjebrett (n)	[ba'gaşə‚brɛt]
fietslicht (het)	lykt (m/f)	['lʏkt]
helm (de)	hjelm (m)	['jɛlm]

wiel (het)	hjul (n)	['jʉl]
spatbord (het)	skjerm (m)	['şærm]
velg (de)	felg (m)	['fɛlg]
spaak (de)	eik (m/f)	['æjk]

Auto's

146. Soorten auto's

auto (de)	**bil** (m)	['bil]
sportauto (de)	**sportsbil** (m)	['spɔːʦˌbil]
limousine (de)	**limousin** (m)	[limʉ'sin]
terreinwagen (de)	**terrengbil** (m)	[tɛ'rɛŋˌbil]
cabriolet (de)	**kabriolet** (m)	[kabriʉ'le]
minibus (de)	**minibuss** (m)	['miniˌbʉs]
ambulance (de)	**ambulanse** (m)	[ambʉ'lansə]
sneeuwruimer (de)	**snøplog** (m)	['snøˌplɔg]
vrachtwagen (de)	**lastebil** (m)	['lastəˌbil]
tankwagen (de)	**tankbil** (m)	['tankˌbil]
bestelwagen (de)	**skapbil** (m)	['skapˌbil]
trekker (de)	**trekkvogn** (m/f)	['trɛkˌvɔŋn]
aanhangwagen (de)	**tilhenger** (m)	['tilˌhɛŋər]
comfortabel (bn)	**komfortabel**	[kʉmfɔ:'ʈabəl]
tweedehands (bn)	**brukt**	['brʉkt]

147. Auto's. Carrosserie

motorkap (de)	**panser** (n)	['pansər]
spatbord (het)	**skjerm** (m)	['ʂærm]
dak (het)	**tak** (n)	['tak]
voorruit (de)	**frontrute** (m/f)	['frontˌrʉtə]
achterruit (de)	**bakspeil** (n)	['bakˌspæjl]
ruitensproeier (de)	**vindusspyler** (m)	['vindʉsˌspylər]
wisserbladen (mv.)	**viskerblader** (n pl)	['viskəblaər]
zijruit (de)	**siderute** (m/f)	['sidəˌrʉtə]
raamlift (de)	**vindusheis** (m)	['vindʉsˌhæjs]
antenne (de)	**antenne** (m)	[an'tɛnə]
zonnedak (het)	**takluke** (m/f), **soltak** (n)	['takˌlʉkə], ['sʉlˌtak]
bumper (de)	**støtfanger** (m)	['støtˌfaŋər]
koffer (de)	**bagasjerom** (n)	[ba'gaʂəˌrʉm]
imperiaal (de/het)	**takgrind** (m/f)	['takˌgrin]
portier (het)	**dør** (m/f)	['dœr]
handvat (het)	**dørhåndtak** (n)	['dœrˌhɔntak]
slot (het)	**dørlås** (m/n)	['dœrˌlɔs]
nummerplaat (de)	**nummerskilt** (n)	['nʉmərˌʂilt]
knalpot (de)	**lyddemper** (m)	['lydˌdɛmpər]

| benzinetank (de) | bensintank (m) | [bɛn'sin̩tɑnk] |
| uitlaatpijp (de) | eksosrør (n) | ['ɛksʉs͵rør] |

gas (het)	gass (m)	['gɑs]
pedaal (de/het)	pedal (m)	[pe'dɑl]
gaspedaal (de/het)	gasspedal (m)	['gɑs pe'dɑl]

rem (de)	brems (m)	['brɛms]
rempedaal (de/het)	bremsepedal (m)	['brɛmsə pe'dɑl]
remmen (ww)	å bremse	[ɔ 'brɛmsə]
handrem (de)	håndbrekk (n)	['hɔn͵brɛk]

koppeling (de)	koppling (m)	['kɔpliŋ]
koppelingspedaal (de/het)	kopplingspedal (m)	['kɔpliŋs pe'dɑl]
koppelingsschijf (de)	koplingsskive (m/f)	['kɔpliŋs͵ʃivə]
schokdemper (de)	støtdemper (m)	['støt͵dɛmpər]

wiel (het)	hjul (n)	['jʉl]
reservewiel (het)	reservehjul (n)	[re'sɛrvə͵jʉl]
band (de)	dekk (n)	['dɛk]
wieldop (de)	hjulkapsel (m)	['jʉl͵kɑpsəl]

aandrijfwielen (mv.)	drivhjul (n pl)	['driv͵jʉl]
met voorwielaandrijving	forhjulsdrevet	['fɔrjʉls͵drevət]
met achterwielaandrijving	bakhjulsdrevet	['bɑkjʉls͵drevət]
met vierwielaandrijving	firehjulsdrevet	['firəjʉls͵drevət]

versnellingsbak (de)	girkasse (m/f)	['gir͵kɑsə]
automatisch (bn)	automatisk	[aʉtʉ'mɑtisk]
mechanisch (bn)	mekanisk	[me'kɑnisk]
versnellingspook (de)	girspak (m)	['gi͵spɑk]

| voorlicht (het) | lyskaster (m) | ['lys͵kɑstər] |
| voorlichten (mv.) | lyskastere (m pl) | ['lys͵kɑstərə] |

dimlicht (het)	nærlys (n)	['nær͵lys]
grootlicht (het)	fjernlys (n)	['fjæːn̩lys]
stoplicht (het)	stopplys, bremselys (n)	['stɔp͵lys], ['brɛmsə͵lys]

standlichten (mv.)	parkeringslys (n)	[pɑr'keriŋs͵lys]
noodverlichting (de)	varselblinklys (n)	['vɑʂəl͵blink lys]
mistlichten (mv.)	tåkelys (n)	['toːkə͵lys]
pinker (de)	blinklys (n)	['blink͵lys]
achteruitrijdlicht (het)	baklys (n)	['bɑk͵lys]

148. Auto's. Passagiersruimte

interieur (het)	interiør (n), innredning (m/f)	[inter'jør], ['in͵rɛdniŋ]
leren (van leer gemaak)	lær-	['lær-]
fluwelen (abn)	velur	[ve'lʉr]
bekleding (de)	trekk (n)	['trɛk]

| toestel (het) | instrument (n) | [instrʉ'mɛnt] |
| instrumentenbord (het) | dashbord (n) | ['dɑʂbɔːd] |

| snelheidsmeter (de) | speedometer (n) | [spidu'metər] |
| pijltje (het) | viser (m) | ['visər] |

kilometerteller (de)	kilometerteller (m)	[çilu'metər,tɛlər]
sensor (de)	indikator (m)	[indi'katur]
niveau (het)	nivå (n)	[ni'vo]
controlelampje (het)	varsellampe (m/f)	['vaʂəl,lampə]

stuur (het)	ratt (n)	['rat]
toeter (de)	horn (n)	['huːɳ]
knopje (het)	knapp (m)	['knap]
schakelaar (de)	bryter (m)	['brytər]

stoel (bestuurders~)	sete (n)	['setə]
rugleuning (de)	seterygg (m)	['setə,rʏg]
hoofdsteun (de)	nakkestøtte (m/f)	['nakə,stœtə]
veiligheidsgordel (de)	sikkerhetsbelte (m)	['sikərhɛts,bɛltə]
de gordel aandoen	å spenne fast sikkerhetsbeltet	[ɔ 'spɛnə fast 'sikərhets,bɛltə]

| regeling (de) | justering (m/f) | [jʉ'steriŋ] |

| airbag (de) | kollisjonspute (m/f) | ['kulisʉns,pʉtə] |
| airconditioner (de) | klimaanlegg (n) | ['klima'an,leg] |

radio (de)	radio (m)	['radiʉ]
CD-speler (de)	CD-spiller (m)	['sɛdɛ ,spilər]
aanzetten (bijv. radio ~)	å slå på	[ɔ 'ʂlɔ pɔ]
antenne (de)	antenne (n)	[an'tenə]
handschoenenkastje (het)	hanskerom (n)	['hanskə,rʊm]
asbak (de)	askebeger (n)	['askə,begər]

149. Auto's. Motor

motor (de)	motor (m)	['mɔtʊr]
diesel- (abn)	diesel-	['disəl-]
benzine- (~motor)	bensin-	[bɛn'sin-]

motorinhoud (de)	motorvolum (n)	['mɔtʊr vɔ'lʉm]
vermogen (het)	styrke (m)	['styrkə]
paardenkracht (de)	hestekraft (m/f)	['hɛstə,kraft]
zuiger (de)	stempel (n)	['stɛmpəl]
cilinder (de)	sylinder (m)	[sy'lindər]
klep (de)	ventil (m)	[vɛn'til]

injectie (de)	injektor (m)	[i'njɛktʊr]
generator (de)	generator (m)	[gene'ratʊr]
carburator (de)	forgasser (m)	[fɔr'gasər]
motorolie (de)	motorolje (m)	['mɔtʊr,ɔljə]

radiator (de)	radiator (m)	[radi'atʊr]
koelvloeistof (de)	kjølevæske (m/f)	['çœlə,væskə]
ventilator (de)	vifte (m/f)	['viftə]
accu (de)	batteri (n)	[batɛ'ri]
starter (de)	starter (m)	['staːtər]

| contact (ontsteking) | tenning (m/f) | ['tɛniŋ] |
| bougie (de) | tennplugg (m) | ['tɛnˌplʉg] |

pool (de)	klemme (m/f)	['klemə]
positieve pool (de)	plussklemme (m/f)	['plʉsˌklemə]
negatieve pool (de)	minusklemme (m/f)	['minʉsˌklemə]
zekering (de)	sikring (m)	['sikriŋ]

luchtfilter (de)	luftfilter (n)	['lʉftˌfiltər]
oliefilter (de)	oljefilter (n)	['ɔljəˌfiltər]
benzinefilter (de)	brenselsfilter (n)	['brɛnsəlsˌfiltər]

150. Auto's. Botsing. Reparatie

auto-ongeval (het)	bilulykke (m/f)	['bil ʉ'lʏkə]
verkeersongeluk (het)	trafikkulykke (m/f)	[tra'fik ʉ'lʏkə]
aanrijden	å kjøre inn i ,..	[ɔ 'çœːrə in i ,.,]
(tegen een boom, enz.)		
verongelukken (ww)	å havarere	[ɔ hava'rerə]
beschadiging (de)	skade (m)	['skadə]
heelhuids (bn)	uskadd	['ʉˌskad]

pech (de)	havari (n)	[hava'ri]
kapot gaan (zijn gebroken)	å bryte sammen	[ɔ 'brytə 'samən]
sleeptouw (het)	slepetau (n)	['ʂlepəˌtaʉ]

lek (het)	punktering (m)	[pʉn'teriŋ]
lekke krijgen (band)	å være punktert	[ɔ 'værə pʉnk'tɛːʈ]
oppompen (ww)	å pumpe opp	[ɔ 'pʉmpə ɔp]
druk (de)	trykk (n)	['trʏk]
checken (controleren)	å sjekke	[ɔ 'ʂɛkə]

reparatie (de)	reparasjon (m)	[repara'ʂʉn]
garage (de)	bilverksted (n)	['bil 'værkˌsted]
wisselstuk (het)	reservedel (m)	[re'sɛrvəˌdel]
onderdeel (het)	del (m)	['del]

bout (de)	bolt (m)	['bɔlt]
schroef (de)	skrue (m)	['skrʉə]
moer (de)	mutter (m)	['mʉtər]
sluitring (de)	skive (m/f)	['ʂivə]
kogellager (de/het)	lager (n)	['lagər]

pijp (de)	rør (m)	['rør]
pakking (de)	pakning (m/f)	['pakniŋ]
kabel (de)	ledning (m)	['ledniŋ]

dommekracht (de)	jekk (m), donkraft (m/f)	['jɛk], ['dɔnˌkraft]
moersleutel (de)	skrunøkkel (m)	['skrʉˌnøkəl]
hamer (de)	hammer (m)	['hamər]
pomp (de)	pumpe (m/f)	['pʉmpə]
schroevendraaier (de)	skrutrekker (m)	['skrʉˌtrɛkər]
brandblusser (de)	brannslukker (n)	['branˌʂlʉkər]
gevarendriehoek (de)	varseltrekant (m)	['vaʂəl 'trɛˌkant]

afslaan	å skjære	[ɔ 'şæ:rə]
(ophouden te werken)		
uitvallen (het)	stans (m), stopp (m/n)	['stɑns], ['stɔp]
zijn gebroken	å være ødelagt	[ɔ 'værə 'ødə͵lɑkt]

oververhitten (ww)	å bli overopphetet	[ɔ 'bli 'ɔvərɔp͵hetət]
verstopt raken (ww)	å bli tilstoppet	[ɔ 'bli til'stɔpət]
bevriezen (autodeur, enz.)	å fryse	[ɔ 'frysə]
barsten (leidingen, enz.)	å sprekke, å briste	[ɔ 'sprɛkə], [ɔ 'bristə]

druk (de)	trykk (n)	['trʏk]
niveau (bijv. olieniveau)	nivå (n)	[ni'vo]
slap (de drijfriem is ~)	slakk	['şlɑk]

deuk (de)	bulk (m)	['bʉlk]
geklop (vreemde geluiden)	bankelyd (m), dunk (m/n)	['bɑnkə͵lyd], ['dʉnk]
barst (de)	sprekk (m)	['sprɛk]
kras (de)	ripe (m/f)	['ripə]

151. Auto's. Weg

weg (de)	vei (m)	['væj]
snelweg (de)	hovedvei (m)	['hʉvəd͵væj]
autoweg (de)	motorvei (m)	['mɔtʉr͵væj]
richting (de)	retning (m/f)	['rɛtniŋ]
afstand (de)	avstand (m)	['ɑf͵stɑn]

brug (de)	bro (m/f)	['brʉ]
parking (de)	parkeringsplass (m)	[pɑr'keriŋs͵plɑs]
plein (het)	torg (n)	['tɔr]
verkeersknooppunt (het)	trafikkmaskin (m)	[trɑ'fik mɑ͵şin]
tunnel (de)	tunnel (m)	['tʉnəl]

benzinestation (het)	bensinstasjon (m)	[bɛn'sin͵stɑ'şʉn]
parking (de)	parkeringsplass (m)	[pɑr'keriŋs͵plɑs]
benzinepomp (de) ♦	bensinpumpe (m/f)	[bɛn'sin͵pʉmpə]
garage (de)	bilverksted (n)	['bil 'værk͵sted]
tanken (ww)	å tanke opp	[ɔ 'tɑnkə ɔp]
brandstof (de)	brensel (n)	['brɛnsəl]
jerrycan (de)	bensinkanne (m/f)	[bɛn'sin͵kɑnə]

asfalt (het)	asfalt (m)	['ɑs͵fɑlt]
markering (de)	vegoppmerking (m/f)	['veg 'ɔp͵mærkiŋ]
trottoirband (de)	fortauskant (m)	['fɔ:tɑʉs͵kɑnt]
geleiderail (de)	autovern, veirekkverk (n)	['ɑʉtɔ͵væ:n], ['væj͵rekværk]
greppel (de)	veigrøft (m/f)	['væj͵grœft]
vluchtstrook (de)	veikant (m)	['væj͵kɑnt]
lichtmast (de)	lyktestolpe (m)	['lʏktə͵stɔlpə]

besturen (een auto ~)	å kjøre	[ɔ 'çœ:rə]
afslaan (naar rechts ~)	å svinge	[ɔ 'sviŋə]
U-bocht maken (ww)	å ta en U-sving	[ɔ 'tɑ en 'ʉ:͵sviŋ]
achteruit (de)	revers (m)	[re'væş]
toeteren (ww)	å tute	[ɔ 'tʉtə]

toeter (de)	**tut** (n)	['tʉt]
vastzitten (in modder)	**å kjøre seg fast**	[ɔ 'çœːrə sæj 'fast]
spinnen (wielen gaan ~)	**å spinne**	[ɔ 'spinə]
uitzetten (ww)	**å stanse**	[ɔ 'stansə]

snelheid (de)	**hastighet** (m/f)	['hasti‚het]
een snelheidsovertreding maken	**å overskride fartsgrensen**	[ɔ 'ɔvə‚skridə 'faːʈs‚grɛnsən]
bekeuren (ww)	**å gi bot**	[ɔ 'ji 'bʊt]
verkeerslicht (het)	**trafikklys** (n)	[tra'fik‚lys]
rijbewijs (het)	**førerkort** (n)	['førər‚kɔːt]

overgang (de)	**planovergang** (m)	['plan 'ɔvər‚gaŋ]
kruispunt (het)	**veikryss** (n)	['væjkrʏs]
zebrapad (oversteekplaats)	**fotgjengerovergang** (m)	['fʊtjɛŋər 'ɔvər‚gaŋ]
bocht (de)	**kurve** (m)	['kʉrvə]
voetgangerszone (de)	**gågate** (m/f)	['goː‚gatə]

MENSEN. GEBEURTENISSEN IN HET LEVEN

Gebeurtenissen in het leven

152. Vakanties. Evenement

feest (het)	fest (m)	['fɛst]
nationale feestdag (de)	nasjonaldag (m)	[naʂu'nal,da]
feestdag (de)	festdag (m)	['fɛst,da]
herdenken (ww)	å feire	[ɔ 'fæjrə]
gebeurtenis (de)	begivenhet (m/f)	[be'jiven,het]
evenement (het)	evenement (n)	[ɛvenə'maŋ]
banket (het)	bankett (m)	[ban'kɛt]
receptie (de)	resepsjon (m)	[resɛp'ʂʊn]
feestmaal (het)	fest (n)	['fɛst]
verjaardag (de)	årsdag (m)	['o:ʂ,da]
jubileum (het)	jubileum (n)	[jʉbi'leʉm]
vieren (ww)	å feire	[ɔ 'fæjrə]
Nieuwjaar (het)	nytt år (n)	['nʏt ,o:r]
Gelukkig Nieuwjaar!	Godt nytt år!	['gɔt nʏt ,o:r]
Sinterklaas (de)	Julenissen	['jʉlə,nisən]
Kerstfeest (het)	Jul (m/f)	['jʉl]
Vrolijk kerstfeest!	Gledelig jul!	['gledəli 'jʉl]
kerstboom (de)	juletre (n)	['jʉlə,trɛ]
vuurwerk (het)	fyrverkeri (n)	[,fyrværkə'ri]
bruiloft (de)	bryllup (n)	['brʏlʉp]
bruidegom (de)	brudgom (m)	['brʉd,gɔm]
bruid (de)	brud (m/f)	['brʉd]
uitnodigen (ww)	å innby, å invitere	[ɔ 'inby], [ɔ invi'terə]
uitnodiging (de)	innbydelse (m)	[in'bydəlse]
gast (de)	gjest (m)	['jɛst]
op bezoek gaan	å besøke	[ɔ be'søkə]
gasten verwelkomen	å hilse på gjestene	[ɔ 'hilse pɔ 'jɛstenə]
geschenk, cadeau (het)	gave (m/f)	['gavə]
geven (iets cadeau ~)	å gi	[ɔ 'ji]
geschenken ontvangen	å få gaver	[ɔ 'fɔ 'gavər]
boeket (het)	bukett (m)	[bʉ'kɛt]
felicitaties (mv.)	lykkønskning (m/f)	['lʏk,ønskniŋ]
feliciteren (ww)	å gratulere	[ɔ gratʉ'lerə]
wenskaart (de)	gratulasjonskort (n)	[gratʉla'ʂʊns,kɔ:t]

| een kaartje versturen | å sende postkort | [ɔ 'sɛnə 'pɔst͵kɔ:t] |
| een kaartje ontvangen | å få postkort | [ɔ 'fɔ 'pɔst͵kɔ:t] |

toast (de)	skål (m/f)	['skɔl]
aanbieden (een drankje ~)	å tilby	[ɔ 'tilby]
champagne (de)	champagne (m)	[ʂam'panjə]

plezier hebben (ww)	å more seg	[ɔ 'mʊrə sæj]
plezier (het)	munterhet (m)	['mʉntər͵het]
vreugde (de)	glede (m/f)	['gledə]

| dans (de) | dans (m) | ['dɑns] |
| dansen (ww) | å danse | [ɔ 'dɑnsə] |

| wals (de) | vals (m) | ['vɑls] |
| tango (de) | tango (m) | ['tɑŋgʊ] |

153. Begrafenissen. Begrafenis

kerkhof (het)	gravplass, kirkegård (m)	['grɑv͵plɑs], ['çirkə͵gɔ:r]
graf (het)	grav (m)	['grɑv]
kruis (het)	kors (n)	['kɔ:ʂ]
grafsteen (de)	gravstein (m)	['grɑf͵stæjn]
omheining (de)	gjerde (n)	['jærə]
kapel (de)	kapell (n)	[kɑ'pɛl]

dood (de)	død (m)	['dø]
sterven (ww)	å dø	[ɔ 'dø]
overledene (de)	den avdøde	[den 'ɑv͵dødə]
rouw (de)	sorg (m/f)	['sɔr]

begraven (ww)	å begrave	[ɔ be'grɑvə]
begrafenisonderneming (de)	begravelsesbyrå (n)	[be'grɑvəlsəs by͵ro]
begrafenis (de)	begravelse (m)	[be'grɑvəlsə]

krans (de)	krans (m)	['krɑns]
doodskist (de)	likkiste (m/f)	['lik͵çistə]
lijkwagen (de)	likbil (m)	['lik͵bil]
lijkkleed (de)	likklede (n)	['lik͵kledə]

begrafenisstoet (de)	gravfølge (n)	['grɑv͵følgə]
urn (de)	askeurne (m/f)	['ɑskə͵ʉːnə]
crematorium (het)	krematorium (n)	[krɛmɑ'tʊrium]

overlijdensbericht (het)	nekrolog (m)	[nekrʊ'lɔg]
huilen (wenen)	å gråte	[ɔ 'gro:tə]
snikken (huilen)	å hulke	[ɔ 'hʉlkə]

154. Oorlog. Soldaten

| peloton (het) | tropp (m) | ['trɔp] |
| compagnie (de) | kompani (n) | [kʊmpɑ'ni] |

regiment (het)	**regiment** (n)	[rɛgi'mɛnt]
leger (armee)	**hær** (m)	['hær]
divisie (de)	**divisjon** (m)	[divi'ʂʊn]
sectie (de)	**tropp** (m)	['trɔp]
troep (de)	**hær** (m)	['hær]
soldaat (militair)	**soldat** (m)	[sʊl'dɑt]
officier (de)	**offiser** (m)	[ɔfi'sɛr]
soldaat (rang)	**menig** (m)	['meni]
sergeant (de)	**sersjant** (m)	[sær'ʂant]
luitenant (de)	**løytnant** (m)	['løjt,nant]
kapitein (de)	**kaptein** (m)	[kɑp'tæjn]
majoor (de)	**major** (m)	[mɑ'jɔr]
kolonel (de)	**oberst** (m)	['ʊbɛʂt]
generaal (de)	**general** (m)	[gene'rɑl]
matroos (de)	**sjømann** (m)	['ʂø,mɑn]
kapitein (de)	**kaptein** (m)	[kɑp'tæjn]
bootsman (de)	**båtsmann** (m)	['bɔs,mɑn]
artillerist (de)	**artillerist** (m)	[,ɑ:ʈile'rist]
valschermjager (de)	**fallskjermjeger** (m)	['fɑl,særm 'jɛ:gər]
piloot (de)	**flyger, flyver** (m)	['flygər], ['flyvər]
stuurman (de)	**styrmann** (m)	['styr,mɑn]
mecanicien (de)	**mekaniker** (m)	[me'kɑnikər]
sappeur (de)	**pioner** (m)	[piʊ'ner]
parachutist (de)	**fallskjermhopper** (m)	['fɑl,særm 'hɔpər]
verkenner (de)	**oppklaringssoldat** (m)	['ɔp,klɑriŋ sʊl'dɑt]
scherpschutter (de)	**skarpskytte** (m)	['skɑrp,ʂʏtə]
patrouille (de)	**patrulje** (m)	[pɑ'trʉlje]
patrouilleren (ww)	**å patruljere**	[ɔ patrʉ'ljerə]
wacht (de)	**vakt** (m)	['vɑkt]
krijger (de)	**kriger** (m)	['krigər]
held (de)	**helt** (m)	['hɛlt]
heldin (de)	**heltinne** (m)	['hɛlt,inə]
patriot (de)	**patriot** (m)	[pɑtri'ɔt]
verrader (de)	**forræder** (m)	[fɔ'rædər]
verraden (ww)	**å forråde**	[ɔ fɔ'rɔ:də]
deserteur (de)	**desertør** (m)	[desæ:'ʈør]
deserteren (ww)	**å desertere**	[ɔ desæ:'ʈerə]
huurling (de)	**leiesoldat** (m)	['læjəsʊl,dɑt]
rekruut (de)	**rekrutt** (m)	[re'krʉt]
vrijwilliger (de)	**frivillig** (m)	['fri,vili]
gedode (de)	**drept** (m)	['drɛpt]
gewonde (de)	**såret** (m)	['so:rə]
krijgsgevangene (de)	**fange** (m)	['fɑŋə]

155. Oorlog. Militaire acties. Deel 1

oorlog (de)	krig (m)	['krig]
oorlog voeren (ww)	å være i krig	[ɔ 'værə i ˌkrig]
burgeroorlog (de)	borgerkrig (m)	['bɔrgərˌkrig]

achterbaks (bw)	lumsk, forræderisk	['lʉmsk], [fɔ'rædərisk]
oorlogsverklaring (de)	krigserklæring (m)	['krigs ærˌklæriŋ]
verklaren (de oorlog ~)	å erklære	[ɔ ær'klærə]
agressie (de)	aggresjon (m)	[agre'ʂʉn]
aanvallen (binnenvallen)	å angripe	[ɔ 'anˌgripə]

binnenvallen (ww)	å invadere	[ɔ inva'derə]
invaller (de)	angriper (m)	['anˌgripər]
veroveraar (de)	erobrer (m)	[ɛ'rʉbrər]

verdediging (de)	forsvar (n)	['fʉˌsvar]
verdedigen (je land ~)	å forsvare	[ɔ fɔ'ʂvarə]
zich verdedigen (ww)	å forsvare seg	[ɔ fɔ'ʂvarə sæj]

vijand (de)	fiende (m)	['fiɛndə]
tegenstander (de)	motstander (m)	['mʉtˌstanər]
vijandelijk (bn)	fiendtlig	['fjɛntli]

strategie (de)	strategi (m)	[strate'gi]
tactiek (de)	taktikk (m)	[tak'tik]

order (de)	ordre (m)	['ɔrdrə]
bevel (het)	ordre, kommando (m/f)	['ɔrdrə], ['kʉ'mandʉ]
bevelen (ww)	å beordre	[ɔ be'ɔrdrə]
opdracht (de)	oppdrag (m)	['ɔpdrag]
geheim (bn)	hemmelig	['hɛməli]

slag (de)	batalje (m)	[ba'taljə]
veldslag (de)	slag (n)	['ʂlag]
strijd (de)	kamp (m)	['kamp]

aanval (de)	angrep (n)	['anˌgrɛp]
bestorming (de)	storm (m)	['stɔrm]
bestormen (ww)	å storme	[ɔ 'stɔrmə]
bezetting (de)	beleiring (m/f)	[be'læjriŋ]

aanval (de)	offensiv (m), angrep (n)	['ɔfenˌsif], ['anˌgrɛp]
in het offensief te gaan	å angripe	[ɔ 'anˌgripə]

terugtrekking (de)	retrett (m)	[rɛ'trɛt]
zich terugtrekken (ww)	å retirere	[ɔ reti'rerə]

omsingeling (de)	omringing (m/f)	['ɔmˌriŋiŋ]
omsingelen (ww)	å omringe	[ɔ 'ɔmˌriŋə]

bombardement (het)	bombing (m/f)	['bʉmbiŋ]
een bom gooien	å slippe bombe	[ɔ 'ʂlipə 'bʉmbə]
bombarderen (ww)	å bombardere	[ɔ bʉmbɑ:'derə]
ontploffing (de)	eksplosjon (m)	[ɛksplʉ'ʂʉn]

schot (het)	**skudd** (n)	['skʉd]
een schot lossen	**å skyte av**	[ɔ 'ʂytə ɑ:]
schieten (het)	**skytning** (m/f)	['ʂytniŋ]
mikken op (ww)	**å sikte på ...**	[ɔ 'siktə pɔ ...]
aanleggen (een wapen ~)	**å rette**	[ɔ 'rɛtə]
treffen (doelwit ~)	**å treffe**	[ɔ 'trɛfə]
zinken (tot zinken brengen)	**å senke**	[ɔ 'sɛnkə]
kogelgat (het)	**hull** (n)	['hʉl]
zinken (gezonken zijn)	**å synke**	[ɔ 'synkə]
front (het)	**front** (m)	['frɔnt]
evacuatie (de)	**evakuering** (m/f)	[ɛvakʉ'eriŋ]
evacueren (ww)	**å evakuere**	[ɔ ɛvakʉ'erə]
loopgraaf (de)	**skyttergrav** (m)	['ʂytə‚grɑv]
prikkeldraad (de)	**piggtråd** (m)	['pig‚trɔd]
verdedigingsobstakel (het)	**hinder** (n), **sperring** (m/f)	['hindər], ['spɛriŋ]
wachttoren (de)	**vakttårn** (n)	['vakt‚tɔ:ŋ]
hospitaal (het)	**militærsykehus** (n)	[mili'tær‚sykə'hʉs]
verwonden (ww)	**å såre**	[ɔ 'so:rə]
wond (de)	**sår** (n)	['sɔr]
gewonde (de)	**såret** (n)	['so:rə]
gewond raken (ww)	**å bli såret**	[ɔ 'bli 'so:rət]
ernstig (~e wond)	**alvorlig**	[al'vɔ:li̯]

156. Wapens

wapens (mv.)	**våpen** (n)	['vɔpən]
vuurwapens (mv.)	**skytevåpen** (n)	['ʂytə‚vɔpən]
koude wapens (mv.)	**blankvåpen** (n)	['blank‚vɔpən]
chemische wapens (mv.)	**kjemisk våpen** (n)	['çemisk ‚vɔpən]
kern-, nucleair (bn)	**kjerne-**	['çæ:ŋə-]
kernwapens (mv.)	**kjernevåpen** (n)	['çæ:ŋə‚vɔpən]
bom (de)	**bombe** (m)	['bʉmbə]
atoombom (de)	**atombombe** (m)	[a'tʉm‚bʉmbə]
pistool (het)	**pistol** (m)	[pi'stʉl]
geweer (het)	**gevær** (n)	[ge'vær]
machinepistool (het)	**maskinpistol** (m)	[ma'ʂin pi‚stʉl]
machinegeweer (het)	**maskingevær** (n)	[ma'ʂin ge‚vær]
loop (schietbuis)	**munning** (m)	['mʉniŋ]
loop (bijv. geweer met kortere ~)	**løp** (n)	['løp]
kaliber (het)	**kaliber** (m/n)	[ka'libər]
trekker (de)	**avtrekker** (m)	['av‚trɛkər]
korrel (de)	**sikte** (n)	['siktə]
magazijn (het)	**magasin** (n)	[maga'sin]

geweerkolf (de)	kolbe (m)	['kɔlbə]
granaat (handgranaat)	håndgranat (m)	['hɔn̩gra'nat]
explosieven (mv.)	sprengstoff (n)	['sprɛŋ̩stɔf]
kogel (de)	kule (m/f)	['kʉ:lə]
patroon (de)	patron (m)	[pa'trʉn]
lading (de)	ladning (m)	['ladniŋ]
ammunitie (de)	ammunisjon (m)	[amʉni'şʉn]
bommenwerper (de)	bombefly (n)	['bʉmbə̩fly]
straaljager (de)	jagerfly (n)	['jagər̩fly]
helikopter (de)	helikopter (n)	[heli'kɔptər]
afweergeschut (het)	luftvernkanon (m)	['lʉftvɛ:n̩ ka'nʉn]
tank (de)	stridsvogn (m/f)	['strids̩vɔŋn]
kanon (tank met een ~ van 76 mm)	kanon (m)	[ka'nʉn]
artillerie (de)	artilleri (n)	[ˌa:ţile'ri]
kanon (het)	kanon (m)	[ka'nʉn]
aanleggen (een wapen ~)	å rette	[ɔ 'rɛtə]
projectiel (het)	projektil (m)	[prʉek'til]
mortiergranaat (de)	granat (m/f)	[gra'nat]
mortier (de)	granatkaster (m)	[gra'nat̩kastər]
granaatscherf (de)	splint (m)	['splint]
duikboot (de)	ubåt (m)	['ʉ:̩bɔt]
torpedo (de)	torpedo (m)	[tʉr'pedʉ]
raket (de)	rakett (m)	[ra'kɛt]
laden (geweer, kanon)	å lade	[ɔ 'ladə]
schieten (ww)	å skyte	[ɔ 'şytə]
richten op (mikken)	å sikte på ...	[ɔ 'siktə pɔ ...]
bajonet (de)	bajonett (m)	[bajo'nɛt]
degen (de)	kårde (m)	['ko:rdə]
sabel (de)	sabel (m)	['sabəl]
speer (de)	spyd (n)	['spyd]
boog (de)	bue (m)	['bʉ:ə]
pijl (de)	pil (m/f)	['pil]
musket (de)	muskett (m)	[mʉ'skɛt]
kruisboog (de)	armbrøst (m)	['arm̩brøst]

157. Oude mensen

primitief (bn)	ur-	['ʉr-]
voorhistorisch (bn)	forhistorisk	['fɔrhi̩stʉrisk]
eeuwenoude (~ beschaving)	oldtidens, antikkens	['ɔl̩tidəns], [an'tikəns]
Steentijd (de)	Steinalderen	['stæjn̩aldərən]
Bronstijd (de)	bronsealder (m)	['brɔnsə̩aldər]
IJstijd (de)	istid (m/f)	['is̩tid]
stam (de)	stamme (m)	['stamə]

menseneter (de)	kannibal (m)	[kani'bal]
jager (de)	jeger (m)	['jɛːgər]
jagen (ww)	å jage	[ɔ 'jagə]
mammoet (de)	mammut (m)	['mamʉt]

grot (de)	grotte (m/f)	['grɔtə]
vuur (het)	ild (m)	['il]
kampvuur (het)	bål (n)	['bɔl]
rotstekening (de)	helleristning (m/f)	['hɛlə‚ristniŋ]

werkinstrument (het)	redskap (m/n)	['rɛd‚skap]
speer (de)	spyd (n)	['spyd]
stenen bijl (de)	steinøks (m/f)	['stæjn‚øks]
oorlog voeren (ww)	å være i krig	[ɔ 'værə i ‚krig]
temmen (bijv. wolf ~)	å temme	[ɔ 'tɛmə]

idool (het)	idol (n)	[i'dʉl]
aanbidden (ww)	å dyrke	[ɔ 'dyrkə]
bijgeloof (het)	overtro (m)	['ɔvə‚trʉ]
ritueel (het)	ritual (n)	[ritʉ'al]

evolutie (de)	evolusjon (m)	[ɛvɔlʉ'ʂʉn]
ontwikkeling (de)	utvikling (m/f)	['ʉt‚vikliŋ]
verdwijning (de)	forsvinning (m/f)	[fɔ'ʂviniŋ]
zich aanpassen (ww)	å tilpasse seg	[ɔ 'til‚pasə sæj]

archeologie (de)	arkeologi (m)	[‚arkeʉlʉ'gi]
archeoloog (de)	arkeolog (m)	[‚arkeʉ'lɔg]
archeologisch (bn)	arkeologisk	[‚arkeʉ'lɔgisk]

opgravingsplaats (de)	utgravingssted (n)	['ʉt‚graviŋs ‚sted]
opgravingen (mv.)	utgravinger (m/f pl)	['ʉt‚graviŋər]
vondst (de)	funn (n)	['fʉn]
fragment (het)	fragment (n)	[frag'mɛnt]

158. Middeleeuwen

volk (het)	folk (n)	['fɔlk]
volkeren (mv.)	folk (n pl)	['fɔlk]
stam (de)	stamme (m)	['stamə]
stammen (mv.)	stammer (m pl)	['stamər]

barbaren (mv.)	barbarer (m pl)	[bar'barər]
Galliërs (mv.)	gallere (m pl)	['galere]
Goten (mv.)	gotere (m pl)	['gotərə]
Slaven (mv.)	slavere (m pl)	['slavɛrə]
Vikings (mv.)	vikinger (m pl)	['vikiŋər]

| Romeinen (mv.) | romere (m pl) | ['rʉmerə] |
| Romeins (bn) | romersk | ['rʉmæʂk] |

Byzantijnen (mv.)	bysantiner (m pl)	[bysan'tinər]
Byzantium (het)	Bysants	[by'sants]
Byzantijns (bn)	bysantinsk	[bysan'tinsk]

keizer (bijv. Romeinse ~)	keiser (m)	['kæjsər]
opperhoofd (het)	høvding (m)	['høvdiŋ]
machtig (bn)	mektig	['mɛkti]
koning (de)	konge (m)	['kuŋə]
heerser (de)	hersker (m)	['hæʂkər]
ridder (de)	ridder (m)	['ridər]
feodaal (de)	føydalherre (m)	['føjdal͵hɛrə]
feodaal (bn)	føydal	['føjdal]
vazal (de)	vasall (m)	[va'sal]
hertog (de)	hertug (m)	['hæːʈʉg]
graaf (de)	greve (m)	['grevə]
baron (de)	baron (m)	[ba'run]
bisschop (de)	biskop (m)	['biskɔp]
harnas (het)	rustning (m/f)	['rʉstniŋ]
schild (het)	skjold (n)	['ʂɔl]
zwaard (het)	sverd (n)	['sværd]
vizier (het)	visir (n)	[vi'sir]
maliënkolder (de)	ringbrynje (m/f)	['riŋ͵brynjə]
kruistocht (de)	korstog (n)	['kɔːʂ͵tɔg]
kruisvaarder (de)	korsfarer (m)	['kɔːʂ͵farər]
gebied (bijv. bezette ~en)	territorium (n)	[tɛri'turium]
aanvallen (binnenvallen)	å angripe	[ɔ 'an͵gripə]
veroveren (ww)	å erobre	[ɔ ɛ'rubrə]
innemen (binnenvallen)	å okkupere	[ɔ ɔkʉ'perə]
bezetting (de)	beleiring (m/f)	[be'læjriŋ]
bezet (bn)	beleiret	[be'læjrət]
belegeren (ww)	å beleire	[ɔ be'læjre]
inquisitie (de)	inkvisisjon (m)	[inkvisi'ʂun]
inquisiteur (de)	inkvisitor (m)	[inkvi'sitʉr]
foltering (de)	tortur (m)	[tɔː'ʈʉr]
wreed (bn)	brutal	[brʉ'tal]
ketter (de)	kjetter (m)	['çɛtər]
ketterij (de)	kjetteri (n)	[çɛtə'ri]
zeevaart (de)	sjøfart (m)	['ʂøˌfaːt]
piraat (de)	pirat, sjørøver (m)	['pi'rat], ['ʂøˌrøvər]
piraterij (de)	sjørøveri (n)	['ʂø røvɛ'ri]
enteren (het)	entring (m/f)	['ɛntriŋ]
buit (de)	bytte (n)	['bytə]
schatten (mv.)	skatter (m pl)	['skatər]
ontdekking (de)	oppdagelse (m)	['ɔp͵dagəlsə]
ontdekken (bijv. nieuw land)	å oppdage	[ɔ 'ɔp͵dagə]
expeditie (de)	ekspedisjon (m)	[ɛkspedi'ʂun]
musketier (de)	musketer (m)	[mʉskə'ter]
kardinaal (de)	kardinal (m)	[kaːɖi'nal]
heraldiek (de)	heraldikk (m)	[heral'dik]
heraldisch (bn)	heraldisk	[he'raldisk]

159. Leider. Baas. Autoriteiten

koning (de)	konge (m)	['kʊŋə]
koningin (de)	dronning (m/f)	['drɔniŋ]
koninklijk (bn)	kongelig	['kʊŋəli]
koninkrijk (het)	kongerike (n)	['kʊŋəˌrikə]
prins (de)	prins (m)	['prins]
prinses (de)	prinsesse (m/f)	[prin'sɛsə]
president (de)	president (m)	[prɛsi'dɛnt]
vicepresident (de)	visepresident (m)	['visə prɛsi'dɛnt]
senator (de)	senator (m)	[se'natʊr]
monarch (de)	monark (m)	[mʊ'nɑrk]
heerser (de)	hersker (m)	['hæʂkər]
dictator (de)	diktator (m)	[dik'tatʊr]
tiran (de)	tyrann (m)	[ty'rɑn]
magnaat (de)	magnat (m)	[mɑŋ'nɑt]
directeur (de)	direktør (m)	[dirɛk'tør]
chef (de)	sjef (m)	['ʂɛf]
beheerder (de)	forstander (m)	[fɔ'ʂtɑndər]
baas (de)	boss (m)	['bɔs]
eigenaar (de)	eier (m)	['æejər]
leider (de)	leder (m)	['ledər]
hoofd	leder (m)	['ledər]
(bijv. ~ van de delegatie)		
autoriteiten (mv.)	myndigheter (m pl)	['mʏndiˌhetər]
superieuren (mv.)	overordnede (pl)	['ɔvərˌɔrdnedə]
gouverneur (de)	guvernør (m)	[gʉver'nør]
consul (de)	konsul (m)	['kʊnˌsʉl]
diplomaat (de)	diplomat (m)	[diplʉ'mɑt]
burgemeester (de)	borgermester (m)	[bɔrgər'mɛstər]
sheriff (de)	sheriff (m)	[ʂɛ'rif]
keizer (bijv. Romeinse ~)	keiser (m)	['kæejsər]
tsaar (de)	tsar (m)	['tsɑr]
farao (de)	farao (m)	['fɑrɑu]
kan (de)	khan (m)	['kɑn]

160. De wet overtreden. Criminelen. Deel 1

bandiet (de)	banditt (m)	[bɑn'dit]
misdaad (de)	forbrytelse (m)	[fɔr'brytəlsə]
misdadiger (de)	forbryter (m)	[fɔr'brytər]
dief (de)	tyv (m)	['tyv]
stelen (ww)	å stjele	[ɔ 'stjelə]
kidnappen (ww)	å kidnappe	[ɔ 'kidˌnɛpə]
kidnapping (de)	kidnapping (m)	['kidˌnɛpiŋ]

kidnapper (de)	kidnapper (m)	['kid‚nɛpər]
losgeld (het)	løsepenger (m pl)	['løsə‚pɛŋər]
eisen losgeld (ww)	å kreve løsepenger	[ɔ 'krevə 'løsə‚pɛŋər]

overvallen (ww)	å rane	[ɔ 'ranə]
overval (de)	ran (n)	['ran]
overvaller (de)	raner (m)	['ranər]

afpersen (ww)	å presse ut	[ɔ 'prɛsə ʉt]
afperser (de)	utpresser (m)	['ʉt‚prɛsər]
afpersing (de)	utpressing (m/f)	['ʉt‚prɛsiŋ]

vermoorden (ww)	å myrde	[ɔ 'mʏːɖə]
moord (de)	mord (n)	['mʊr]
moordenaar (de)	morder (m)	['mʊrdər]

schot (het)	skudd (n)	['skʉd]
een schot lossen	å skyte av	[ɔ 'ʂytə aː]
neerschieten (ww)	å skyte ned	[ɔ 'ʂytə ne]
schieten (ww)	å skyte	[ɔ 'ʂytə]
schieten (het)	skyting, skytning (m/f)	['ʂytiŋ], ['ʂytniŋ]
ongeluk (gevecht, enz.)	hendelse (m)	['hɛndəlsə]
gevecht (het)	slagsmål (n)	['ʂlaks‚mol]
Help!	Hjelp!	['jɛlp]
slachtoffer (het)	offer (n)	['ɔfər]

beschadigen (ww)	å skade	[ɔ 'skadə]
schade (de)	skade (m)	['skadə]
lijk (het)	lik (n)	['lik]
zwaar (~ misdrijf)	alvorlig	[al'vɔːli̯]

aanvallen (ww)	å anfalle	[ɔ 'an‚falə]
slaan (iemand ~)	å slå	[ɔ 'ʂlɔ]
in elkaar slaan (toetakelen)	å klå opp	[ɔ 'klɔ ɔp]
ontnemen (beroven)	å berøve	[ɔ be'røvə]
steken (met een mes)	å stikke i hjel	[ɔ 'stikə i 'jel]
verminken (ww)	å lemleste	[ɔ 'lem‚lestə]
verwonden (ww)	å såre	[ɔ 'soːrə]

chantage (de)	utpressing (m/f)	['ʉt‚prɛsiŋ]
chanteren (ww)	å utpresse	[ɔ 'ʉt‚prɛsə]
chanteur (de)	utpresser (m)	['ʉt‚prɛsər]

afpersing (de)	utpressing (m/f)	['ʉt‚prɛsiŋ]
afperser (de)	utpresser (m)	['ʉt‚prɛsər]
gangster (de)	gangster (m)	['gɛŋstər]
maffia (de)	mafia (m)	['mafia]

kruimeldief (de)	lommetyv (m)	['lʉmə‚tyv]
inbreker (de)	innbruddstyv (m)	['inbrʉds‚tyv]
smokkelen (het)	smugling (m/f)	['smʉgliŋ]
smokkelaar (de)	smugler (m)	['smʉglər]

namaak (de)	forfalskning (m/f)	[fɔr'falskniŋ]
namaken (ww)	å forfalske	[ɔ fɔr'falskə]
namaak-, vals (bn)	falsk	['falsk]

161. De wet overtreden. Criminelen. Deel 2

verkrachting (de)	**voldtekt** (m)	['vɔl‚tɛkt]
verkrachten (ww)	**å voldta**	[ɔ 'vɔl‚ta]
verkrachter (de)	**voldtektsmann** (m)	['vɔl‚tɛkts man]
maniak (de)	**maniker** (m)	['manikər]
prostituee (de)	**prostituert** (m)	[prʊstitʉ'e:t]
prostitutie (de)	**prostitusjon** (m)	[prʊstitʉ'ʂʊn]
pooier (de)	**hallik** (m)	['halik]
drugsverslaafde (de)	**narkoman** (m)	[narkʊ'man]
drugshandelaar (de)	**narkolanger** (m)	['narkɔ‚laŋər]
opblazen (ww)	**å sprenge**	[ɔ 'sprɛŋə]
explosie (de)	**eksplosjon** (m)	[ɛksplʊ'ʂʊn]
in brand steken (ww)	**å sette fyr**	[ɔ 'sɛtə ‚fyr]
brandstichter (de)	**brannstifter** (m)	['bran‚stiftər]
terrorisme (het)	**terrorisme** (m)	[tɛrʊ'rismə]
terrorist (de)	**terrorist** (m)	[tɛrʊ'rist]
gijzelaar (de)	**gissel** (m)	['jisəl]
bedriegen (ww)	**å bedra**	[ɔ be'dra]
bedrog (het)	**bedrag** (n)	[be'drag]
oplichter (de)	**bedrager, svindler** (m)	[be'dragər], ['svindlər]
omkopen (ww)	**å bestikke**	[ɔ be'stikə]
omkoperij (de)	**bestikkelse** (m)	[be'stikəlsə]
smeergeld (het)	**bestikkelse** (m)	[be'stikəlsə]
vergif (het)	**gift** (m/f)	['jift]
vergiftigen (ww)	**å forgifte**	[ɔ fɔr'jiftə]
vergif innemen (ww)	**å forgifte seg selv**	[ɔ fɔr'jiftə sæj sɛl]
zelfmoord (de)	**selvmord** (n)	['sɛl‚mʊr]
zelfmoordenaar (de)	**selvmorder** (m)	['sɛl‚mʊrdər]
bedreigen (bijv. met een pistool)	**å true**	[ɔ 'trʉə]
bedreiging (de)	**trussel** (m)	['trʉsəl]
een aanslag plegen	**å begå mordforsøk**	[ɔ be'gɔ 'mʊrdfɔ‚søk]
aanslag (de)	**mordforsøk** (n)	['mʊrdfɔ‚søk]
stelen (een auto)	**å stjele**	[ɔ 'stjelə]
kapen (een vliegtuig)	**å kapre**	[ɔ 'kaprə]
wraak (de)	**hevn** (m)	['hɛvn]
wreken (ww)	**å hevne**	[ɔ 'hɛvnə]
martelen (gevangenen)	**å torturere**	[ɔ tɔ:ţʉ'rerə]
foltering (de)	**tortur** (m)	[tɔ:'ţʉr]
folteren (ww)	**å plage**	[ɔ 'plagə]
piraat (de)	**pirat, sjørøver** (m)	['pi'rat], ['ʂø‚røvər]
straatschender (de)	**bølle** (m)	['bølə]

gewapend (bn)	bevæpnet	[be'væpnət]
geweld (het)	vold (m)	['vɔl]
onwettig (strafbaar)	illegal	['ile‚gɑl]

spionage (de)	spionasje (m)	[spiʊ'naʂə]
spioneren (ww)	å spionere	[ɔ spiʊ'nerə]

162. Politie. Wet. Deel 1

gerecht (het)	justis (m), rettspleie (m/f)	['jʉ'stis], ['rɛts‚plæjə]
gerechtshof (het)	rettssal (m)	['rɛts‚sɑl]

rechter (de)	dommer (m)	['dɔmər]
jury (de)	lagrettemedlemmer (n pl)	['lɑg‚rɛtə medle'mer]
juryrechtspraak (de)	lagrette, juryordning (m)	['lɑg‚rɛtə], ['jʉri‚ɔrdniŋ]
berechten (ww)	å dømme	[ɔ 'dœmə]

advocaat (de)	advokat (m)	[ɑdvʊ'kɑt]
beklaagde (de)	anklaget (m)	['ɑn‚klɑget]
beklaagdenbank (de)	anklagebenk (m)	[ɑn'klɑgə‚bɛnk]

beschuldiging (de)	anklage (m)	['ɑn‚klɑgə]
beschuldigde (de)	anklagede (m)	['ɑn‚klɑgedə]

vonnis (het)	dom (m)	['dɔm]
veroordelen	å dømme	[ɔ 'dœmə]
(in een rechtszaak)		

schuldige (de)	skyldige (m)	['ʂyldiə]
straffen (ww)	å straffe	[ɔ 'strɑfə]
bestraffing (de)	straff, avstraffelse (m)	['strɑf], ['ɑf‚strɑfəlsə]

boete (de)	bot (m/f)	['bʊt]
levenslange opsluiting (de)	livsvarig fengsel (n)	['lifs‚vɑri 'fɛŋsəl]
doodstraf (de)	dødsstraff (m/f)	['død‚strɑf]
elektrische stoel (de)	elektrisk stol (m)	[ɛ'lektrisk ‚stʊl]
schavot (het)	galge (m)	['gɑlgə]

executeren (ww)	å henrette	[ɔ 'hɛn‚rɛtə]
executie (de)	henrettelse (m)	['hɛn‚rɛtəlsə]

gevangenis (de)	fengsel (n)	['fɛŋsəl]
cel (de)	celle (m)	['sɛlə]

konvooi (het)	eskorte (m)	[ɛs'kɔːʈə]
gevangenisbewaker (de)	fangevokter (m)	['fɑŋə‚vɔktər]
gedetineerde (de)	fange (m)	['fɑŋə]

handboeien (mv.)	håndjern (n pl)	['hɔn‚jæːɳ]
handboeien omdoen	å sette håndjern	[ɔ 'sɛtə 'hɔn‚jæːɳ]

ontsnapping (de)	flykt (m/f)	['flʏkt]
ontsnappen (ww)	å flykte, å rømme	[ɔ 'flʏktə], [ɔ 'rœmə]
verdwijnen (ww)	å forsvinne	[ɔ fɔ'ʂvinə]

| vrijlaten (uit de gevangenis) | å løslate | [ɔ 'løs‚latə] |
| amnestie (de) | amnesti (m) | [amnɛ'sti] |

politie (de)	politi (n)	[puli'ti]
politieagent (de)	politi (m)	[puli'ti]
politiebureau (het)	politistasjon (m)	[puli'ti‚sta'şun]
knuppel (de)	gummikølle (m/f)	['gumi‚kølə]
megafoon (de)	megafon (m)	[mega'fun]

patrouilleerwagen (de)	patruljebil (m)	[pa'truljə‚bil]
sirene (de)	sirene (m/f)	[si'renə]
de sirene aansteken	å slå på sirenen	[ɔ 'şlɔ pɔ si'renən]
geloei (het) van de sirene	sirene hyl (n)	[si'renə ‚hyl]

plaats delict (de)	åsted (n)	['ɔsted]
getuige (de)	vitne (n)	['vitnə]
vrijheid (de)	frihet (m)	['fri‚het]
handlanger (de)	medskyldig (m)	['mɛ‚syldi]
ontvluchten (ww)	å flykte	[ɔ 'flyktə]
spoor (het)	spor (n)	['spur]

163. Politie. Wet. Deel 2

opsporing (de)	ettersøking (m/f)	['ɛtə‚søkiŋ]
opsporen (ww)	å søke etter ...	[ɔ 'søkə ‚ɛtər ...]
verdenking (de)	mistanke (m)	['mis‚tankə]
verdacht (bn)	mistenkelig	[mis'tɛnkəli]
aanhouden (stoppen)	å stoppe	[ɔ 'stɔpə]
tegenhouden (ww)	å anholde	[ɔ 'an‚hɔlə]

strafzaak (de)	sak (m/f)	['sak]
onderzoek (het)	etterforskning (m/f)	['ɛtər‚fɔşkniŋ]
detective (de)	detektiv (m)	[detɛk'tiv]
onderzoeksrechter (de)	etterforsker (m)	['ɛtər‚fɔşkər]
versie (de)	versjon (m)	[væ'şun]

motief (het)	motiv (n)	[mu'tiv]
verhoor (het)	forhør (n)	[for'hør]
ondervragen (door de politie)	å forhøre	[ɔ for'hørə]
ondervragen (omstanders ~)	å avhøre	[ɔ 'av‚hørə]
controle (de)	sjekking (m/f)	['şɛkiŋ]

razzia (de)	rassia, razzia (m)	['rasia]
huiszoeking (de)	ransakelse (m)	['ran‚sakəlsə]
achtervolging (de)	jakt (m/f)	['jakt]
achtervolgen (ww)	å forfølge	[ɔ for'følə]
opsporen (ww)	å spore	[ɔ 'spurə]

arrest (het)	arrest (m)	[a'rɛst]
arresteren (ww)	å arrestere	[ɔ arɛ'sterə]
vangen, aanhouden (een dief, enz.)	å fange	[ɔ 'faŋə]
aanhouding (de)	pågripelse (m)	['pɔ‚gripəlsə]
document (het)	dokument (n)	[dɔku'mɛnt]

bewijs (het)	**bevis** (n)	[be'vis]
bewijzen (ww)	**å bevise**	[ɔ be'visə]
voetspoor (het)	**fotspor** (n)	['fʊt‚spʊr]
vingerafdrukken (mv.)	**fingeravtrykk** (n pl)	['fiŋər‚avtrʏk]
bewijs (het)	**bevis** (n)	[be'vis]
alibi (het)	**alibi** (n)	['alibi]
onschuldig (bn)	**uskyldig**	[ʉ'ʂyldi]
onrecht (het)	**urettferdighet** (m)	['ʉrɛtfærdi‚het]
onrechtvaardig (bn)	**urettferdig**	['ʉrɛt‚færdi]
crimineel (bn)	**kriminell**	[krimi'nɛl]
confisqueren (in beslag nemen)	**å konfiskere**	[ɔ kʉnfi'skerə]
drug (de)	**narkotika** (m)	[nar'kɔtika]
wapen (het)	**våpen** (n)	['vopən]
ontwapenen (ww)	**å avvæpne**	[ɔ 'av‚væpnə]
bevelen (ww)	**å befale**	[ɔ be'falə]
verdwijnen (ww)	**å forsvinne**	[ɔ fɔ'ʂvinə]
wet (de)	**lov** (m)	['lɔv]
wettelijk (bn)	**lovlig**	['lɔvli]
onwettelijk (bn)	**ulovlig**	[ʉ'lɔvli]
verantwoordelijkheid (de)	**ansvar** (n)	['an‚svar]
verantwoordelijk (bn)	**ansvarlig**	[ans'va:[i]

NATUUR

De Aarde. Deel 1

164. De kosmische ruimte

kosmos (de)	**rommet, kosmos** (n)	['rʊmə], ['kɔsmɔs]
kosmisch (bn)	**rom-**	['rʊm-]
kosmische ruimte (de)	**ytre rom** (n)	['ytrə ˌrʊm]
wereld (de)	**verden** (m)	['værdən]
heelal (het)	**univers** (n)	[ʉni'væʂ]
sterrenstelsel (het)	**galakse** (m)	[ga'laksə]

ster (de)	**stjerne** (m/f)	['stjæ:ŋə]
sterrenbeeld (het)	**stjernebilde** (n)	['stjæ:ŋəˌbildə]
planeet (de)	**planet** (m)	[pla'net]
satelliet (de)	**satellitt** (m)	[satɛ'lit]

meteoriet (de)	**meteoritt** (m)	[meteʉ'rit]
komeet (de)	**komet** (m)	[kʊ'met]
asteroïde (de)	**asteroide** (n)	[asterʉ'idə]

baan (de)	**bane** (m)	['banə]
draaien (om de zon, enz.)	**å rotere**	[ɔ rɔ'terə]
atmosfeer (de)	**atmosfære** (m)	[atmʉ'sfærə]

Zon (de)	**Solen**	['sʊlən]
zonnestelsel (het)	**solsystem** (n)	['sʊl sʏ'stem]
zonsverduistering (de)	**solformørkelse** (m)	['sʊl fɔr'mœrkəlsə]

Aarde (de)	**Jorden**	['ju:rən]
Maan (de)	**Månen**	['mo:nən]

Mars (de)	**Mars**	['maʂ]
Venus (de)	**Venus**	['venʉs]
Jupiter (de)	**Jupiter**	['jʉpitər]
Saturnus (de)	**Saturn**	['saˌtʉ:ɳ]

Mercurius (de)	**Merkur**	[mær'kʉr]
Uranus (de)	**Uranus**	[ʉ'ranʉs]
Neptunus (de)	**Neptun**	[nɛp'tʉn]
Pluto (de)	**Pluto**	['plʉtʊ]

Melkweg (de)	**Melkeveien**	['mɛlkəˌvæjən]
Grote Beer (de)	**den Store Bjørn**	['dən 'stʊrə ˌbjœ:ɳ]
Poolster (de)	**Nordstjernen, Polaris**	['nʊ:rˌstjæ:ŋən], [pɔ'laris]

marsmannetje (het)	**marsbeboer** (m)	['maʂˌbebʉər]
buitenaards wezen (het)	**utenomjordisk vesen** (n)	['ʉtənɔmˌju:rdisk 'vesən]

| bovenaards (het) | romvesen (n) | ['rʊmˌvesən] |
| vliegende schotel (de) | flygende tallerken (m) | ['flygenə taˈlærkən] |

ruimtevaartuig (het)	romskip (n)	['rʊmˌsip]
ruimtestation (het)	romstasjon (m)	['rʊmˌstaˈsʊn]
start (de)	start (m), oppskyting (m/f)	['stɑːt], ['ɔpˌsytiŋ]

motor (de)	motor (m)	['mɔtʊr]
straalpijp (de)	dyse (m)	['dysə]
brandstof (de)	brensel (n), drivstoff (n)	['brɛnsəl], ['drifˌstɔf]

cabine (de)	cockpit (m), flydekk (n)	['kɔkpit], ['flyˌdɛk]
antenne (de)	antenne (m)	[anˈtɛnə]
patrijspoort (de)	koøye (n)	['kʊˌøjə]
zonnebatterij (de)	solbatteri (n)	['sʊl batɛ'ri]
ruimtepak (het)	romdrakt (m/f)	['rʊmˌdrakt]

| gewichtloosheid (de) | vektløshet (m/f) | ['vɛktløsˌhet] |
| zuurstof (de) | oksygen (n) | ['ɔksy'gen] |

| koppeling (de) | dokking (m/f) | ['dɔkiŋ] |
| koppeling maken | å dokke | [ɔ 'dɔkə] |

observatorium (het)	observatorium (n)	[ɔbsərvaˈtʊrium]
telescoop (de)	teleskop (n)	[teleˈskʊp]
waarnemen (ww)	å observere	[ɔ ɔbsɛrˈverə]
exploreren (ww)	å utforske	[ɔ 'ʉtˌfɔʂkə]

165. De Aarde

Aarde (de)	Jorden	['juːrən]
aardbol (de)	jordklode (m)	['juːrˌklɔdə]
planeet (de)	planet (m)	[plaˈnet]

atmosfeer (de)	atmosfære (m)	[atmʊˈsfærə]
aardrijkskunde (de)	geografi (m)	[geʊgraˈfi]
natuur (de)	natur (m)	[naˈtʉr]

wereldbol (de)	globus (m)	['glɔbʉs]
kaart (de)	kart (n)	['kɑːt]
atlas (de)	atlas (n)	['atlas]

| Europa (het) | Europa | [ɛʉˈrʊpa] |
| Azië (het) | Asia | ['asia] |

| Afrika (het) | Afrika | ['afrika] |
| Australië (het) | Australia | [aʉˈstralia] |

Amerika (het)	Amerika	[aˈmerika]
Noord-Amerika (het)	Nord-Amerika	['nʊːr aˈmerika]
Zuid-Amerika (het)	Sør-Amerika	['sør aˈmerika]

| Antarctica (het) | Antarktis | [anˈtarktis] |
| Arctis (de) | Arktis | ['arktis] |

166. Windrichtingen

noorden (het)	nord (n)	['nuːr]
naar het noorden	mot nord	[mʊt 'nuːr]
in het noorden	i nord	[i 'nuːr]
noordelijk (bn)	nordlig	['nuːrli]
zuiden (het)	syd, sør	['syd], ['sør]
naar het zuiden	mot sør	[mʊt 'sør]
in het zuiden	i sør	[i 'sør]
zuidelijk (bn)	sydlig, sørlig	['sydli], ['søːli]
westen (het)	vest (m)	['vɛst]
naar het westen	mot vest	[mʊt 'vɛst]
in het westen	i vest	[i 'vɛst]
westelijk (bn)	vestlig, vest-	['vɛstli]
oosten (het)	øst (m)	['øst]
naar het oosten	mot øst	[mʊt 'øst]
in het oosten	i øst	[i 'øst]
oostelijk (bn)	østlig	['østli]

167. Zee. Oceaan

zee (de)	hav (n)	['hav]
oceaan (de)	verdenshav (n)	[værdəns'hav]
golf (baai)	bukt (m/f)	['bʉkt]
straat (de)	sund (n)	['sʉn]
grond (vaste grond)	fastland (n)	['fast‚lan]
continent (het)	fastland, kontinent (n)	['fast‚lan], [kʊnti'nɛnt]
eiland (het)	øy (m/f)	['øj]
schiereiland (het)	halvøy (m/f)	['hal‚øːj]
archipel (de)	skjærgård (m), arkipelag (n)	['sær‚gɔr], [arkipe'lag]
baai, bocht (de)	bukt (m/f)	['bʉkt]
haven (de)	havn (m/f)	['havn]
lagune (de)	lagune (m)	[la'gʉnə]
kaap (de)	nes (n), kapp (n)	['nes], ['kap]
atol (de)	atoll (m)	[a'tɔl]
rif (het)	rev (n)	['rev]
koraal (het)	korall (m)	[kʊ'ral]
koraalrif (het)	korallrev (n)	[kʊ'ral‚rɛv]
diep (bn)	dyp	['dyp]
diepte (de)	dybde (m)	['dybdə]
diepzee (de)	avgrunn (m)	['av‚grʉn]
trog (bijv. Marianentrog)	dyphavsgrop (m/f)	['dyphafs‚grɔp]
stroming (de)	strøm (m)	['strøm]
omspoelen (ww)	å omgi	[ɔ 'ɔm‚ji]
oever (de)	kyst (m)	['çyst]

kust (de)	kyst (m)	['çyst]
vloed (de)	flo (m/f)	['fluː]
eb (de)	ebbe (m), fjære (m/f)	['ɛbə], ['fjæːrə]
ondiepte (ondiep water)	sandbanke (m)	['san‚bankə]
bodem (de)	bunn (m)	['bʉn]

golf (hoge ~)	bølge (m)	['bølgə]
golfkam (de)	bølgekam (m)	['bølgə‚kam]
schuim (het)	skum (n)	['skʉm]

storm (de)	storm (m)	['stɔrm]
orkaan (de)	orkan (m)	[ɔr'kan]
tsunami (de)	tsunami (m)	[tsʉ'nami]
windstilte (de)	stille (m/f)	['stilə]
kalm (bijv. ~e zee)	stille	['stilə]

pool (de)	pol (m)	['pʉl]
polair (bn)	pol-, polar	['pʉl-], [pʉ'lar]

breedtegraad (de)	bredde, latitude (m)	['brɛdə], ['lati‚tʉdə]
lengtegraad (de)	lengde (m/f)	['leŋdə]
parallel (de)	breddegrad (m)	['brɛdə‚grad]
evenaar (de)	ekvator (m)	[ɛ'kvatʉr]

hemel (de)	himmel (m)	['himəl]
horizon (de)	horisont (m)	[hʉri'sɔnt]
lucht (de)	luft (f)	['lʉft]

vuurtoren (de)	fyr (n)	['fyr]
duiken (ww)	å dykke	[ɔ 'dykə]
zinken (ov. een boot)	å synke	[ɔ 'synkə]
schatten (mv.)	skatter (m pl)	['skatər]

168. Bergen

berg (de)	fjell (n)	['fjɛl]
bergketen (de)	fjellkjede (m)	['fjɛl‚çeːdə]
gebergte (het)	fjellrygg (m)	['fjɛl‚ryg]

bergtop (de)	topp (m)	['tɔp]
bergpiek (de)	tind (m)	['tin]
voet (ov. de berg)	fot (m)	['fʉt]
helling (de)	skråning (m)	['skrɔniŋ]

vulkaan (de)	vulkan (m)	[vʉl'kan]
actieve vulkaan (de)	virksom vulkan (m)	['virksɔm vʉl'kan]
uitgedoofde vulkaan (de)	utslukt vulkan (m)	['ʉt‚slʉkt vʉl'kan]

uitbarsting (de)	utbrudd (n)	['ʉt‚brʉd]
krater (de)	krater (n)	['kratər]
magma (het)	magma (m/n)	['magma]
lava (de)	lava (m)	['lava]
gloeiend (~e lava)	glødende	['glødenə]
kloof (canyon)	canyon (m)	['kanjən]

bergkloof (de)	gjel (n), kløft (m)	['jel], ['klœft]
spleet (de)	renne (m/f)	['rɛnə]
afgrond (de)	avgrunn (m)	['ɑvˌgrʉn]

bergpas (de)	pass (n)	['pɑs]
plateau (het)	platå (n)	[plɑ'to]
klip (de)	klippe (m)	['klipə]
heuvel (de)	ås (m)	['ɔs]

gletsjer (de)	bre, jøkel (m)	['bre], ['jøkəl]
waterval (de)	foss (m)	['fɔs]
geiser (de)	geysir (m)	['gɛjsir]
meer (het)	innsjø (m)	['in'şø]

vlakte (de)	slette (m/f)	['şletə]
landschap (het)	landskap (n)	['lɑnˌskɑp]
echo (de)	ekko (n)	['ɛkʊ]

alpinist (de)	alpinist (m)	[ɑlpi'nist]
bergbeklimmer (de)	fjellklatrer (m)	['fjɛlˌklɑtrər]
trotseren (berg ~)	å erobre	[ɔ ɛ'rʉbrə]
beklimming (de)	bestigning (m/f)	[be'stigniŋ]

169. Rivieren

rivier (de)	elv (m/f)	['ɛlv]
bron (~ van een rivier)	kilde (m)	['çildə]
riverbedding (de)	elveleie (n)	['ɛlvəˌlæjə]
riverbekken (het)	flodbasseng (n)	['flʉd bɑˌseŋ]
uitmonden in ...	å munne ut ...	[ɔ 'mʉnə ʉt ...]

| zijrivier (de) | bielv (m/f) | ['biˌelv] |
| oever (de) | bredd (m) | ['brɛd] |

stroming (de)	strøm (m)	['strøm]
stroomafwaarts (bw)	medstrøms	['meˌstrøms]
stroomopwaarts (bw)	motstrøms	['mʊtˌstrøms]

overstroming (de)	oversvømmelse (m)	['ɔvəˌsvœməlsə]
overstroming (de)	flom (m)	['flɔm]
buiten zijn oevers treden	å overflø	[ɔ 'ɔvərˌflø]
overstromen (ww)	å oversvømme	[ɔ 'ɔvəˌsvœmə]

| zandbank (de) | grunne (m/f) | ['grʉnə] |
| stroomversnelling (de) | stryk (m/n) | ['stryk] |

dam (de)	demning (m)	['dɛmniŋ]
kanaal (het)	kanal (m)	[kɑ'nɑl]
spaarbekken (het)	reservoar (n)	[resɛrvʊ'ɑr]
sluis (de)	sluse (m)	['şlʉsə]

waterlichaam (het)	vannmasse (m)	['vanˌmɑsə]
moeras (het)	myr, sump (m)	['myr], ['sʉmp]
broek (het)	hengemyr (m)	['hɛŋəˌmyr]

draaikolk (de)	**virvel** (m)	['virvəl]
stroom (de)	**bekk** (m)	['bɛk]
drink- (abn)	**drikke-**	['drikə-]
zoet (~ water)	**fersk-**	['fæşk-]

IJs (het)	**is** (m)	['is]
bevriezen (rivier, enz.)	**å fryse til**	[ɔ 'frysə til]

170. Bos

bos (het)	**skog** (m)	['skʊg]
bos- (abn)	**skog-**	['skʊg-]

oerwoud (dicht bos)	**tett skog** (n)	['tɛt ‚skʊg]
bosje (klein bos)	**lund** (m)	['lʉn]
open plek (de)	**glenne** (m/f)	['glenə]

struikgewas (het)	**krattskog** (m)	['krat‚skʊg]
struiken (mv.)	**kratt** (n)	['krat]

paadje (het)	**sti** (m)	['sti]
ravijn (het)	**ravine** (m)	[ra'vinə]

boom (de)	**tre** (n)	['trɛ]
blad (het)	**blad** (n)	['bla]
gebladerte (het)	**løv** (n)	['løv]

vallende bladeren (mv.)	**løvfall** (n)	['løv‚fal]
vallen (ov. de bladeren)	**å falle**	[ɔ 'falə]
boomtop (de)	**tretopp** (m)	['trɛ‚tɔp]

tak (de)	**kvist, gren** (m)	['kvist], ['gren]
ent (de)	**gren, grein** (m/f)	['gren], ['græjn]
knop (de)	**knopp** (m)	['knɔp]
naald (de)	**nål** (m/f)	['nɔl]
dennenappel (de)	**kongle** (m/f)	['kʊŋlə]

boom holte (de)	**trehull** (n)	['trɛ‚hʉl]
nest (het)	**reir** (n)	['ræjr]
hol (het)	**hule** (m/f)	['hʉlə]

stam (de)	**stamme** (m)	['stamə]
wortel (bijv. boom~s)	**rot** (m/f)	['rʊt]
schors (de)	**bark** (m)	['bark]
mos (het)	**mose** (m)	['mʊsə]

ontwortelen (een boom)	**å rykke opp med roten**	[ɔ 'rʏkə ɔp me 'rutən]
kappen (een boom ~)	**å felle**	[ɔ 'fɛlə]
ontbossen (ww)	**å hogge ned**	[ɔ 'hɔgə 'ne]
stronk (de)	**stubbe** (m)	['stʉbə]

kampvuur (het)	**bål** (n)	['bɔl]
bosbrand (de)	**skogbrann** (m)	['skʊg‚bran]
blussen (ww)	**å slokke**	[ɔ 'şløkə]

boswachter (de)	skogvokter (m)	['skʊg͵vɔktər]
bescherming (de)	vern (n), beskyttelse (m)	['væːn̩], ['be'ʂytəlsə]
beschermen (bijv. de natuur ~)	å beskytte	[ɔ be'ʂytə]
stroper (de)	tyvskytter (m)	['tyf͵ʂytər]
val (de)	saks (m/f)	['saks]

plukken (vruchten, enz.)	å plukke	[ɔ 'plʉkə]
verdwalen (de weg kwijt zijn)	å gå seg vill	[ɔ 'gɔ sæj 'vil]

171. Natuurlijke hulpbronnen

natuurlijke rijkdommen (mv.)	naturressurser (m pl)	[nɑ'tʉr rɛ'sʉʂər]
delfstoffen (mv.)	mineraler (n pl)	[minə'ralər]
lagen (mv.)	forekomster (m pl)	['forə͵kɔmstər]
veld (bijv. olie~)	felt (m)	['fɛlt]

winnen (uit erts ~)	å utvinne	[ɔ 'ʉt͵vinə]
winning (de)	utvinning (m/f)	['ʉt͵viniŋ]
erts (het)	malm (m)	['malm]
mijn (bijv. kolenmijn)	gruve (m/f)	['grʉvə]
mijnschacht (de)	gruvesjakt (m/f)	['grʉvə͵ʂakt]
mijnwerker (de)	gruvearbeider (m)	['grʉvə'ar͵bæjdər]

gas (het)	gass (m)	['gas]
gasleiding (de)	gassledning (m)	['gas͵ledniŋ]
olie (aardolie)	olje (m)	['ɔljə]
olieleiding (de)	oljeledning (m)	['ɔljə͵ledniŋ]
oliebron (de)	oljebrønn (m)	['ɔljə͵brœn]
boortoren (de)	boretårn (n)	['boːrə͵tɔːn̩]
tanker (de)	tankskip (n)	['tank͵ʂip]

zand (het)	sand (m)	['san]
kalksteen (de)	kalkstein (m)	['kalk͵stæjn]
grind (het)	grus (m)	['grʉs]
veen (het)	torv (m/f)	['torv]
klei (de)	leir (n)	['læjr]
steenkool (de)	kull (n)	['kʉl]

IJzer (het)	jern (n)	['jæːn̩]
goud (het)	gull (n)	['gʉl]
zilver (het)	sølv (n)	['søl]
nikkel (het)	nikkel (m)	['nikəl]
koper (het)	kobber (n)	['kɔbər]

zink (het)	sink (m/n)	['sink]
mangaan (het)	mangan (m/n)	[ma'ŋan]
kwik (het)	kvikksølv (n)	['kvik͵søl]
lood (het)	bly (n)	['bly]

mineraal (het)	mineral (n)	[minə'ral]
kristal (het)	krystall (m/n)	[kry'stal]
marmer (het)	marmor (m/n)	['marmʊr]
uraan (het)	uran (m/n)	[ʉ'ran]

De Aarde. Deel 2

172. Weer

weer (het)	**vær** (n)	['vær]
weersvoorspelling (de)	**værvarsel** (n)	['vær,vɑʂəl]
temperatuur (de)	**temperatur** (m)	[tɛmpərɑ'tʉr]
thermometer (de)	**termometer** (n)	[tɛrmʉ'metər]
barometer (de)	**barometer** (n)	[bɑrʉ'metər]
vochtig (bn)	**fuktig**	['fʉkti]
vochtigheid (de)	**fuktighet** (m)	['fʉkti,het]
hitte (de)	**hete** (m)	['he:tə]
heet (bn)	**het**	['het]
het is heet	**det er hett**	[de ær 'het]
het is warm	**det er varmt**	[de ær 'vɑrmt]
warm (bn)	**varm**	['vɑrm]
het is koud	**det er kaldt**	[de ær 'kɑlt]
koud (bn)	**kald**	['kɑl]
zon (de)	**sol** (m/f)	['sʉl]
schijnen (de zon)	**å skinne**	[ɔ 'ʂinə]
zonnig (~e dag)	**solrik**	['sʉl,rik]
opgaan (ov. de zon)	**å gå opp**	[ɔ 'gɔ ɔp]
ondergaan (ww)	**å gå ned**	[ɔ 'gɔ ne]
wolk (de)	**sky** (m)	['ʂy]
bewolkt (bn)	**skyet**	['ʂy:ət]
regenwolk (de)	**regnsky** (m/f)	['ræjn,ʂy]
somber (bn)	**mørk**	['mœrk]
regen (de)	**regn** (n)	['ræjn]
het regent	**det regner**	[de 'ræjnər]
regenachtig (bn)	**regnværs-**	['ræjn,væʂ-]
motregenen (ww)	**å småregne**	[ɔ 'smo:ræjnə]
plensbui (de)	**piskende regn** (n)	['piskenə ,ræjn]
stortbui (de)	**styrtregn** (n)	['sty:t̪ræjn]
hard (bn)	**kraftig, sterk**	['krɑfti], ['stærk]
plas (de)	**vannpytt** (m)	['vɑn,pʏt]
nat worden (ww)	**å bli våt**	[ɔ 'bli 'vɔt]
mist (de)	**tåke** (m/f)	['to:kə]
mistig (bn)	**tåke**	['to:kə]
sneeuw (de)	**snø** (m)	['snø]
het sneeuwt	**det snør**	[de 'snør]

173. Zwaar weer. Natuurrampen

noodweer (storm)	tordenvær (n)	['tʊrdən‚vær]
bliksem (de)	lyn (n)	['lyn]
flitsen (ww)	å glimte	[ɔ 'glimtə]
donder (de)	torden (m)	['tʊrdən]
donderen (ww)	å tordne	[ɔ 'tʊrdnə]
het dondert	det tordner	[de 'tʊrdnər]
hagel (de)	hagle (m/f)	['haglə]
het hagelt	det hagler	[de 'haglər]
overstromen (ww)	å oversvømme	[ɔ 'ɔvə‚svœmə]
overstroming (de)	oversvømmelse (m)	['ɔvə‚svœmələ]
aardbeving (de)	jordskjelv (n)	['juːr‚sɛlv]
aardschok (de)	skjelv (n)	['sɛlv]
epicentrum (het)	episenter (n)	[ɛpi'sɛntər]
uitbarsting (de)	utbrudd (n)	['ʉt‚brʉd]
lava (de)	lava (m)	['lava]
wervelwind (de)	skypumpe (m/f)	['sy‚pʉmpə]
windhoos (de)	tornado (m)	[tʊ:'nɑdʉ]
tyfoon (de)	tyfon (m)	[ty'fʊn]
orkaan (de)	orkan (m)	[ɔr'kɑn]
storm (de)	storm (m)	['stɔrm]
tsunami (de)	tsunami (m)	[tsʉ'nɑmi]
cycloon (de)	syklon (m)	[sy'klun]
onweer (het)	uvær (n)	['ʉ:‚vær]
brand (de)	brann (m)	['brɑn]
ramp (de)	katastrofe (m)	[kata'strɔfə]
meteoriet (de)	meteoritt (m)	[meteʉ'rit]
lawine (de)	lavine (m)	[la'vinə]
sneeuwverschuiving (de)	snøskred, snøras (n)	['snø‚skred], ['snøras]
sneeuwjacht (de)	snøstorm (m)	['snø‚stɔrm]
sneeuwstorm (de)	snøstorm (m)	['snø‚stɔrm]

Fauna

174. Zoogdieren. Roofdieren

roofdier (het)	**rovdyr** (n)	['rɔv‚dyr]
tijger (de)	**tiger** (m)	['tigər]
leeuw (de)	**løve** (m/f)	['løve]
wolf (de)	**ulv** (m)	['ʉlv]
vos (de)	**rev** (m)	['rev]
jaguar (de)	**jaguar** (m)	[jagʉ'ɑr]
luipaard (de)	**leopard** (m)	[leʉ'pɑrd]
jachtluipaard (de)	**gepard** (m)	[ge'pɑrd]
panter (de)	**panter** (m)	['pɑntər]
poema (de)	**puma** (m)	['pʉma]
sneeuwluipaard (de)	**snøleopard** (m)	['snø leʉ'pɑrd]
lynx (de)	**gaupe** (m/f)	['gaʉpə]
coyote (de)	**coyote, prærieulv** (m)	[kɔ'jotə], ['præri‚ʉlv]
jakhals (de)	**sjakal** (m)	[ʂɑ'kɑl]
hyena (de)	**hyene** (m)	[hy'ɘnə]

175. Wilde dieren

dier (het)	**dyr** (n)	['dyr]
beest (het)	**best, udyr** (n)	['bɛst], ['ʉ‚dyr]
eekhoorn (de)	**ekorn** (n)	['ɛkuːn]
egel (de)	**pinnsvin** (n)	['pin‚svin]
haas (de)	**hare** (m)	['harə]
konijn (het)	**kanin** (m)	[kɑ'nin]
das (de)	**grevling** (m)	['grɛvliŋ]
wasbeer (de)	**vaskebjørn** (m)	['vɑskə‚bjœːŋ]
hamster (de)	**hamster** (m)	['hɑmstər]
marmot (de)	**murmeldyr** (n)	['mʉrməl‚dyr]
mol (de)	**muldvarp** (m)	['mʉl‚vɑrp]
muis (de)	**mus** (m/f)	['mʉs]
rat (de)	**rotte** (m/f)	['rotə]
vleermuis (de)	**flaggermus** (m/f)	['flɑgər‚mʉs]
hermelijn (de)	**røyskatt** (m)	['røjskɑt]
sabeldier (het)	**sobel** (m)	['sʉbəl]
marter (de)	**mår** (m)	['mɔr]
wezel (de)	**snømus** (m/f)	['snø‚mʉs]
nerts (de)	**mink** (m)	['mink]

| bever (de) | bever (m) | ['bevər] |
| otter (de) | oter (m) | ['ʊtər] |

paard (het)	hest (m)	['hɛst]
eland (de)	elg (m)	['ɛlg]
hert (het)	hjort (m)	['jɔːt]
kameel (de)	kamel (m)	[ka'mel]

bizon (de)	bison (m)	['bisɔn]
oeros (de)	urokse (m)	['ʉrˌʊksə]
buffel (de)	bøffel (m)	['bøfəl]

zebra (de)	sebra (m)	['sebra]
antilope (de)	antilope (m)	[anti'lʊpə]
ree (de)	rådyr (n)	['rɔˌdyr]
damhert (het)	dåhjort, dådyr (n)	['dɔˌjɔːt], ['dɔˌdyr]
gems (de)	gemse (m)	['gɛmsə]
everzwijn (het)	villsvin (n)	['vilˌsvin]

walvis (de)	hval (m)	['val]
rob (de)	sel (m)	['sel]
walrus (de)	hvalross (m)	['valˌrɔs]
zeehond (de)	pelssel (m)	['pɛlsˌsel]
dolfijn (de)	delfin (m)	[dɛl'fin]

beer (de)	bjørn (m)	['bjœːɳ]
IJsbeer (de)	isbjørn (m)	['isˌbjœːɳ]
panda (de)	panda (m)	['panda]

aap (de)	ape (m/f)	['ape]
chimpansee (de)	sjimpanse (m)	[ʂim'pansə]
orang-oetan (de)	orangutang (m)	[ʊ'raŋgʉˌtaŋ]
gorilla (de)	gorilla (m)	[gɔ'rila]
makaak (de)	makak (m)	[ma'kak]
gibbon (de)	gibbon (m)	['gibʊn]

olifant (de)	elefant (m)	[ɛle'fant]
neushoorn (de)	neshorn (n)	['nesˌhʉːɳ]
giraffe (de)	sjiraff (m)	[ʂi'raf]
nijlpaard (het)	flodhest (m)	['flʊdˌhɛst]

| kangoeroe (de) | kenguru (m) | ['kɛŋgʉrʉ] |
| koala (de) | koala (m) | [kʊ'ala] |

mangoest (de)	mangust, mungo (m)	[maŋ'gʉst], ['mʉŋgu]
chinchilla (de)	chinchilla (m)	[ʂin'ʂila]
stinkdier (het)	skunk (m)	['skunk]
stekelvarken (het)	hulepinnsvin (n)	['hʉləˌpinsvin]

176. Huisdieren

poes (de)	katt (m)	['kat]
kater (de)	hannkatt (m)	['hanˌkat]
hond (de)	hund (m)	['hʉŋ]

paard (het)	hest (m)	['hɛst]
hengst (de)	hingst (m)	['hiŋst]
merrie (de)	hoppe, merr (m/f)	['hɔpə], ['mɛr]

koe (de)	ku (f)	['kʉ]
stier (de)	tyr (m)	['tyr]
os (de)	okse (m)	['ɔksə]

schaap (het)	sau (m)	['saʉ]
ram (de)	vær, saubukk (m)	['vær], ['saʉˌbʉk]
geit (de)	geit (m/f)	['jæjt]
bok (de)	geitebukk (m)	['jæjtəˌbʉk]

| ezel (de) | esel (n) | ['ɛsəl] |
| muilezel (de) | muldyr (n) | ['mʉlˌdyr] |

varken (het)	svin (n)	['svin]
biggetje (het)	gris (m)	['gris]
konijn (het)	kanin (m)	[ka'nin]

| kip (de) | høne (m/f) | ['hønə] |
| haan (de) | hane (m) | ['hanə] |

eend (de)	and (m/f)	['an]
woerd (de)	andrik (m)	['andrik]
gans (de)	gås (m/f)	['gɔs]

| kalkoen haan (de) | kalkunhane (m) | [kal'kʉnˌhanə] |
| kalkoen (de) | kalkunhøne (m/f) | [kal'kʉnˌhønə] |

huisdieren (mv.)	husdyr (n pl)	['hʉsˌdyr]
tam (bijv. hamster)	tam	['tam]
temmen (tam maken)	å temme	[ɔ 'tɛmə]
fokken (bijv. paarden ~)	å avle, å oppdrette	[ɔ 'avlə], [ɔ 'ɔpˌdrɛtə]

boerderij (de)	farm, gård (m)	['farm], ['gɔːr]
gevogelte (het)	fjærfe (n)	['fjærˌfɛ]
rundvee (het)	kveg (n)	['kvɛg]
kudde (de)	flokk, bøling (m)	['flɔk], ['bøliŋ]

paardenstal (de)	stall (m)	['stal]
zwijnenstal (de)	grisehus (n)	['grisəˌhʉs]
koeienstal (de)	kufjøs (m/n)	['kuˌfjøs]
konijnenhok (het)	kaninbur (n)	[ka'ninˌbʉr]
kippenhok (het)	hønsehus (n)	['hønsəˌhʉs]

177. Honden. Hondenrassen

hond (de)	hund (m)	['hʉn]
herdershond (de)	fårehund (m)	['foːrəˌhʉn]
Duitse herdershond (de)	schäferhund (m)	['ʂɛfærˌhʉn]
poedel (de)	puddel (m)	['pʉdəl]
teckel (de)	dachshund (m)	['daʂˌhʉn]
buldog (de)	bulldogg (m)	['bʉlˌdɔg]

boxer (de)	bokser (m)	['bɔksər]
mastiff (de)	mastiff (m)	[mɑs'tif]
rottweiler (de)	rottweiler (m)	['rɔt‚væjlər]
doberman (de)	dobermann (m)	['dɔbermɑn]

basset (de)	basset (m)	['basɛt]
bobtail (de)	bobtail (m)	['bɔbtɛjl]
dalmatièr (de)	dalmatiner (m)	[dɑlmɑ'tinər]
cockerspaniël (de)	cocker spaniel (m)	['kɔker ‚spɑniəl]

| newfoundlander (de) | newfoundlandshund (m) | [njʉ'fawnd‚lənds 'hʉn] |
| sint-bernard (de) | sankt bernhardshund (m) | [‚sɑnkt 'bɛːŋɑds‚hʉn] |

poolhond (de)	husky (m)	['hɑski]
chowchow (de)	chihuahua (m)	[tʂi'vava]
spits (de)	spisshund (m)	['spis‚hʉn]
mopshond (de)	mops (m)	['mɔps]

178. Dierengeluiden

geblaf (het)	gjøing (m/f)	['jøːiŋ]
blaffen (ww)	å gjø	[ɔ 'jø]
miauwen (ww)	å mjaue	[ɔ 'mjaʉe]
spinnen (katten)	å spinne	[ɔ 'spinə]

loeien (ov. een koe)	å raute	[ɔ 'raʉtə]
brullen (stier)	å belje, å brøle	[ɔ 'beljə], [ɔ 'brøle]
grommen (ov. de honden)	å knurre	[ɔ 'knʉrə]

gehuil (het)	hyl (n)	['hyl]
huilen (wolf, enz.)	å hyle	[ɔ 'hylə]
janken (ov. een hond)	å klynke	[ɔ 'klʏnkə]

mekkeren (schapen)	å breke	[ɔ 'brekə]
knorren (varkens)	å grynte	[ɔ 'grʏntə]
gillen (bijv. varken)	å hvine	[ɔ 'vinə]

kwaken (kikvorsen)	å kvekke	[ɔ 'kvɛkə]
zoemen (hommel, enz.)	å surre	[ɔ 'sʉrə]
tjirpen (sprinkhanen)	å gnisse	[ɔ 'gnisə]

179. Vogels

vogel (de)	fugl (m)	['fʉl]
duif (de)	due (m/f)	['dʉə]
mus (de)	spurv (m)	['spʉrv]
koolmees (de)	kjøttmeis (m/f)	['çœt‚mæjs]
ekster (de)	skjære (m/f)	['ʂærə]

raaf (de)	ravn (m)	['ravn]
kraai (de)	kråke (m)	['kroːkə]
kauw (de)	kaie (m/f)	['kɑjə]

roek (de)	kornkråke (m/f)	['kuːŋˌkroːkə]
eend (de)	and (m/f)	['an]
gans (de)	gås (m/f)	['gɔs]
fazant (de)	fasan (m)	[fɑ'sɑn]
arend (de)	ørn (m/f)	['œːŋ]
havik (de)	hauk (m)	['haʊk]
valk (de)	falk (m)	['fɑlk]
gier (de)	gribb (m)	['grib]
condor (de)	kondor (m)	[kʊn'dʊr]
zwaan (de)	svane (m/f)	['svɑnə]
kraanvogel (de)	trane (m/f)	['trɑnə]
ooievaar (de)	stork (m)	['stɔrk]
papegaai (de)	papegøye (m)	[pɑpe'gøjə]
kolibrie (de)	kolibri (m)	[kʊ'libri]
pauw (de)	påfugl (m)	['pɔˌfʉl]
struisvogel (de)	struts (m)	['strʉts]
reiger (de)	hegre (m)	['hæjrə]
flamingo (de)	flamingo (m)	[flɑ'mingʊ]
pelikaan (de)	pelikan (m)	[peli'kɑn]
nachtegaal (de)	nattergal (m)	['nɑtərˌgɑl]
zwaluw (de)	svale (m/f)	['svɑlə]
lijster (de)	trost (m)	['trʊst]
zanglijster (de)	måltrost (m)	['moːlˌtrʊst]
merel (de)	svarttrost (m)	['svɑːˌtrʊst]
gierzwaluw (de)	tårnseiler (m), tårnsvale (m/f)	['toːŋˌsæjlə], ['toːŋˌsvɑlə]
leeuwerik (de)	lerke (m/f)	['lærkə]
kwartel (de)	vaktel (m)	['vɑktəl]
specht (de)	hakkespett (m)	['hɑkəˌspɛt]
koekoek (de)	gjøk, gauk (m)	['jøk], ['gaʊk]
uil (de)	ugle (m/f)	['ʉglə]
oehoe (de)	hubro (m)	['hʉbrʊ]
auerhoen (het)	storfugl (m)	['stʉrˌfʉl]
korhoen (het)	orrfugl (m)	['ɔrˌfʉl]
patrijs (de)	rapphøne (m/f)	['rɑpˌhønə]
spreeuw (de)	stær (m)	['stær]
kanarie (de)	kanarifugl (m)	[kɑ'nɑriˌfʉl]
hazelhoen (het)	jerpe (m/f)	['jærpə]
vink (de)	bokfink (m)	['bʊkˌfink]
goudvink (de)	dompap (m)	['dʊmpɑp]
meeuw (de)	måke (m/f)	['moːkə]
albatros (de)	albatross (m)	['ɑlbaˌtrɔs]
pinguïn (de)	pingvin (m)	[piŋ'vin]

180. Vogels. Zingen en geluiden

fluiten, zingen (ww)	å synge	[ɔ 'sʏŋə]
schreeuwen (dieren, vogels)	å skrike	[ɔ 'skrikə]
kraaien (ov. een haan)	å gale	[ɔ 'galə]
kukeleku	kykeliky	[kykəli'ky:]
klokken (hen)	å kakle	[ɔ 'kaklə]
krassen (kraai)	å krae	[ɔ 'kraə]
kwaken (eend)	å snadre, å rappe	[ɔ 'snadrə], [ɔ 'rapə]
piepen (kuiken)	å pipe	[ɔ 'pipə]
tjilpen (bijv. een mus)	å kvitre	[ɔ 'kvitrə]

181. Vis. Zeedieren

brasem (de)	brasme (m/f)	['brasmə]
karper (de)	karpe (m)	['karpə]
baars (de)	åbor (m)	['obor]
meerval (de)	malle (m)	['malə]
snoek (de)	gjedde (m/f)	['jɛdə]
zalm (de)	laks (m)	['laks]
steur (de)	stør (m)	['stør]
haring (de)	sild (m/f)	['sil]
atlantische zalm (de)	atlanterhavslaks (m)	[at'lantərhafs‚laks]
makreel (de)	makrell (m)	[ma'krɛl]
platvis (de)	rødspette (m/f)	['rø‚spɛtə]
snoekbaars (de)	gjørs (m)	['jø:ʂ]
kabeljauw (de)	torsk (m)	['tɔʂk]
tonijn (de)	tunfisk (m)	['tʉn‚fisk]
forel (de)	ørret (m)	['øret]
paling (de)	ål (m)	['ɔl]
sidderrog (de)	elektrisk rokke (m/f)	[ɛ'lɛktrisk ‚rɔkə]
murene (de)	murene (m)	[mʉ'rɛnə]
piranha (de)	piraja (m)	[pi'raja]
haai (de)	hai (m)	['haj]
dolfijn (de)	delfin (m)	[dɛl'fin]
walvis (de)	hval (m)	['val]
krab (de)	krabbe (m)	['krabə]
kwal (de)	manet (m/f), meduse (m)	['manet], [me'dʉsə]
octopus (de)	blekksprut (m)	['blek‚sprʉt]
zeester (de)	sjøstjerne (m/f)	['ʂø‚stjæ:nə]
zee-egel (de)	sjøpinnsvin (n)	['ʂø:'pin‚svin]
zeepaardje (het)	sjøhest (m)	['ʂø‚hɛst]
oester (de)	østers (m)	['østəʂ]
garnaal (de)	reke (m/f)	['rekə]

| kreeft (de) | hummer (m) | ['hʉmər] |
| langoest (de) | langust (m) | [laŋ'gʉst] |

182. Amfibieën. Reptielen

| slang (de) | slange (m) | ['ṣlaŋə] |
| giftig (slang) | giftig | ['jifti] |

adder (de)	hoggorm, huggorm (m)	['hʉg,ɔrm], ['hʉg,ɔrm]
cobra (de)	kobra (m)	['kʉbra]
python (de)	pyton (m)	['pytɔn]
boa (de)	boaslange (m)	['bɔa,slaŋə]

ringslang (de)	snok (m)	['snʊk]
ratelslang (de)	klapperslange (m)	['klapə,slaŋə]
anaconda (de)	anakonda (m)	[ana'kɔnda]

hagedis (de)	øgle (m/f)	['øglə]
leguaan (de)	iguan (m)	[igʉ'an]
varaan (de)	varan (n)	[va'ran]
salamander (de)	salamander (m)	[sala'mandər]
kameleon (de)	kameleon (m)	[kaməle'ʊn]
schorpioen (de)	skorpion (m)	[skɔrpi'ʊn]

schildpad (de)	skilpadde (m/f)	['ṣil,padə]
kikker (de)	frosk (m)	['frɔsk]
pad (de)	padde (m/f)	['padə]
krokodil (de)	krokodille (m)	[krʊkə'dilə]

183. Insecten

insect (het)	insekt (n)	['insɛkt]
vlinder (de)	sommerfugl (m)	['sɔmər,fʉl]
mier (de)	maur (m)	['maʊr]
vlieg (de)	flue (m/f)	['flʉə]
mug (de)	mygg (m)	['mʏg]
kever (de)	bille (m)	['bilə]

wesp (de)	veps (m)	['vɛps]
bij (de)	bie (m/f)	['biə]
hommel (de)	humle (m/f)	['hʉmlə]
horzel (de)	brems (m)	['brɛms]

| spin (de) | edderkopp (m) | ['ɛdər,kɔp] |
| spinnenweb (het) | edderkoppnett (n) | ['ɛdərkɔp,nɛt] |

libel (de)	øyenstikker (m)	['øjən,stikər]
sprinkhaan (de)	gresshoppe (m/f)	['grɛs,hɔpə]
nachtvlinder (de)	nattsvermer (m)	['nat,sværmər]

| kakkerlak (de) | kakerlakk (m) | [kakə'lak] |
| mijt (de) | flått, midd (m) | ['flɔt], ['mid] |

| vlo (de) | loppe (f) | ['lɔpə] |
| kriebelmug (de) | knott (m) | ['knɔt] |

treksprinkhaan (de)	vandgresshoppe (m/f)	['van 'grɛs,hɔpə]
slak (de)	snegl (m)	['snæjl]
krekel (de)	siriss (m)	['si,ris]
glimworm (de)	ildflue (m/f), lysbille (m)	['il,flʉe], ['lys,bilə]
lieveheersbeestje (het)	marihøne (m/f)	['mari,hønə]
meikever (de)	oldenborre (f)	['ɔldən,bɔrə]

bloedzuiger (de)	igle (m/f)	['iglə]
rups (de)	sommerfugllarve (m/f)	['sɔmərfʉl,larvə]
aardworm (de)	meitemark (m)	['mæjtə,mark]
larve (de)	larve (m/f)	['larvə]

184. Dieren. Lichaamsdelen

snavel (de)	nebb (n)	['nɛb]
vleugels (mv.)	vinger (m pl)	['viŋər]
poot (ov. een vogel)	fot (m)	['fʉt]
verenkleed (het)	fjærdrakt (m/f)	['fjær,drakt]
veer (de)	fjær (m/f)	['fjær]
kuifje (het)	fjærtopp (m)	['fjæ:tɔp]

kieuwen (mv.)	gjeller (m/f pl)	['jɛlər]
kuit, dril (de)	rogn (m/f)	['rɔŋn]
larve (de)	larve (m/f)	['larvə]
vin (de)	finne (m)	['finə]
schubben (mv.)	skjell (n)	['ʂɛl]

slagtand (de)	hoggtann (m/f)	['hɔg,tan]
poot (bijv. ~ van een kat)	pote (m)	['pɔ:tə]
muil (de)	snute (m/f)	['snʉtə]
bek (mond van dieren)	kjeft (m)	['çɛft]
staart (de)	hale (m)	['halə]
snorharen (mv.)	værhår (n)	['vær,hɔr]

| hoef (de) | klov, hov (m) | ['klɔv], ['hɔv] |
| hoorn (de) | horn (n) | ['hʉːn] |

schild (schildpad, enz.)	ryggskjold (n)	['ryg,ʂɔl]
schelp (de)	skall (n)	['skal]
eierschaal (de)	eggeskall (n)	['ɛgə,skal]

| vacht (de) | pels (m) | ['pɛls] |
| huid (de) | skinn (n) | ['ʂin] |

185. Dieren. Leefomgevingen

leefgebied (het)	habitat (n)	[habi'tat]
migratie (de)	migrasjon (m)	[migra'ʂʉn]
berg (de)	fjell (n)	['fjɛl]

rif (het)	**rev** (n)	['rev]
klip (de)	**klippe** (m)	['klipə]
bos (het)	**skog** (m)	['skʊg]
jungle (de)	**jungel** (m)	['jʉŋəl]
savanne (de)	**savanne** (m)	[sɑ'vanə]
toendra (de)	**tundra** (m)	['tʉndrɑ]
steppe (de)	**steppe** (m)	['stɛpə]
woestijn (de)	**ørken** (m)	['œrkən]
oase (de)	**oase** (m)	[ʊ'ɑsə]
zee (de)	**hav** (n)	['hɑv]
meer (het)	**innsjø** (m)	['in'ʂø]
oceaan (de)	**verdenshav** (n)	[værdəns'hɑv]
moeras (het)	**myr** (m/f)	['myr]
zoetwater- (abn)	**ferskvanns-**	['fæʂk̩ˌvɑns-]
vijver (de)	**dam** (m)	['dɑm]
rivier (de)	**elv** (m/f)	['ɛlv]
berenhol (het)	**hi** (n)	['hi]
nest (het)	**reir** (n)	['ræjr]
boom holte (de)	**trehull** (n)	['trɛˌhʉl]
hol (het)	**hule** (m/f)	['hʉlə]
mierenhoop (de)	**maurtue** (m/f)	['mɑʊːˌtʉə]

Flora

186. Bomen

boom (de)	**tre** (n)	['trɛ]
loof- (abn)	**løv-**	['løv-]
dennen- (abn)	**bar-**	['bɑr-]
groenblijvend (bn)	**eviggrønt**	['ɛvi‚grœnt]
appelboom (de)	**epletre** (n)	['ɛplə‚trɛ]
perenboom (de)	**pæretre** (n)	['pæɾə‚trɛ]
zoete kers (de)	**morelltre** (n)	[mʉ'rɛl‚trɛ]
zure kers (de)	**kirsebærtre** (n)	['çisəbæɾ‚trɛ]
pruimelaar (de)	**plommetre** (n)	['plʉmə‚trɛ]
berk (de)	**bjørk** (f)	['bjœrk]
eik (de)	**eik** (f)	['æjk]
linde (de)	**lind** (m/f)	['lin]
esp (de)	**osp** (m/f)	['ɔsp]
esdoorn (de)	**lønn** (m/f)	['lœn]
spar (de)	**gran** (m/f)	['grɑn]
den (de)	**furu** (m/f)	['fʉrʉ]
lariks (de)	**lerk** (m)	['lærk]
zilverspar (de)	**edelgran** (m/f)	['ɛdəl‚grɑn]
ceder (de)	**seder** (m)	['sedər]
populier (de)	**poppel** (m)	['pɔpəl]
lijsterbes (de)	**rogn** (m/f)	['rɔŋn]
wilg (de)	**pil** (m/f)	['pil]
els (de)	**or, older** (m/f)	['ʉr], ['ɔldər]
beuk (de)	**bøk** (m)	['bøk]
iep (de)	**alm** (m)	['ɑlm]
es (de)	**ask** (m/f)	['ɑsk]
kastanje (de)	**kastanjetre** (n)	[kɑ'stɑnje‚trɛ]
magnolia (de)	**magnolia** (m)	[mɑŋ'nʉliɑ]
palm (de)	**palme** (m)	['pɑlmə]
cipres (de)	**sypress** (m)	[sʏ'prɛs]
mangrove (de)	**mangrove** (m)	[mɑŋ'grʉvə]
baobab (apenbroodboom)	**apebrødtre** (n)	['ɑpebrø‚trɛ]
eucalyptus (de)	**eukalyptus** (m)	[ɛvkɑ'lyptʉs]
mammoetboom (de)	**sequoia** (m)	['sek‚vɔja]

187. Heesters

struik (de)	**busk** (m)	['bʉsk]
heester (de)	**busk** (m)	['bʉsk]

| wijnstok (de) | vinranke (m) | ['vin,rankə] |
| wijngaard (de) | vinmark (m/f) | ['vin,mark] |

frambozenstruik (de)	bringebærbusk (m)	['briŋə,bær busk]
zwarte bes (de)	solbærbusk (m)	['sulbær,busk]
rode bessenstruik (de)	ripsbusk (m)	['rips,busk]
kruisbessenstruik (de)	stikkelsbærbusk (m)	['stikəlsbær,busk]

acacia (de)	akasie (m)	[a'kasiə]
zuurbes (de)	berberis (m)	['bærberis]
jasmijn (de)	sjasmin (m)	[şas'min]

jeneverbes (de)	einer (m)	['æjnər]
rozenstruik (de)	rosenbusk (m)	['rusən,busk]
hondsroos (de)	steinnype (m/f)	['stæjn,nypə]

188. Champignons

paddenstoel (de)	sopp (m)	['sɔp]
eetbare paddenstoel (de)	spiselig sopp (m)	['spisəli ,sɔp]
giftige paddenstoel (de)	giftig sopp (m)	['jifti ,sɔp]
hoed (de)	hatt (m)	['hat]
steel (de)	stilk (m)	['stilk]

gewoon eekhoorntjesbrood (het)	steinsopp (m)	['stæjn,sɔp]
rosse populierenboleet (de)	rødskrubb (m/n)	['rø,skrub]
berkenboleet (de)	brunskrubb (m/n)	['brun,skrub]
cantharel (de)	kantarell (m)	[kanta'rel]
russula (de)	kremle (m/f)	['krɛmlə]

morille (de)	morkel (m)	['mɔrkəl]
vliegenzwam (de)	fluesopp (m)	['flʉə,sɔp]
groene knolzwam (de)	grønn fluesopp (m)	['grœn 'flʉə,sɔp]

189. Vruchten. Bessen

vrucht (de)	frukt (m/f)	['frukt]
vruchten (mv.)	frukter (m/f pl)	['fruktər]
appel (de)	eple (n)	['ɛplə]
peer (de)	pære (m/f)	['pærə]
pruim (de)	plomme (m/f)	['plʉmə]

aardbei (de)	jordbær (n)	['ju:r,bær]
zure kers (de)	kirsebær (n)	['çişə,bær]
zoete kers (de)	morell (m)	[mʉ'rɛl]
druif (de)	drue (m)	['drʉə]

framboos (de)	bringebær (n)	['briŋə,bær]
zwarte bes (de)	solbær (n)	['sul,bær]
rode bes (de)	rips (m)	['rips]
kruisbes (de)	stikkelsbær (n)	['stikəls,bær]

veenbes (de)	tranebær (n)	['tranə‚bær]
sinaasappel (de)	appelsin (m)	[apel'sin]
mandarijn (de)	mandarin (m)	[manda'rin]
ananas (de)	ananas (m)	['ananas]
banaan (de)	banan (m)	[ba'nan]
dadel (de)	daddel (m)	['dadəl]
citroen (de)	sitron (m)	[si'trʊn]
abrikoos (de)	aprikos (m)	[apri'kʊs]
perzik (de)	fersken (m)	['fæʂkən]
kiwi (de)	kiwi (m)	['kivi]
grapefruit (de)	grapefrukt (m/f)	['grɛjp‚frʉkt]
bes (de)	bær (n)	['bær]
bessen (mv.)	bær (n pl)	['bær]
vossenbes (de)	tyttebær (n)	['tʏtə‚bær]
bosaardbei (de)	markjordbær (n)	['mark juːr‚bær]
bosbes (de)	blåbær (n)	['blɔ‚bær]

190. Bloemen. Planten

bloem (de)	blomst (m)	['blomst]
boeket (het)	bukett (m)	[bʉ'kɛt]
roos (de)	rose (m/f)	['rʊsə]
tulp (de)	tulipan (m)	[tʉli'pan]
anjer (de)	nellik (m)	['nɛlik]
gladiool (de)	gladiolus (m)	[gladi'ɔlʉs]
korenbloem (de)	kornblomst (m)	['kʊːn‚blomst]
klokje (het)	blåklokke (m/f)	['blɔ‚klɔkə]
paardenbloem (de)	løvetann (m/f)	['løvə‚tan]
kamille (de)	kamille (m)	[ka'milə]
aloè (de)	aloe (m)	['alʉe]
cactus (de)	kaktus (m)	['kaktʉs]
ficus (de)	gummiplante (m/f)	['gʉmi‚plantə]
lelie (de)	lilje (m)	['liljə]
geranium (de)	geranium (m)	[ge'ranium]
hyacint (de)	hyasint (m)	[hia'sint]
mimosa (de)	mimose (m/f)	[mi'mɔsə]
narcis (de)	narsiss (m)	[na'ʂis]
Oostindische kers (de)	blomkarse (m)	['blɔm‚kaʂə]
orchidee (de)	orkidé (m)	[ɔrki'de]
pioenroos (de)	peon, pion (m)	[pe'ʊn], [pi'ʊn]
viooltje (het)	fiol (m)	[fi'ʊl]
driekleurig viooltje (het)	stemorsblomst (m)	['stemʊʂ‚blomst]
vergeet-mij-nietje (het)	forglemmegei (m)	[fɔr'glemə‚jæj]
madeliefje (het)	tusenfryd (m)	['tʉsən‚fryd]
papaver (de)	valmue (m)	['valmʉe]

hennep (de)	**hamp** (m)	['hamp]
munt (de)	**mynte** (m/f)	['mʏntə]
lelietje-van-dalen (het)	**liljekonvall** (m)	['liljə kɔn'val]
sneeuwklokje (het)	**snøklokke** (m/f)	['snø‚klɔkə]
brandnetel (de)	**nesle** (m/f)	['nɛslə]
veldzuring (de)	**syre** (m/f)	['syrə]
waterlelie (de)	**nøkkerose** (m/f)	['nøkə‚rʊse]
varen (de)	**bregne** (m/f)	['brɛjnə]
korstmos (het)	**lav** (m/n)	['lɑv]
oranjerie (de)	**drivhus** (n)	['driv‚hʉs]
gazon (het)	**gressplen** (m)	['grɛs‚plen]
bloemperk (het)	**blomsterbed** (n)	['blɔmstər‚bed]
plant (de)	**plante** (m/f), **vekst** (m)	['plantə], ['vɛkst]
gras (het)	**gras** (n)	['grɑs]
grasspriet (de)	**grasstrå** (n)	['grɑs‚strɔ]
blad (het)	**blad** (n)	['blɑ]
bloemblad (het)	**kronblad** (n)	['krɔn‚blɑ]
stengel (de)	**stilk** (m)	['stilk]
knol (de)	**rotknoll** (m)	['rʊt‚knɔl]
scheut (de)	**spire** (m/f)	['spirə]
doorn (de)	**torn** (m)	['tʊ:ɳ]
bloeien (ww)	**å blomstre**	[ɔ 'blɔmstrə]
verwelken (ww)	**å visne**	[ɔ 'visnə]
geur (de)	**lukt** (m/f)	['lʉkt]
snijden (bijv. bloemen ~)	**å skjære av**	[ɔ 'ʂæ:rə ɑ:]
plukken (bloemen ~)	**å plukke**	[ɔ 'plʉkə]

191. Granen, graankorrels

graan (het)	**korn** (n)	['kʊ:ɳ]
graangewassen (mv.)	**cerealer** (n pl)	[sere'alər]
aar (de)	**aks** (n)	['ɑks]
tarwe (de)	**hvete** (m)	['vetə]
rogge (de)	**rug** (m)	['rʉg]
haver (de)	**havre** (m)	['hɑvrə]
gierst (de)	**hirse** (m)	['hiʂə]
gerst (de)	**bygg** (m/n)	['bʏg]
maïs (de)	**mais** (m)	['mɑis]
rijst (de)	**ris** (m)	['ris]
boekweit (de)	**bokhvete** (m)	['bʊk‚vetə]
erwt (de)	**ert** (m/f)	['æ:t]
boon (de)	**bønne** (m/f)	['bœnə]
soja (de)	**soya** (m)	['sɔja]
linze (de)	**linse** (m/f)	['linsə]
bonen (mv.)	**bønner** (m/f pl)	['bœnər]

REGIONALE AARDRIJKSKUNDE

Landen. Nationaliteiten

192. Politiek. Overheid. Deel 1

politiek (de)	politikk (m)	[pʊli'tik]
politiek (bn)	politisk	[pʊ'litisk]
politicus (de)	politiker (m)	[pʊ'litikər]

staat (land)	stat (m)	['stɑt]
burger (de)	statsborger (m)	['stɑts,bɔrgər]
staatsburgerschap (het)	statsborgerskap (n)	['stɑtsborgə‚skap]

| nationaal wapen (het) | riksvåpen (n) | ['riks,vɔpən] |
| volkslied (het) | nasjonalsang (m) | [naʂʊ'nal,saŋ] |

regering (de)	regjering (m/f)	[rɛ'jeriŋ]
staatshoofd (het)	landets leder (m)	['lanɛts ,ledər]
parlement (het)	parlament (n)	[pa:‚la'mɛnt]
partij (de)	parti (n)	[pa:'ṭi]

| kapitalisme (het) | kapitalisme (n) | [kapita'lismə] |
| kapitalistisch (bn) | kapitalistisk | [kapita'listisk] |

| socialisme (het) | sosialisme (m) | [sʊsia'lismə] |
| socialistisch (bn) | sosialistisk | [sʊsia'listisk] |

communisme (het)	kommunisme (m)	[kʊmʉ'nismə]
communistisch (bn)	kommunistisk	[kʊmʉ'nistisk]
communist (de)	kommunist (m)	[kʊmʉ'nist]

democratie (de)	demokrati (n)	[demʊkra'ti]
democraat (de)	demokrat (m)	[demʊ'krat]
democratisch (bn)	demokratisk	[demʊ'kratisk]
democratische partij (de)	demokratisk parti (n)	[demʊ'kratisk pa:'ṭi]

liberaal (de)	liberaler (m)	[libə'ralər]
liberaal (bn)	liberal	[libə'ral]
conservator (de)	konservativ (m)	[kʊn'sɛrva‚tiv]
conservatief (bn)	konservativ	[kʊn'sɛrva‚tiv]

republiek (de)	republikk (m)	[repʉ'blik]
republikein (de)	republikaner (m)	[repʉbli'kanər]
Republikeinse Partij (de)	republikanske parti (n)	[repʉbli'kanskə pa:'ṭi]

verkiezing (de)	valg (n)	['valg]
kiezen (ww)	å velge	[ɔ 'vɛlgə]
kiezer (de)	velger (m)	['vɛlgər]

verkiezingscampagne (de)	valgkampanje (m)	['valg kam'panjə]
stemming (de)	avstemning, votering (m)	['af‚stɛmniŋ], ['votəriŋ]
stemmen (ww)	å stemme	[ɔ 'stɛmə]
stemrecht (het)	stemmerett (m)	['stɛmə‚rɛt]

kandidaat (de)	kandidat (m)	[kandi'dat]
zich kandideren	å kandidere	[ɔ kandi'derə]
campagne (de)	kampanje (m)	[kam'panjə]

| oppositie- (abn) | opposisjons- | [ɔpʊsi'ʂʊns-] |
| oppositie (de) | opposisjon (m) | [ɔpʊsi'ʂʊn] |

bezoek (het)	besøk (n)	[be'søk]
officieel bezoek (het)	offisielt besøk (n)	[ɔfi'sjɛlt be'søk]
internationaal (bn)	internasjonal	['intɛ:ɳaʂʊ‚nal]

| onderhandelingen (mv.) | forhandlinger (m pl) | [fɔr'handliŋər] |
| onderhandelen (ww) | å forhandle | [ɔ for'handlə] |

193. Politiek. Overheid. Deel 2

maatschappij (de)	samfunn (n)	['sam‚fʉn]
grondwet (de)	grunnlov (m)	['grʉn‚lov]
macht (politieke ~)	makt (m)	['makt]
corruptie (de)	korrupsjon (m)	[kʊrʉp'ʂʊn]

| wet (de) | lov (m) | ['lov] |
| wettelijk (bn) | lovlig | ['lovli] |

| rechtvaardigheid (de) | rettferdighet (m) | [rɛt'færdi‚het] |
| rechtvaardig (bn) | rettferdig | [rɛt'færdi] |

comité (het)	komité (m)	[kʊmi'te]
wetsvoorstel (het)	lovforslag (n)	['lov‚foʂlag]
begroting (de)	budsjett (n)	[bʉd'ʂɛt]
beleid (het)	politikk (m)	[pʊli'tik]
hervorming (de)	reform (m/f)	[rɛ'fɔrm]
radicaal (bn)	radikal	[radi'kal]

macht (vermogen)	kraft (m/f)	['kraft]
machtig (bn)	mektig	['mɛkti]
aanhanger (de)	tilhenger (m)	['til‚hɛŋər]
invloed (de)	innflytelse (m)	['in‚flytəlse]

regime (het)	regime (n)	[rɛ'ʂimə]
conflict (het)	konflikt (m)	[kʊn'flikt]
samenzwering (de)	sammensvergelse (m)	['samən‚sværgəlsə]
provocatie (de)	provokasjon (m)	[prʊvʊka'ʂʊn]

omverwerpen (ww)	å styrte	[ɔ 'sty:ʈə]
omverwerping (de)	styrting (m/f)	['sty:ʈiŋ]
revolutie (de)	revolusjon (m)	[revʊlʉ'ʂʊn]
staatsgreep (de)	statskupp (n)	['stats‚kʉp]
militaire coup (de)	militærkupp (n)	[mili'tær‚kʉp]

crisis (de)	krise (m/f)	['krisə]
economische recessie (de)	økonomisk nedgang (m)	[øku'nɔmisk 'ned‚gaŋ]
betoger (de)	demonstrant (m)	[demɔn'strant]
betoging (de)	demonstrasjon (m)	[demɔnstra'ʂun]
krijgswet (de)	krigstilstand (m)	['krigstil‚stan]
militaire basis (de)	militærbase (m)	[mili'tær‚basə]

stabiliteit (de)	stabilitet (m)	[stabili'tet]
stabiel (bn)	stabil	[sta'bil]

uitbuiting (de)	utbytting (m/f)	['ʉt‚bʏtiŋ]
uitbuiten (ww)	å utbytte	[ɔ 'ʉt‚bʏtə]

racisme (het)	rasisme (m)	[ra'sismə]
racist (de)	rasist (m)	[ra'sist]
fascisme (het)	fascisme (m)	[fa'ʂismə]
fascist (de)	fascist (m)	[fa'ʂist]

194. Landen. Diversen

vreemdeling (de)	utlending (m)	['ʉt‚leniŋ]
buitenlands (bn)	utenlandsk	['ʉtən‚lansk]
in het buitenland (bw)	i utlandet	[i 'ʉt‚lanə]

emigrant (de)	emigrant (m)	[ɛmi'grant]
emigratie (de)	emigrasjon (m)	[ɛmigra'ʂun]
emigreren (ww)	å emigrere	[ɔ ɛmi'grɛrə]

Westen (het)	Vesten	['vɛstən]
Oosten (het)	Østen	['østən]
Verre Oosten (het)	Det fjerne østen	['de 'fjæːŋə ‚østɛn]

beschaving (de)	sivilisasjon (m)	[sivilisa'ʂun]
mensheid (de)	menneskehet (m)	['mɛnəske‚het]
wereld (de)	verden (m)	['værdən]
vrede (de)	fred (m)	['frɛd]
wereld- (abn)	verdens-	['værdəns-]

vaderland (het)	fedreland (n)	['fædrə‚lan]
volk (het)	folk (n)	['fɔlk]
bevolking (de)	befolkning (m)	[be'fɔlkniŋ]
mensen (mv.)	folk (n)	['fɔlk]
natie (de)	nasjon (m)	[na'ʂun]
generatie (de)	generasjon (m)	[genera'ʂun]

gebied (bijv. bezette ~en)	territorium (n)	[tɛri'tʉrium]
regio, streek (de)	region (m)	[rɛgi'ʊn]
deelstaat (de)	delstat (m)	['del‚stat]

traditie (de)	tradisjon (m)	[tradi'ʂun]
gewoonte (de)	skikk, sedvane (m)	['ʂik], ['sɛd‚vanə]
ecologie (de)	økologi (m)	[økulu'gi]
Indiaan (de)	indianer (m)	[indi'anər]
zigeuner (de)	sigøyner (m)	[si'gøjnər]

| zigeunerin (de) | sigøynerske (m/f) | [si'gøjnəʂkə] |
| zigeuner- (abn) | sigøynersk | [si'gøjnəʂk] |

rijk (het)	imperium, keiserrike (n)	['im'perium], ['kæjsə,rike]
kolonie (de)	koloni (m)	[kʊlu'ni]
slavernij (de)	slaveri (n)	[slɑvɛ'ri]
invasie (de)	invasjon (m)	[inva'ʂʊn]
hongersnood (de)	hungersnød (m/f)	['hʉŋɛʂ,nød]

195. Grote religieuze groepen. Bekentenissen

| religie (de) | religion (m) | [religi'ʊn] |
| religieus (bn) | religiøs | [reli'gjøs] |

geloof (het)	tro (m)	['trʊ]
geloven (ww)	å tro	[ɔ 'trʊ]
gelovige (de)	troende (m)	['trʊenə]

| atheïsme (het) | ateisme (m) | [ate'ismə] |
| atheïst (de) | ateist (m) | [ate'ist] |

christendom (het)	kristendom (m)	['kristən,dɔm]
christen (de)	kristen (m)	['kristən]
christelijk (bn)	kristelig	['kristəli]

katholicisme (het)	katolisisme (m)	[katʊli'sismə]
katholiek (de)	katolikk (m)	[katʊ'lik]
katholiek (bn)	katolsk	[ka'tʊlsk]

protestantisme (het)	protestantisme (m)	[prʊtɛstan'tismə]
Protestante Kerk (de)	den protestantiske kirke	[den prʊtɛ'stantiskə ,çirkə]
protestant (de)	protestant (m)	[prʊtɛ'stant]

orthodoxie (de)	ortodoksi (m)	[ɔ:ʈʊdʊk'si]
Orthodoxe Kerk (de)	den ortodokse kirke	[den ɔ:ʈʊ'dɔksə ,çirkə]
orthodox	ortodoks (n)	[ɔ:ʈʊ'dɔks]

presbyterianisme (het)	presbyterianisme (m)	[prɛsbytæria'nismə]
Presbyteriaanse Kerk (de)	den presbyterianske kirke	[den prɛsbyteri'anskə ,çirkə]
presbyteriaan (de)	presbyterianer (m)	[prɛsbytæri'anər]

| lutheranisme (het) | lutherdom (m) | [lʉtər'dɔm] |
| lutheraan (de) | lutheraner (m) | [lʉtə'ranər] |

| baptisme (het) | baptisme (m) | [bap'tismə] |
| baptist (de) | baptist (m) | [bap'tist] |

Anglicaanse Kerk (de)	den anglikanske kirke	[den aŋli'kanskə ,çirkə]
anglicaan (de)	anglikaner (m)	[aŋli'kanər]
mormonisme (het)	mormonisme (m)	[mɔrmɔ'nismə]
mormoon (de)	mormon (m)	[mʊr'mʊn]
Jodendom (het)	judaisme (m)	['jʉda,ismə]
jood (aanhanger van het Jodendom)	judeer (m)	['jʉ'deər]

| boeddhisme (het) | buddhisme (m) | [bʉ'dismə] |
| boeddhist (de) | buddhist (m) | [bʉ'dist] |

| hindoeïsme (het) | hinduisme (m) | [hindʉ'ismə] |
| hindoe (de) | hindu (m) | ['hindʉ] |

islam (de)	islam	['islɑm]
islamiet (de)	muslim (m)	[mʉ'slim]
islamitisch (bn)	muslimsk	[mʉ'slimsk]

sjiisme (het)	sjiisme (m)	[ʂi'ismə]
sjiiet (de)	sjiitt (m)	[ʂi'it]
soennisme (het)	sunnisme (m)	[sʉ'nismə]
soenniet (de)	sunnimuslim (m)	['sʉni mʉs‚lim]

196. Religies. Priesters

| priester (de) | prest (m) | ['prɛst] |
| paus (de) | Paven | ['pɑvən] |

monnik (de)	munk (m)	['mʉnk]
non (de)	nonne (m/f)	['nɔnə]
pastoor (de)	pastor (m)	['pɑstʊr]

abt (de)	abbed (m)	['ɑbed]
vicaris (de)	sogneprest (m)	['sɔŋnə‚prɛst]
bisschop (de)	biskop (m)	['biskɔp]
kardinaal (de)	kardinal (m)	[kɑːɖi'nɑl]

predikant (de)	predikant (m)	[prɛdi'kɑnt]
preek (de)	preken (m)	['prɛkən]
kerkgangers (mv.)	menighet (m/f)	['meni‚het]

| gelovige (de) | troende (m) | ['trʊenə] |
| atheïst (de) | ateist (m) | [ate'ist] |

197. Geloof. Christendom. Islam

| Adam | Adam | ['ɑdɑm] |
| Eva | Eva | ['ɛvɑ] |

God (de)	Gud (m)	['gʉd]
Heer (de)	Herren	['hærən]
Almachtige (de)	Den Allmektige	[den ɑl'mɛktiə]

zonde (de)	synd (m/f)	['sʏn]
zondigen (ww)	å synde	[ɔ 'sʏnə]
zondaar (de)	synder (m)	['sʏnər]
zondares (de)	synderinne (m)	['sʏnə‚rinə]

| hel (de) | helvete (n) | ['hɛlvetə] |
| paradijs (het) | paradis (n) | ['pɑrɑ‚dis] |

| Jezus | Jesus | ['jesʉs] |
| Jezus Christus | Jesus Kristus | ['jesʉs ˌkristʉs] |

Heilige Geest (de)	Den Hellige Ånd	[dən 'hɛliə ˌon]
Verlosser (de)	Frelseren	['frelserən]
Maagd Maria (de)	Jomfru Maria	['jomfrʉ maˌria]

duivel (de)	Djevel (m)	['djevəl]
duivels (bn)	djevelsk	['djevəlsk]
Satan	Satan	['satan]
satanisch (bn)	satanisk	[sɑ'tanisk]

engel (de)	engel (m)	['ɛŋəl]
beschermengel (de)	skytsengel (m)	['ʂytsˌɛŋəl]
engelachtig (bn)	engle-	['ɛŋlə-]

apostel (de)	apostel (m)	[ɑ'pɔstəl]
aartsengel (de)	erkeengel (m)	['ærkəˌæŋəl]
antichrist (de)	Antikrist	['ɑntiˌkrist]

Kerk (de)	kirken (m)	['çirkən]
bijbel (de)	bibel (m)	['bibəl]
bijbels (bn)	bibelsk	['bibəlsk]

Oude Testament (het)	Det Gamle Testamente	[de 'gamlə tɛstɑ'mentə]
Nieuwe Testament (het)	Det Nye Testamente	[de 'nye tɛstɑ'mentə]
evangelie (het)	evangelium (n)	[ɛvɑn'gelium]
Heilige Schrift (de)	Den Hellige Skrift	[dən 'hɛliə ˌskrift]
Hemel, Hemelrijk (de)	Himmerike (n)	['himəˌrikə]

gebod (het)	bud (n)	['bʉd]
profeet (de)	profet (m)	[prʊ'fet]
profetie (de)	profeti (m)	[prʊfe'ti]

Allah	Allah	['ala]
Mohammed	Muhammed	[mʉ'hamed]
Koran (de)	Koranen	[kʊ'ranən]

moskee (de)	moské (m)	[mʊ'ske]
moellah (de)	mulla (m)	['mʉla]
gebed (het)	bønn (m)	['bœn]
bidden (ww)	å be	[ɔ 'be]

pelgrimstocht (de)	pilegrimsreise (m/f)	['pilǝgrimsˌræjsə]
pelgrim (de)	pilegrim (m)	['pilǝgrim]
Mekka	Mekka	['mɛka]

kerk (de)	kirke (m/f)	['çirkə]
tempel (de)	tempel (n)	['tɛmpəl]
kathedraal (de)	katedral (m)	[kate'drɑl]
gotisch (bn)	gotisk	['gotisk]
synagoge (de)	synagoge (m)	[synɑ'gʊgə]
moskee (de)	moské (m)	[mʊ'ske]

| kapel (de) | kapell (n) | [kɑ'pɛl] |
| abdij (de) | abbedi (n) | ['abedi] |

nonnenklooster (het)	**kloster** (n)	['klɔstər]
mannenklooster (het)	**kloster** (n)	['klɔstər]
klok (de)	**klokke** (m/f)	['klɔkə]
klokkentoren (de)	**klokketårn** (n)	['klɔkəˌtoːɳ]
luiden (klokken)	**å ringe**	[ɔ 'riŋə]
kruis (het)	**kors** (n)	['kɔːʂ]
koepel (de)	**kuppel** (m)	['kʉpəl]
icoon (de)	**ikon** (m/n)	[i'kʊn]
ziel (de)	**sjel** (m)	['ʂɛl]
lot, noodlot (het)	**skjebne** (m)	['ʂɛbnə]
kwaad (het)	**ondskap** (n)	['ʊnˌskɑp]
goed (het)	**godhet** (m)	['gʊˌhet]
vampier (de)	**vampyr** (m)	[vɑm'pyr]
heks (de)	**heks** (m)	['hɛks]
demoon (de)	**demon** (m)	[de'mʊn]
geest (de)	**ånd** (m)	['ɔn]
verzoeningsleer (de)	**forløsning** (m/f)	[fɔː'løsniŋ]
vrijkopen (ww)	**å sone**	[ɔ 'sʊnə]
mis (de)	**gudstjeneste** (m)	['gʉts̩ˌtjenɛstə]
de mis opdragen	**å holde gudstjeneste**	[ɔ 'hɔldə 'gʉts̩ˌtjenɛstə]
biecht (de)	**skriftemål** (n)	['skriftəˌmol]
biechten (ww)	**å skrifte**	[ɔ 'skriftə]
heilige (de)	**helgen** (m)	['hɛlgən]
heilig (bn)	**hellig**	['hɛli]
wijwater (het)	**vievann** (n)	['vieˌvɑn]
ritueel (het)	**ritual** (n)	[ritʉ'ɑl]
ritueel (bn)	**rituell**	[ritʉ'ɛl]
offerande (de)	**ofring** (m/f)	['ɔfriŋ]
bijgeloof (het)	**overtro** (m)	['ɔvəˌtrʊ]
bijgelovig (bn)	**overtroisk**	['ɔvəˌtrʊisk]
hiernamaals (het)	**livet etter dette**	['live ˌɛtər 'dɛtə]
eeuwige leven (het)	**det evige liv**	[de ˌevie 'liv]

DIVERSEN

198. Diverse nuttige woorden

achtergrond (de)	**bakgrunn** (m)	['bak,grʉn]
balans (de)	**balanse** (m)	[ba'lansə]
basis (de)	**basis** (n)	['basis]
begin (het)	**begynnelse** (m)	[be'jinəlsə]
beurt (wie is aan de ~?)	**tur** (m)	['tʉr]
categorie (de)	**kategori** (m)	[kategʉ'ri]
comfortabel (~ bed, enz.)	**bekvem**	[be'kvem]
compensatie (de)	**kompensasjon** (m)	[kʊmpɛnsa'ʂʊn]
deel (gedeelte)	**del** (m)	['del]
deeltje (het)	**partikel** (m)	[pa:'ʈikəl]
ding (object, voorwerp)	**ting** (m)	['tiŋ]
dringend (bn, urgent)	**omgående**	['ɔm,gɔ:nə]
dringend (bw, met spoed)	**omgående**	['ɔm,gɔ:nə]
effect (het)	**effekt** (m)	[ɛ'fɛkt]
eigenschap (kwaliteit)	**egenskap** (m)	['ɛgən,skap]
einde (het)	**slutt** (m)	['ʂlʉt]
element (het)	**element** (n)	[ɛle'mɛnt]
feit (het)	**faktum** (n)	['faktum]
fout (de)	**feil** (m)	['fæjl]
geheim (het)	**hemmelighet** (m/f)	['hɛməli,het]
graad (mate)	**grad** (m)	['grad]
groei (ontwikkeling)	**vekst** (m)	['vɛkst]
hindernis (de)	**hinder** (n)	['hindər]
hinderpaal (de)	**hindring** (m/f)	['hindriŋ]
hulp (de)	**hjelp** (m)	['jɛlp]
ideaal (het)	**ideal** (n)	[ide'al]
inspanning (de)	**anstrengelse** (m)	['an,strɛŋəlsə]
keuze (een grote ~)	**valg** (n)	['valg]
labyrint (het)	**labyrint** (m)	[laby'rint]
manier (de)	**måte** (m)	['mo:tə]
moment (het)	**moment** (n)	[mɔ'mɛnt]
nut (bruikbaarheid)	**nytte** (m/f)	['nʏtə]
onderscheid (het)	**skilnad, forskjell** (m)	['ʂilnad], ['fɔ:ʂɛl]
ontwikkeling (de)	**utvikling** (m/f)	['ʉt,vikliŋ]
oplossing (de)	**løsning** (m)	['løsniŋ]
origineel (het)	**original** (m)	[ɔrigi'nal]
pauze (de)	**pause** (m)	['pausə]
positie (de)	**posisjon** (m)	[pɔsi'ʂʊn]
principe (het)	**prinsipp** (n)	[prin'sip]

probleem (het)	**problem** (n)	[prʊ'blem]
proces (het)	**prosess** (m)	[prʊ'sɛs]
reactie (de)	**reaksjon** (m)	[rɛɑk'ʂʊn]
reden (om ~ van)	**årsak** (m/f)	['oːˌʂɑk]
risico (het)	**risiko** (m)	['risikʊ]
samenvallen (het)	**sammenfall** (n)	['sɑmənˌfɑl]
serie (de)	**serie** (m)	['seriə]
situatie (de)	**situasjon** (m)	[sitʉɑ'ʂʊn]
soort (bijv. ~ sport)	**slags** (n)	['ʂlɑks]
standaard (bn)	**standard-**	['stɑnˌdɑr-]
standaard (de)	**standard** (m)	['stɑnˌdɑr]
stijl (de)	**stil** (m)	['stil]
stop (korte onderbreking)	**stopp** (m), **hvile** (m/f)	['stɔp], ['vilə]
systeem (het)	**system** (n)	[sʏ'stem]
tabel (bijv. ~ van Mendelejev)	**tabell** (m)	[tɑ'bɛl]
tempo (langzaam ~)	**tempo** (n)	['tɛmpʊ]
term (medische ~en)	**term** (m)	['tɛrm]
type (soort)	**type** (m)	['typə]
variant (de)	**variant** (m)	[vɑri'ɑnt]
veelvuldig (bn)	**hyppig**	['hʏpi]
vergelijking (de)	**sammenlikning** (m)	['sɑmənˌlikniŋ]
voorbeeld (het goede ~)	**eksempel** (n)	[ɛk'sɛmpəl]
voortgang (de)	**fremskritt** (n)	['frɛmˌskritt]
voorwerp (ding)	**objekt** (n)	[ɔb'jɛkt]
vorm (uiterlijke ~)	**form** (m/f)	['fɔrm]
waarheid (de)	**sannhet** (m)	['sɑnˌhet]
zone (de)	**sone** (m/f)	['sʊnə]